安全生产领域检察公益诉讼的理论与实践

吴 勇 主编

湘潭大学出版社
XIANGTAN UNIVERSITY PRESS

图书在版编目（CIP）数据

安全生产领域检察公益诉讼的理论与实践 / 吴勇主编. -- 湘潭 : 湘潭大学出版社，2023.8
ISBN 978-7-5687-1179-1

Ⅰ. ①安… Ⅱ. ①吴… Ⅲ. ①安全生产法－民事诉讼－研究－中国 Ⅳ. ①D922.544

中国国家版本馆 CIP 数据核字 (2023) 第 137388 号

安全生产领域检察公益诉讼的理论与实践

ANQUAN SHENGCHAN LINGYU JIANCHA GONGYI SUSONG DE LILUN YU SHIJIAN

吴勇 主编

责任编辑：刘文情
封面设计：张 波
出版发行：湘潭大学出版社
社　　址：湖南省湘潭大学工程训练大楼
电　　话：0731-58298960 0731-58298966（传真）
邮　　编：411105
网　　址：http://press.xtu.edu.cn/
印　　刷：长沙创峰印务有限公司
经　　销：湖南省新华书店
开　　本：710 mm×1000 mm 1/16
印　　张：20
字　　数：336 千字
版　　次：2023 年 8 月第 1 版
印　　次：2023 年 8 月第 1 次印刷
书　　号：ISBN 978-7-5687-1179-1
定　　价：70.00 元

序

检察公益诉讼的立法从无到有，从政策引导到国家立法，从抽象立法到具体领域立法，从立法的专项条款到不断更新的司法解释，经历了顶层设计、局部试点、立法实施三个递进式的发展阶段，是中国式现代化在法治领域的生动表达。检察公益诉讼的办案领域从民事诉讼法、行政诉讼法明确规定的4个领域逐步拓展为由两部诉讼法与反垄断法等9部实体法共同确定的“4＋N”领域，形成多点多面的多元格局，密切回应了公益保护的现实需求，彰显检察公益诉讼的制度价值和内生动力。这一制度的产生与发展，既是党中央作出的一项深化司法体制改革的重大战略部署，也是以法治思维和法治方式推进国家治理体系和治理能力现代化的一项重要制度安排，更是检察监督推进公益保护取得显著成效、赢得社会共识的结果。

近年来国内安全生产事故频发，给广大人民群众的安全健康以及国家财产造成了严重影响。2021年9月1日修改后的《安全生产法》正式实施，安全生产随之成为检察公益诉讼上的法定监督范围。安全无小事，随着经济社会持续发展，安全生产工作面临的形式日益严峻，遇到的问题比较复杂，如何有效发挥安全生产领域检察公益诉讼的作用，推动全社会树立安全生产意识，督促安全生产制度严格落实，以及有效堵塞安全生产事故漏洞，需要学术界和实务界从体制机制上共同研究解决方案。

湘潭大学公益诉讼检察理论研究中心自2019年8月授牌以来，在最高人民检察院（以下简称“最高检”）理论所、最高检第八检察厅和湖南省检察院的指导下，积极开展了具有成效的检察理论研究和实践服务工作。一是召开了两次公益诉讼韶峰论坛，就安全生产领域检察公益诉讼等新问题进行了探讨；二是编辑出版了《检察公益诉讼发展的理论与实践》等著作，在核心期刊上发表了20余篇论文；三是建立了检校合作机制，包括与最高检检察理论研究所签署法学教师、博士研究生到理论所挂职实习协议，协助起草湖南省检察院《关于加强协助配合共同推进公益诉讼工作的意见》等；四是以公益诉讼与检察制度研究高端智库为建设目标，完成了多份研究报告；五是推动协同育人，率先探索硕士研究生担任实习检察官助理，邀请检察官担任硕士研究生实务导师等。

《安全生产领域检察公益诉讼的理论与实践》是湘潭大学公益诉讼检察理论研究中心在《检察公益诉讼发展的理论与实践》这一成果的基础上组成课题组对检察公益诉讼进行类型化研究的系列成果之一。该课题组由高校研究人员和相关实务部门人员组成，并呈开放性的状态，形成若干攻关小组进行研究。该成果对安全生产领域公益诉讼的实践情况进行总结，对其理论进行梳理，对其发展方向进行考察，以期展示安全生产领域公益诉讼的发展脉络，揭示其内在规律，从而为其健康良性发展提供理论支撑和制度建议。具体而言，全书分为四个部分。第一部分为理论探讨篇，从安全生产领域检察公益诉讼整体观察、原告主体资格认定、起诉标准研究、预防性公益诉讼的探析等方面进行展开。第二部分为实践探索篇，重点聚焦安全生产领域检察公益诉讼的办案实践，对其中的重难点问题进行剖析并提出解决方案。第三部分为韶峰公益诉讼论坛篇——“安全生产领域公益诉讼检察的理论与实践”的会议实录，重点围绕安全生产领域公益诉讼范围的确定、安全生产领域公益诉讼预防性措施的类型与正当性、安全生产领域公益诉讼协作机制的运行与保障、安全生产领域民事公益诉讼诉讼请求的内容与适当性与安全生产领域疑难案件的难点五个方面进行讨论。该论坛由最高检第八厅和湖南省人民检察院联合主办，与安全生产相关的多个国家部委和各地检察机关代表以及专家学者参加，论坛上提出的问题和建议对于安全生产领域检察公益诉讼的发展意义重大。第四部分为典型案例篇，围绕最高人民检察院发布的以及其与应急管理部、国铁集团等联合发布的安全生产领域公益诉讼典型案例进行评析。

鉴于安全生产领域公益诉讼尚处于发展阶段，其规律和特征尚未完全呈现，加之研究人员的视角、专业领域和学术恳维存在差异，因此本书在研究深度、研究方法和表达方式上存在一定的差异性。然而，课题组坚持以实践为基础，紧紧聚焦问题，并提出了许多值得深入研究的课题和制度建议，这些对于推动检察公益诉讼的发展具有重要的参考意义。期望课题组能够在未来取得更加丰硕的成果！

湘潭大学党委副书记
湘潭大学公益诉讼检察理论研究中心主任 **廖永安教授**

2023年6月

目　录

第一部分　理论探讨篇

第二部分　实践探索篇

第三部分　韶峰公益诉讼论坛篇

第四部分　典型案例篇

第一部分　理论探讨篇

安全生产公益诉讼关键概念界定与辨析

吴　勇　曹　辰*

摘　要： 安全生产公益诉讼是当前公益诉讼理论的热点，也是目前检察机关提起公益诉讼的重要探索领域。但从司法实践来看，该领域公益诉讼配套法律制度仍较为薄弱，实践中针对“安全生产”“国家利益或社会公共利益受到侵害”“重大事故隐患”“负有监管职责的行政单位”“行政机关未依法履职”“生产经营单位”等关键概念内涵和外延的界定仍存在一定争议，给安全生产公益诉讼制度运作造成了一定阻碍。故希望运用文义解释、体系解释等方式，从厘清与界定“安全”“生产”“生产经营”“公共利益”“重大”“隐患”“监管职责”等概念之内涵和外延入手进行分析，为安全生产公益诉讼实践提供助益。

关键词： 安全生产；检察机关；公益诉讼；关键概念

近年来，我国安全生产形势日渐严峻，安全生产风险未能得到及时有效的预防和化解，致使重特大安全生产事故频发，对人民群众的生命财产安全造成了严重的危害。而自2019年党的十九届四中全会指出要“拓宽公益诉讼案件范围”后，最高人民检察院（以下简称“最高检”）与最高人民法院（以下简称“最高法”）、应急管理部、交通运输部等部门在贯彻落实十九届四中全会精神和分工方案实施规划中指出“探索开展安全生产公益诉讼试点”；2021年9月1日正式施行的《安全生产法》第七十四条第二款明确规定检察机关在安全生产领域可以提起公益诉讼，同年最高检与应急管理部联

---

* 作者简介：吴勇，湘潭大学法学院教授；曹辰，武汉大学环境法所博士研究生。

合发布安全生产领域公益诉讼典型案例 9 件。随着制度的正式落地，实践中安全生产公益诉讼实践也发展迅速，2022 年第一季检察机关共办理安全生产领域公益诉讼案件四千余件。① 然而在实践中安全生产公益诉讼蓬勃发展的同时也需要认识到与生态环境、食药等其他较为成熟的公益诉讼领域相比，安全生产公益诉讼在理论研究上仍然存在一定欠缺，针对“安全生产”“国家利益或社会公共利益受到侵害”“重大事故隐患”“负有监管职责的行政单位”“行政机关未依法履职”“生产经营单位”概念的界定判断在实践中反映出不同的认识，给安全生产公益诉讼制度的实施与运行造成了阻力的同时也可能令安全生产公益诉讼背离立法目的，故本文希望通过借由规范分析或语义分析的方法，厘清安全生产公益诉讼领域中几个基本概念，进而为安全生产公益诉讼法律体系的进一步发展望与完善提供有益参考。

一、“安全生产”概念辨析

界定“安全生产”的含义是开展安全生产领域公益诉讼的基本前提，在常规语境下，“安全生产”一词最早见于劳动部“安全为了生产”的号召。② 而在当下，所谓“安全生产”更多是指在生产经营活动中，采取相应的事故预防和控制措施，避免人员伤亡和财产损失，确保生产经营活动的顺利进行。安全生产是保障劳动者安全、健康和国家财产，促进社会生产力发展的根本保证。因此，做好安全生产工作具有十分重要的意义。③

从语义解释来看，安全生产涉及“安全”与“生产”两个要素，根据汉语词典的解释，“安全”意为不存在危险的隐患，是免除了使人感觉难受的损害风险的状态；“生产”则是指人类从事创造社会财富的活动和过程。而从目前安全生产公益诉讼的司法实践发展来看，“安全”要素在使用过程中其外延呈不断扩大趋势，其既包括职业安全又涵盖职业健康，既包括劳动者安全也

---

① 最高人民检察院：《检察机关积极守护群众身边安全一季度办理安全生产领域公益诉讼案件 4329 件》，载 https：//www. spp. gov. cn/spp/xwfbh/wsfbh/202204/t20220422_ 554873. shtml，最后访问日期：2023 年 6 月 8 日。

② 傅贵：《安全管理学——事故预防的行为控制方法》，科学出版社 2013 年版，第 5 页。

③ 石振武：《道路经济与管理》，华中科技大学出版社 2007 年版，第 277 页。

包括广大人民群众安全，既包括人身安全也包括财产安全，“生产”要素常常也不局限于“生产过程中”[①]，而渐渐扩展至经营领域乃至于日常生活领域[②]，其已远远超出了这一其提出时被赋予的“生产过程中人和物的安全保护”之含义，正在及于生活中其他“安全”领域。[③] 但根据《安全生产法》第二条之规定，“在中华人民共和国领域内从事生产经营活动的单位（以下统称‘生产经营单位’）的安全生产，适用本法。”由此可见，《安全生产法》中所谓“安全生产”是针对“生产经营单位”而言的，其余单位安全问题不应被包含在内，而直接法律依据来源于《安全生产法》第七十四条第二款的安全生产公益诉讼也当然不应该超过《安全生产法》所划定的界限，其调整范围应当与《安全生产法》第二条保持一致。故而，对“安全生产”概念进行界分时除考量其本身语义外，还应考虑其作为《安全生产法》法律名词的含义，对“生产”要素进行界分时应当局限于“生产经营”过程中，而不应涵盖其他范畴。

二、“生产经营单位”概念辨析

“生产经营单位”，是指在中华人民共和国领域内从事生产经营活动的单位，根据《安全生产法》的规定，生产经营单位对安全生产承担主体责任，必须遵守本法和其他有关安全生产的法律、法规，加强安全生产管理，确保安全生产。由此可见，“生产经营单位”是安全生产法调整对象的范畴，作为由安全生产法所确立的制度，安全生产公益诉讼的调整范围也应该止于“生产经营单位”。但在实践中对“生产经营单位”范围的划定存在一定模糊趋势，部分单位将危房整治等均纳入安全生产公益诉讼督促范畴[④]，存在与《安

---

① 代海军：《检察机关提起安全生产行政公益诉讼的现实困境与制度建构》，《河南财经政法大学学报》2020 年第 2 期。

② 部分安全生产公益诉讼扩展至自建房，危房排查领域，参见北方法制网：《立足公益诉讼职能，助力自建房危房安全隐患排查专项整治》，载 http：//www. bffzb. com/p－191/id－33655. html，最后访问日期：2023 年 6 月 8 日。

③ 郑雪峰：《我国职业安全与健康监管体制创新研究：基于制度变迁理论的视角》，武汉大学出版社 2013 年版，第 27 页。

④ 北方法制网：《立足公益诉讼职能，助力自建房危房安全隐患排查专项整治》，载 http：//www. bffzb. com/p－191/id－33655. html，最后访问日期：2023 年 6 月 8 日。

全生产法》相抵触的嫌疑，也无益于检察机关安全生产公益诉讼权限范围的厘清。

关于“生产经营单位”的内涵与外延，虽然现行法律中并未对其进行解释与界定，但在全国人大常委会法制工作委员会编写的《安全生产法释义》中明确表示，不论安全生产经营单位性质如何、规模大小，只要是在中华人民共和国领域内从事生产经营活动，都应当遵守《安全生产法》各项规定。[①]同时根据应急管理部出台的《安全生产违法行为行政处罚办法》第六十七条规定[②]可知，“生产经营单位是指合法和非法从事生产或者经营活动的基本单元”。综上，国家安全生产法律体系中“单位”指的是“基本单元”，同时对“生产经营单位”的适用范围既包括单位、组织，也包括经营个体。由此可知，安全生产公益诉讼中“生产经营单位”的外延应当是包括企业法人、不具备企业法人资格的合伙组织、个体工商户和自然人等生产经营主体在内的基本单元，但不应包括诸如危房居民在内的其他非生产经营主体。

三、“国家利益或社会公共利益受到侵害”概念界定

“公共利益”概念的重心在于“公共”，其与“国家”“集体”等宏观概念一样，“公共”也是一个整体性概念。[③] 长期以来，古今中外的学者们对公共利益的各种内涵和外延进行了充分而丰富的讨论。例如，边沁认为公共利益是“社会几个成员利益的总和”，国家的目的是最大程度地促进公共利益不断发展壮大，进而实现社会中“最多数人的最大幸福”。而根据博登海默的观点，公共利益则“意味着个人权利的分配和行使不能跨越外部边界”。另一方面，哈耶克将公共利益定义为“一种抽象秩序”，其中“每个成员可以为自己的目的使用自己的知识”。这些关于什么是公共产品的陈述并没有给出一个简明的定义，但我们可以发现一个共同的特点，这些公共产品陈述是基于个人

---

① 尚勇，张勇：《中华人民共和国安全生产法释义》，中国法制出版社 2021 年版，第 7 页。

② 《安全生产违法行为行政处罚办法》第六十七条：本办法所称的生产经营单位，是指合法和非法从事生产或者经营活动的基本单元，包括企业法人、不具备企业法人资格的合伙组织、个体工商户和自然人等生产经营主体。

③ 张千帆：《“公共利益”是什么？——社会功利主义的定义及其宪法上的局限性》，《法学论坛》2005 年第 1 期。

权利、社会或社区、成员的利益或目标。① 法律语境中广义上的公共利益一般指为社会全体或大多数人广泛享有的，不具备特定对象的利益，即为不特定主体或多数人享有的利益。② 在《民事诉讼法》第五十八条与《行政诉讼法》第二十五条中已明确规定，侵害国家利益或社会公共利益是提起公益诉讼的前提。而在不同类型公益诉讼中，对侵害国家利益或社会公共利益的界定各不相同。而体现在安全生产公益诉讼领域，由于安全生产公益诉讼制度确立相对较晚，除《安全生产法》第七十四条之规定外无论是配套法律法规还是相应理论积累都存在一定欠缺，给检察机关在实务中判断公共利益是否受到侵害造成了一定阻碍。故而在明确"安全生产"概念的内涵与外延后，对安全生产领域中"国家利益或社会公共利益受到侵害"概念进行厘清便显得尤为重要。

在安全生产行政公益诉讼领域，目前学界针对行政公益诉讼中判断"国家利益或社会公共利益受到侵害"是否存在，即行政公益诉讼提起标准问题主要有危险说与损害结果说两种学说。一是危险说，主要主张不需要公益侵害现实的发生，只要根据相关情况能够合理地判断其具有发生侵害的可能性就可认定国家利益或社会公共利益受到侵害即可提起诉讼③。二是损害结果说，即认为行政公益诉讼意义上的"公共利益"是一种行政标准，属于行政执法的目的范畴。④ 相较于危险说而言，损害结果说相对更加客观科学，也更能体现检察机关行使司法监督权时的谦抑性与对行政权的尊重。但如果在运用损害结果说时仅囿于客观损害出现，即只有出现客观损害结果方才能认定国家利益或社会公共利益受到侵害，将难以对安全生产领域中相对人违反法律法规或行业标准规范等相关规定造成重大安全隐患行为进行规制。

故而，在安全生产行政公益诉讼领域认定"国家利益或社会公共利益受到侵害"时因结合损害结果说与危险说，以适用损害结果说为主，兼采危险

① 陈晓景：《检察环境公益诉讼的理论优化与制度完善》，《中国法学》2022 年第 4 期。

② 陈新民：《宪法基本权利之基本理论》，台湾三民书局股份有限公司 1992 年版，第 134 页。

③ 王姝亚：《行政公益诉讼制度完善之策》，《人民论坛》2011 年第 20 期。

④ 姜涛：《检察机关提起行政公益诉讼制度：一个中国问题的思考》，《政法论坛》2015 年第 6 期。

说。即认定“国家利益或社会公共利益受到侵害”时应当以发生客观损害为原则，同时若相对人违反相关规定造成重大安全隐患，行政机关在法定期限内应履职而未履职或履职不当的，即使尚未造成客观损害结果的发生，行政机关仍可以发出检察建议或提起行政公益诉讼要求行政机关履职。换言之，只要相对人的生产行为造成客观损害或尚未造成客观损害但存在违反安全生产法情形的，行政机关在法定期限内应履行监管职责而未履行或履行不当即属于国家利益或社会公共利益受到侵害的，检察机关可以提起安全生产行政公益诉讼。

在安全生产民事公益诉讼领域，由于安全生产民事公益诉讼所针对的相对人与负有安全生产监督管理职责的行政机关行政监管范围存在一定重合，如检察机关在行政机关履行监管职责前提起安全生产民事诉讼则可能导致司法与行政处遇手段重复，进而造型司法资源的浪费，同时也可能给相对人造成被“一事二罚”的风险；而如果检察机关在行政机关于法定期限内未履行行政监督管理义务或未完全、不恰当履行行政监督管理义务时提起安全生产民事公益诉讼，则一方面会与安全生产行政公益诉讼职能重合，另一方面较一般公益诉讼领域而言安全生产领域内问题对专业性的要求更高，与本领域专门行政机关相比检察机关在专业性上显然稍显不足，且检察机关职责种类较多，司法力量相对安全生产专门行政机关而言较为分散，难以将全部力量投入安全生产公益诉讼中。故而相较于自身提起民事公益诉讼而言，检察机关采取行政公益诉讼手段督促行政机关履行其职能更能维护国家与社会公共利益，同时在目前司法实践中检察机关提起的安全生产公益诉讼时也主要以行政公益诉讼为主，以民事公益诉讼为辅。

因此，鉴于二者在职能上的交叉与重叠部分，可以在理顺二者关系时确立以安全生产行政公益诉讼为主，以安全生产民事公益诉讼为补充的安全生产公益诉讼体系，在可以确定监管行政机关时以安全生产行政公益诉讼督促行政机关履行职能，当难以确定监管行政机关或基于监管行政机关力量较弱等原因导致无法有效实施行政监管行为时以安全生产民事公益诉讼作为补充。

四、“重大事故”与“重大事故隐患”概念界定

《安全生产法》第七十四条明确规定了“导致重大事故”与“造成重大

事故隐患”是提起安全生产公益诉讼的前提条件，其中“重大事故”指已经发生的事故，其内涵和外延为法规明确界定①，对该概念的理解不存在争议。而对“重大事故隐患”的界定在理论和实践中仍存在一定争议。同时《安全生产法》第四条第一款提出将安全生产领域风险预防机制划分为“风险分级管控”与“隐患排查治理”两部分，进而实现源头控制。② 由此可见，在《安全生产法》语境下“风险”和“隐患”不属于同位概念。有学者通过“风险”和“隐患”与损害结果发生的盖然性不同或是否具备发生损害结果的确定性来界定“风险”与“隐患”的界限③，对划分“风险”与“隐患”作出了有益探索，但盖然性仍然是一个较为模糊的概念，通过一个本身不确定的概念去界分两个同样不确定的概念难免会落入循环解释的牢笼。

首先，对“风险”与“隐患”的界定需要参照其词语本身含义，依《辞海》的解释可知，“风险”意为“可能发生的危险或危机”，“隐患”意为“暗藏而不易察觉的祸患”，从词语自身的意思可以看出，“风险”是可能出现而不是必然出现的危险或危机，而“隐患”则是暗藏不易察觉的祸患，虽然不易察觉但该祸患是客观存在的而非可能存在或出现的。因此可以认为，“风险”是一个可能性的概念或范畴；“祸患”的出现则具备必然性，同对“风险”与“隐患”的界定需要结合实务中相应做法。其次，从与是否发生事故的关系来看，“风险”是事故发生可能性与事故后果的集合体，其具有不确定性，其与事故的发生不具备必然因果联系。而“隐患”是由不安全行为、状态或缺陷管理导致，其具有确定性，与事故地发生具有必然的因果关系且

① 《生产安全事故报告和调查处理条例》第三条：根据生产安全事故（以下简称事故）造成的人员伤亡或者直接经济损失，事故一般分为以下等级：（一）特别重大事故，是指造成30人以上死亡，或者100人以上重伤（包括急性工业中毒，下同），或者1亿元以上直接经济损失的事故；（二）重大事故，是指造成10人以上30人以下死亡，或者50人以上100人以下重伤，或者5000万元以上1亿元以下直接经济损失的事故。

② 《安全生产法》第四条第一款：生产经营单位必须遵守本法和其他有关安全生产的法律、法规，加强安全生产管理，建立健全全员安全生产责任制和安全生产规章制度，加大对安全生产资金、物资、技术、人员的投入保障力度，改善安全生产条件，加强安全生产标准化、信息化建设，构建安全风险分级管控和隐患排查治理双重预防机制，健全风险防范化解机制，提高安全生产水平，确保安全生产。

③ 林鸿潮，赵艺绚：《安全生产行政公益诉讼的问题与建言》，《劳动保护》2021年第9期。

往往是到最后事故发生的直接原因。再次，从能否被彻底消灭方面，“风险”其因安全生产活动客观技术水平限制而必然存在，其只能被预防控制但无法被完全消灭，“零风险”的理想状态不可能达到。而“隐患”则只需要消除相应影响因素就可以将其彻底消灭。① 最后，实务中通常认为存在“风险”的生产行为前提是符合法律法规或强制性安全技术标准规定，但因为技术层面尚未达到完全消除风险要求，从而具备出现危险或危机的可能性；“隐患”本身违反法律法规或强制性安全技术标准规定，需要予以相应处遇。综上，对于生产中行为具有“风险”的行为可以将其界定为：该生产行为具备合法表象，符合法律法规与强制性技术规范相关要求，但仍存在造成安全事故的可能性，因此需要对其进行分级管控但不需要直接对其进行行政干预或提起安全生产公益诉讼；而对于“重大事故隐患”的界定，则需要通过行为人行为是否违反安全生产法律法规或强制性技术标准来判断，即如果行为人行为违反安全生产法律法规或强制性技术标准则认为其行为可以造成重大事故隐患，反之则如果行为人行为不违反安全生产法律法规或强制性技术标准则，即其具备合法性，则不认为其行为可以造成重大事故隐患，检察机关不得对其提起安全生产民事公益诉讼，也不能通过安全生产行政公益诉讼的方式要求行政机关对其进行干预和处理。

该种划分方式可以较好地契合和回应检察机关提起安全生产公益诉讼的谦抑性质，同时在实践中便于操作，以此来界分是否属于“重大事故隐患”的范畴。同样也可以较好回应“风险”与“隐患”的词语本意与《安全生产法》第四条第一款中对“风险”进行分级管控与对“隐患”进行排查治理的要求，即对风险进行预防管控但不贸然进行司法或行政上的干预，对隐患则进行直接干预，进而实现排查消除隐患的目的。

五、“负有监管职责的行政单位”概念辨析

“负有监管职责的行政单位”是安全生产行政公益诉讼的监督对象。从该概念本身的意思来看，“负有监管职责的行政单位”指依法对安全生产行为负

① 林鸿潮，赵艺绚：《安全生产行政公益诉讼的问题与建言》，《劳动保护》2021 年第 9 期。

有监管职责的安全生产行政机关单位。但在安全生产领域根据《安全生产法》第十条之规定，在安全生产监管领域，我国采取“综合监管”与“行业监管”结合的监管模式，由应急管理部门负责进行综合监管，由交通等专门部门负责进行本行业的行业监管。[①] 这也就意味着理论上当出现安全生产违法行为时，首先由本行业特定监管部门履行监管职责，应急管理部门仅承担兜底性质的综合管理职能。但实务中由于安全生产领域牵涉部门较多、各安全生产领域具有较强的专业性，同时在实务中一个具体生产行为又可能牵涉多个安全生产部门领域，且应急管理部门“综合监管”和本领域行政机关“行业监管”的界限本身存在模糊。故而在确定监管职责时各行政机关间容易出现相互争夺或推脱管辖权现象，给安全生产监管和检察机关运用安全生产公益诉讼手段督促行政机关履职带来了困难。对此，《安全生产法》没有作出相关规定，虽然在《中共中央国务院关于推进安全生产领域改革发展的意见》[②]等政策文件中对“综合监管”与行业监管的划分有所提及，但主要还是一些原则性的规定与各部门职能列举，无法对“综合监管”和“行业监管”的内涵和外延进行精准界分。进而导致在实践中一些地方检察院直接将“综合监管”理解为“监管之监管”，在安全生产行政公益诉讼中只要难以确定适格监

① 《安全生产法》第十条：国务院应急管理部门依照本法，对全国安全生产工作实施综合监督管理；县级以上地方各级人民政府应急管理部门依照本法，对本行政区域内安全生产工作实施综合监督管理。国务院交通运输、住房和城乡建设、水利、民航等有关部门依照本法和其他有关法律、行政法规的规定，在各自的职责范围内对有关行业、领域的安全生产工作实施监督管理；县级以上地方各级人民政府有关部门依照本法和其他有关法律、法规的规定，在各自的职责范围内对有关行业、领域的安全生产工作实施监督管理。对新兴行业、领域的安全生产监督管理职责不明确的，由县级以上地方各级人民政府按照业务相近的原则确定监督管理部门。

② 《中共中央国务院关于推进安全生产领域改革发展的意见》：健全落实安全生产责任制（五）明确部门监管责任。按照管行业必须管安全、管业务必须管安全、管生产经营必须管安全和谁主管谁负责的原则，厘清安全生产综合监管与行业监管的关系，明确各有关部门安全生产和职业健康工作职责，并落实到部门工作职责规定中。安全生产监督管理部门负责安全生产法规标准和政策规划制定修订、执法监督、事故调查处理、应急救援管理、统计分析、宣传教育培训等综合性工作，承担职责范围内行业领域安全生产和职业健康监管执法职责。负有安全生产监督管理职责的有关部门依法依规履行相关行业领域安全生产和职业健康监管职责，强化监管执法，严厉查处违法违规行为。其他行业领域主管部门负有安全生产管理责任，要将安全生产工作作为行业领域管理的重要内容，从行业规划、产业政策、法规标准、行政许可等方面加强行业安全生产工作，指导督促企事业单位加强安全管理。党委和政府其他有关部门要在职责范围内为安全生产工作提供支持保障，共同推进安全发展。

管主体则一律将应急管理部门作为被告①，进而容易导致因被告不适格引发败诉风险。

因此，在安全生产行政公益诉讼司法实践中，检察机关针对安全生产违法行为未得到及时监管现象时，一方面，应当判断该隐患是因为未履行综合监管职责，还是因未履行行业监管职责，抑或是未同时履行二者造成的，继而判断负有监管职责的具体行政机关督促其履职。同时在判断哪家行政机关对安全生产违法行为有监管职责时，考虑的是该种行为由谁纠正、处罚，而不是实行该种行为的主体由谁监管。② 在此基础上，检察机关也可以参照地方政府"定人定机构定编制"的三定方案对具体负有监管职能的行政机关进行确定。另一方面，在"综合监管"和"行业监管"的模糊地带，检察机关可以通过安全生产民事公益诉讼的方式补足行政机关监管缺口。

六、"行政机关未依法履职"概念界定

"行政机关未依法履职"是提起安全生产行政公益诉讼的实质性条件，也是检察机关是否采取必要措施的重要判别标准。在实践中，"行政机关未依法履职"的认定标准尚不统一，学理上则主要体现为"行为标准"与"结果标准"两种学说③，其中"行为标准"主要主张从肯定层面认定行政机关是否依法履职，即认为如果行政机关已履行监管职责，且在法定范围内穷尽监管措施，那么即使国家或社会公共利益受侵害状态并未结束，也应当认定行政机关已依法履行其职责。而"结果标准"则是从否定层面认定行政机关是否依法履职，即只要国家利益或社会公共利益受到侵害的状态未被消除，行政机关便具备消除该危害的法定义务，否则便应当认定其未依法履职。学界对"依法履职"认定标准的讨论为安全生产公益诉讼中"行政机关未依法履职"标准认定提供了理论参照。

---

① 刘艺：《检察公益诉讼败诉案件中的客观诉讼法理》，《行政法学研究》2020 年第 6 期。

② 邢光英，许佩琰：《安全生产领域预防性公益诉讼案件办理实践探索》，《中国检察官》2022 年第 12 期。

③ 李瑰华：《行政公益诉讼中行政机关"依法履职"的认定》，《行政法学研究》2021 年第 5 期。

而在安全生产公益诉讼领域，由于安全生产事关人民生命财产安全，其本身相当重要，故而应当采取以“结果标准”为主，以“行为标准”为辅的“行政机关未依法履职”认定方式，即判断行政机关是否依法履职应当以安全生产隐患是否被消除，国家和社会公共利益是否仍受到侵害为主要判断标准，以行政机关是否采取或穷尽行政手段为辅，如行政机关因客观情况暂时无法依法履职或已穷尽一切行政手段仍无法消除安全隐患的，检察机关应与其及时沟通并给予必要帮助，如行政机关无力消除安全隐患，检察机关可以适时提起安全生产民事公益诉讼以保障生产安全。同时，要对行政机关未依法履职的情形进行认定，倘若行政机关“不履行职责是不为而不是客观上不能为”①。即可认定行政机关未依法履职。

结语

我国检察公益诉讼尚处于探索阶段，面临理论准备不足、制度供给不足，以及实践积累不足等现实问题。② 而在安全生产公益诉讼领域，法律层面的规定仅止于《安全生产法》第七十四条第二款，配套安全生产公益诉讼制度体系尚未建立，在实践中部分关键概念的内涵和外延尚未得到厘清，给安全生产公益诉讼制度适用带来一定困难。故通过对安全生产公益诉讼理论探究与实践运作过程中部分存在争议的关键概念内涵与外延进行辨析，希望能令安全生产公益诉讼制度在运行过程中更贴合制度设计的本质目标与功能，进而将相关概念落实到安全生产公益诉讼制度体系中，为今后安全生产公益诉讼制度体系完善提供一定助力。

① 胡卫列，迟晓燕：《从试点情况看行政公益诉讼诉前程序》，《国家检察官学院学报》2017 年第 2 期。

② 胡卫列：《当前公益诉讼检察工作需要把握的若干重点问题》，《人民检察》2021 年第 2 期。

安全生产行政公益诉讼的起诉标准研究

吴　勇　程心怡*

摘　要： 安全生产领域公益诉讼由新修改的《安全生产法》首次以法律形式确定，属于新兴公益诉讼领域。而在实践中出现了审判、检察、行政机关和行政相对人对安全生产行政公益诉讼的起诉标准理解不一的情形，这将直接导致公益诉讼制度不能最大实现保护公共利益的目的，明确起诉标准成为关键一步。确定起诉标准的前提是确定安全生产行政公益诉讼范围及界定，同时兼顾其在目的、风险认定、判断标准等方面的特殊性，而起诉标准的主要考量因素在于行政机关不依法履行职责标准和国家和社会公共利益受侵害标准的认定。安全生产行政公益诉讼起诉标准的建立不能仅止于理论构建的探索，还需要在规范层面加以完善的同时，在检察机关与行政机关间构建对起诉标准的沟通协调机制，基于民事和行政公益诉讼间的相似性和差异性，寻求起诉标准的衔接以完善安全生产行政公益诉讼制度。

关键词： 安全生产；行政公益诉讼；起诉标准

一、问题的提出

2021年6月10日，全国人民代表大会常务委员会第二十九次会议通过《全国人民代表大会常务委员会关于修改〈中华人民共和国安全生产法〉的决定》，本次修法将原法第七十一条改为第七十四条，增加一款作为第二款规定："因安全生产违法行为导致重大事故隐患或者导致重大事故，致使国家利

---

* 作者简介：吴勇，湘潭大学法学院教授。程心怡，湘潭大学法律硕士研究生。

益或者公共利益受到侵害的，人民检察院可以根据民事诉讼法、行政诉讼法的相关规定提起公益诉讼。”此次修改是公益诉讼制度被纳入行政诉讼法规范体系以来，对生态环境和资源保护、食品药品安全、国有财产保护和国有土地使用权出让“等”领域外公益诉讼重大探索的立法确认。检察机关作为国家法律监督机关和社会公共利益的代表，同时为公益诉讼的起诉人，一直在安全生产行政公益诉讼领域积极探索包括受案范围、诉前程序办理、诉前程序与诉讼程序衔接等在内的难点问题。2021 年 3 月 23 日，最高人民检察院监督办理并与应急管理部联合发布了一批安全生产领域公益诉讼的典型案例①，其中，七件案件为检察机关办理的行政公益诉讼前程序案件，一件为行政公益诉讼起诉案件，起诉率不足百分之十五。由此可见检察机关主要通过诉前磋商、制发检察建议、开展联席会议等非诉讼方式督促相应行政机关依法履职，仅在启动诉前程序后仍不能达到消除危害公共利益危险的目的时，才依法对不履职或不完全履职的行政机关向人民法院提起行政公益诉讼。

以最高人民检察院（以下简称“最高检”）发布的典型案例为例——陕西省略阳县人民检察院督促整治尾矿库安全隐患行政公益诉讼案中，略阳县人民检察院接到案件线索后，向略阳县应急管理局发出诉前检察建议，要求对企业未依法及时闭库、存在尾矿泄露、溃坝等重大安全隐患的高风险尾矿库的违法行为作出处理，消除安全隐患，维护国家与社会公共利益。略阳县应急管理局以已对尾矿库实施了应急治理工程，且企业法定代表人去世不能作出行政处罚为由，未按照检察建议要求继续履行监管职责。略阳县人民检察院认为尾矿库经过治理仍不能消除重大安全隐患，并处于持续危害公共利益的状态，略阳县应急管理局没有完全履行监管职责，应当继续履职对尾矿库进行处理。向略阳县人民法院提起行政公益诉讼后，庭审中，起诉人与被告人围绕行政机关是否履行监管职责等焦点问题进行了质证、辩论，略阳县人民法院判决支持了检察机关的诉讼请求。对比其他未进入诉讼程序的典型案例，本案启动诉讼的原因在于尾矿库存在现实的重大安全隐患，检察机关

① 《安全生产领域公益诉讼典型案例》，载 https：//www. spp. gov. cn/spp/xwfbh/wsfbt/202103/t20210323_ 513617. shtml#2，最后访问日期：2023 年 5 月 30 日。

向应急管理部门发出检察建议后，其虽称已经采取了一定治理措施，但检察机关认为仍不能消除安全隐患，如不启动行政公益诉讼程序则极可能给国家和社会公共利益造成严重损失。结合《安全生产法》第七十四条规定与上述典型案例来探寻检察机关在司法实践中提起安全生产行政公益诉讼的起诉标准，检察机关的判断基础主要围绕几点展开：第一，存在安全生产违法行为导致重大事故隐患或重大事故；第二，有关行政机关没有依法履职或不完全履职；第三，具有危害国家和社会公共利益的危险。但由于缺少安全生产领域行政公益诉讼的制度性规范，各级检察机关在实践操作角度对安全生产行政公益诉讼的起诉标准并不统一，起诉标准作为启动行政公益诉讼的关键一环，直接关系到检察机关是否能提起行政公益诉讼，对检察公益诉讼制度有效发挥法律监督功能起到了至关重要的作用。并且各审判机关、检察机关、行政机关和行政相对人对安全生产行政公益诉讼的起诉标准理解不一，将直接导致公益诉讼制度不能最大实现保护公共利益的目的，这也揭示了明确起诉标准的具体内容和构造成为不可或缺的一部分。因此明确安全生产领域行政公益诉讼的起诉标准是检察机关有效监督安全生产管理部门、拓展安全生产公益诉讼理论的重要部分。

二、安全生产行政公益诉讼起诉标准研究现状

安全生产公益诉讼制度作为最近由新修改的《安全生产法》所确认的新兴公益诉讼领域，相关研究的数量远不如生态环境保护、食药品安全、国有财产、国有土地使用权保护等领域的公益诉讼，这就需要结合行政公益诉讼的起诉标准来探索安全生产领域的行政公益诉讼起诉标准。

尽管对于检察机关提起行政公益诉讼标准问题的研究，学界尚未总结出较为系统、详尽的学说，但学界仍然不乏对此相关的讨论。例如对行政公益诉讼中对起诉对象的认定标准，以及对行政机关的行政行为的违法性分析。[①]或通过对检察机关提起行政公益诉讼试点情况分析，来讨论检察机关在行政

① 刘艺：《检察公益诉讼的司法实践与理论探索》，《国家检察官学院学报》2017 年第 2 期。

公益诉讼中的权利义务内容、程序规则对起诉要件的影响。[①] 安全生产领域公益诉讼是检察公益诉讼对“等”外领域探索的一项新领域公益诉讼，检察机关对其起诉标准的把握多数源于其他领域公益诉讼的经验积累，在起诉标准学说并未形成统一理论的当下，对此方向的研究无疑更为匮乏。以知网为例，设置“安全生产”“公益诉讼”“起诉标准”等关键词搜索安全生产领域行政公益诉讼的起诉标准的有关文章，结果显示为零，以“安全生产”“公益诉讼”为关键词也仅能搜索到数十篇文章，而多数文章关注点落于安全生产公益诉讼与检察公益诉讼制度的构建与逻辑关系，仅有少部分文章内容对起诉标准研究有所涉及，如林鸿潮教授在《安全生产行政公益诉讼的问题与建言》一文里提到要明确安全隐患的判断标准，严格遵守诉讼程序启动的前提。[②] 以及另一文中认为，安全生产行政公益诉讼应当在具体制度的设计上，坚持“以防为主”的原则，不能以安全生产公共利益遭受严重损害为条件，且将安全生产行政公益诉讼分为两个启动阶段，分别为诉前阶段和诉讼阶段，应当对两个阶段设置不同的适用标准，再根据不同阶段的特征规定不同的启动诉讼条件。[③] 当下对安全生产行政公益诉讼的起诉标准研究尚处于在相关研究中部分提及、部分分析的局面，不能形成系统理论来支撑起诉标准的研究。

从立法层面看行政诉讼法、相关司法解释和实施办法皆没有就行政公益诉讼起诉标准作出更为明确的说明，更多的是检察机关在实践层面上聚焦于对起诉条件及标准的理解。如将起诉标准分类为行为要件和结果要件，构建类型化的起诉标准体系，同时审查行为与结果要件的合标准性，均符合标准再提起诉讼。[④] 此类实践研究主要聚焦于检察机关在诉前对行政机关不履行法定职责的认定、行政机关的裁量界限、公共利益脱离危险的判断标准等方面的审查，其中，在诉前程序中认定行政机关的履职标准是司法实践下确定起诉标准的关键。根据最高人民法院、最高人民检察院共同发布的《关于检察公益诉讼案件适用法律若干问题的解释》（下称“若干解释”）第二十一条规

① 胡卫列：《检察机关提起行政公益诉讼试点情况研究》，《行政法学研究》2017 年第 2 期。
② 林鸿潮，赵艺绚：《安全生产行政公益诉讼的问题与建言》，《劳动保护》2021 年第 9 期。
③ 赵艺绚，林鸿潮：《论安全生产行政公益诉讼的启动》，《风险灾害危机研究》2021 年第 2 期。
④ 赵煜亮，陈刚：《行政公益诉讼案件起诉标准研究》，《中国检察官》2019 年第 21 期。

定，人民检察院发现行政机关违法行使职权或不作为，致使国家利益或社会公共利益受侵害，应向其提出检察建议，行政机关仍不依法履职的应向人民法院提起诉讼。从法规范的角度分析，司法解释对检察机关起诉条件的设置笼统概括为国家和社会公共利益遭受损害，以及行政机关存在违法或不作为的行为，并未有条文详细规定如何认定公共利益遭受损失的状态或结果，或是如何界定行政机关的违法作为或不作为的情况此类足以提起公益诉讼的判断标准。因此，实践中检察机关对行政公益诉讼的起诉程序的启动有较大的裁量权，判断起诉与否的标准主要依赖于《行政诉讼法》及相关司法解释和实施办法、办案规则中零散的规定，和自身在司法实践中形成的非系统性的经验。

由此可见，安全生产领域公益诉讼的起诉标准研究较为匮乏，从实践中提取的起诉标准公因式也有限，这不仅与近期《安全生产法》首次将检察公益诉讼制度以法律的形式纳入安全生产法律规范体系有关，同时也说明学界在现阶段尚未深入进行安全生产行政公益诉讼的起诉标准研究，相关理论仍亟待学者和研究人员进行填补与完善。

三、安全生产行政公益诉讼的起诉标准解构

起诉标准的确定以起诉条件为基础和前提，行政诉讼法对起诉条件的规定主要分为程序要件和实体要件，程序要件一般包括明确起诉的对象、选择管辖的法院、提供必要的诉状等，实体要件则主要针对具体的诉讼请求、诉请所依据的事实与理由。检察机关在对起诉条件进行审查时，对于程序要件的标准没有过多的裁量余地，只有满足与否的基本判断，仅有实体要件的标准认定尚有可探讨空间，因此本文集中讨论安全生产行政公益诉讼中对实体要件的起诉标准。从目前的司法实践来看，检察机关对于行政公益诉讼的起诉流程一般为：先认定国家和社会公共利益处于受侵害的状态，再根据有关法规搜寻负有监管职责的行政机关，调查其是否存在不依法履职的情况，确定后向其发送检察建议，行政机关仍不依法履职的再根据公共利益受侵害的状态作出是否提起行政公益诉讼的决定。从检察机关提起行政公益诉讼的流程探寻安全生产行政公益诉讼的起诉标准应考量的因素，大致可以聚焦于认

定国家和社会公共利益受到侵害的标准和认定行政机关不依法履职的标准。而起诉标准的讨论基础是安全生产领域行政公益诉讼的范围及特殊性的认识，讨论的重心是两个考量因素。

（一）安全生产行政公益诉讼的范围与特殊性

1. 安全生产行政公益诉讼的范围及界定

开展安全生产行政公益诉讼的前提条件是准确界定安全生产的涵义，否则现实中极有可能出现将安全生产领域外的事件归入安全生产领域行政公益诉讼进行规制，或将应规制的安全生产违法行为遗漏在外致使国家和社会公共利益受到侵害，不利于节约有限的司法资源，防范和化解安全生产风险，亦不利于保护国家和社会公共利益的安全与稳定。例如在实践中，内蒙古某市检察院对小区内居民私自拉电线给电动车辆充电的“飞线充电”现象启动了安全生产行政公益诉讼。“飞线充电”诚然有危害小区公共利益、诱发小区安全生产隐患的潜在可能性的存在，但无论是日常理解中的安全生产或是《安全生产法》中明确规定的安全生产的内涵，都是指发生在安全生产过程中所采取的保护人身安全、维护良好劳动秩序的一系列措施和手段，如此检察机关对安全生产范围的不当解释就造成安全生产行政公益诉讼的受案范围不当扩大，也有检察机关对自身职能定位不清、侵犯行政机关行使行政管理职能之嫌。

依照《安全生产法》第二条规定：“在中华人民共和国领域内从事生产经营活动的单位（以下统称‘生产经营单位’）的安全生产，适用本法。”本条安全生产规定即说明安全生产法的规制对象之一为从事生产经营活动的单位，如前述事例所说的小区用电则不属于生产经营活动单位的范畴，自然不能归入安全生产的范畴。安全生产公益诉讼保护的是生产安全，只有在生产经营活动过程中出现的安全问题才会被安全生产法规纳入规范体系，如案件不属于安全生产法规制的范围，则也不应当纳入安全生产公益诉讼的审理范畴。因此，安全生产公益诉讼应针对的是生产经营单位，而不能针对非生产经营单位。

具体到安全生产行政公益诉讼的认定中，除安全生产违法行为主体的分辨与认定外，还包括检察机关对监督对象，即起诉被告的认定。安全生产行政公益诉讼监督的对象是对生产经营单位的安全生产违法行为不履行法定职责或违法履行职责的行政机关，根据《安全生产法》第十条规定，一般而言是指对安全生产工作实施综合监督管理的应急管理部门以及法律规定的交通运输、住房和城乡规划、水利、民航等对安全生产工作负有监督管理职责的部门。因此，安全生产行政公益诉讼的对象应当限定在不依法对实施安全生产违法行为的生产经营单位履行监管职责的行政机关。

总体而言，安全生产行政公益诉讼是指生产经营单位实施安全生产违法行为造成重大事故隐患或者导致重大事故，负有安全生产监管职责的行政机关不履行或违法履行职权，致使国家利益或者社会公共利益受到侵害，人民检察院向其制发检察建议后，对仍不依法履行职权的行政机关向人民法院提起的诉讼。

2. 安全生产行政公益诉讼的特殊性

与其他领域的行政公益诉讼相比，安全生产行政公益诉讼具有目的、风险认定、判断标准等方面的特殊性。

首先，从安全生产法制定的目的来看，安全生产领域着重防范和化解安全生产重大风险，其直接目的是加大对安全生产工作的保护力度，防止和减少生产安全事故。相比于其他领域公益诉讼所预防的损害公共利益风险，安全生产风险更具有现实紧迫性、突发性和不确定性，如果风险演化为重大安全事故则会引发更为严重且不能弥补的公共利益损害结果，因此安全生产行政公益诉讼的目的应当在于防范重大安全生产风险，而非在生产安全事故发生、公共利益已经遭受实质损害后才提出。最高检张雪樵副检察长也强调，对安全生产涉及的公益侵害，关注的重点不应是已经发生的安全事故和实然侵害，而应是重大风险。① 这一目的决定了安全生产行政公益诉讼不可能与其他领域中以发生实际公共利益损害为前提的公益诉讼采取同一种风险认定方

① 《积极探索安全生产公益诉讼 用心守护人民群众美好生活——最高检第八检察厅、应急管理部政策法规司负责人就联合发布安全生产领域公益诉讼典型案例答记者问》，载 https://www.spp.gov.cn/spp/xwfbh/wsfbt/202103/t20210323_513617.shtml#3，最后访问日期：2023 年 5 月 30 日。

法来确定公共利益是否遭受损害。

其次，公益诉讼制度的设计目的并非干预所有的事故风险。风险在所有生产经营活动中都是必然存在的，检察机关作为代表国家行使检察权的国家法律监督机关，承担着包含追究刑事责任、提起公诉和实施法律监督等在内的重要职责，无法对安全生产全过程存在的风险进行干预和监督，只有在安全生产风险属于“重大”风险时才适合由检察机关介入采取适当措施防范与化解风险。具体来看，“重大”风险相较于一般风险，其转化为重大安全事故的表象更加明显，从一般人的角度都能较轻易地分辨“重大”与“一般”风险的区别，且重大风险一旦转化为现实的重大安全生产事故将侵害到较大范围的社会公众利益。因而，只有在安全生产风险处于如果任由其继续发展将波及一定范围的社会公众利益的状态下，检察机关才适合对不依法履行职责的行政机关提起安全生产行政公益诉讼。

再者，安全生产涉及公众人身与财产安全、国家和社会公共利益，一旦发生事故则波及面广泛、损害程度更高，因此在认定行政机关是否履职的判断标准上应该以实质履行为标准。当前，安全监管职能交叉、边界不清，监管缺位、不到位以及执法不严格等问题仍较为突出；不同层级之间职责不清，同一区域上下级“多头执法”“重复执法”的现象仍然存在①，在此困境下认定行政机关依法履职的标准就变得更为复杂和模糊。行政机关不完全履职的情况一般常见于行政职责交叉的领域内，通常表现为行政机关采取了一定的措施以履行对安全生产领域的监管职责，但这些措施不能达到消除危害公共利益的危险的行政目的，因此，检察机关应当加强对不完全履职行政机关的检察监督，以实质履行为判断标准督促行政机关实际履职，以独立的、外部的法律监督维护安全生产的安定与和谐。

安全生产行政公益诉讼的特殊性主要表现为对其起诉标准要素中的公共利益受侵害认定的限制，以及对行政机关不履行职责的标准以实质履行要求

---

① 《积极探索安全生产公益诉讼 用心守护人民群众美好生活——最高检第八检察厅、应急管理部政策法规司负责人就联合发布安全生产领域公益诉讼典型案例答记者问》，载 https://www.spp.gov.cn/spp/xwfbh/wsfbt/202103/t20210323_513617.shtml#3，最后访问日期：2023 年 5 月 30 日。

为核心的认定上。安全生产法的制定目的是将防范化解安全生产风险，在此前提下对安全生产风险和隐患的认定自然不能以实际损害到公共利益为判断标准。但检察机关的职责和定位也不允许其将所有风险纳入起诉范围，因此也限定了检察机关应当以重大安全生产风险作为规制的对象。而检察机关在提起诉讼前对行政机关履职与否的认定上也同样不能以简单的是否依法采取监管行动为判断基准，而是以实质履行为认定其行政机关依法履职的核心要件，这样才能最大限度地制约和防范安全生产风险及隐患的出现。

（二）行政机关不依法履行职责标准

行政机关不依法履行职责是检察机关启动公益诉讼的必要条件，因此对“不依法履行职责”的认定直接关系到是否能够向法院提起公益诉讼并请求审理裁判，但司法实践下履职认定尚未形成统一的判断标准。根据《若干解释》第二十一条规定在提起公益诉讼前对“不依法履职”的认定分为诉前阶段和起诉阶段，“不依法履职”的认定通常表现为检察机关需对行政机关“不作为”，即行政机关具有法定的作为义务但因某些原因而不履行或拒绝履行的情况进行审查，此种不作为一般分为行政机关不作为或者不正确履行法定职责、行政机关拒绝作为或者不完全履行作为义务、行政机关未依法继续履行职责。[①] 如审查认定其具备不作为的前提条件，则会依照行政诉讼法相关规定向行政机关发出检察建议，并在其继续不履行时提起公益诉讼。对于如何认定行政机关履职与否，学界有两种观点，一种判断标准是行为标准，另一种则是结果标准[②]，该标准同样可以用于阐释安全生产行政公益诉讼的履职标准认定。

1. 行为标准

所谓的行为标准是指，只考虑行政机关是否全面依据法律法规的要求实施履职行为，而不审查行政机关作出的行政行为能否排除对公共利益的侵害。以此标准带入对“不依法履行职责”的认定标准，则除了纯粹的不履行与拒

① 刘艺：《构建行政公益诉讼的客观诉讼机制》，《法学研究》2018 年第 3 期。

② 张旭勇：《行政公益诉讼中“不依法履行职责”的认定》，《浙江社会科学》2020 年第 1 期。

绝履行作为义务以外，难以对不完全和不正确履行职责的行为作出合理有效的监督。安全生产涉及的社会面广、职能部门多、法律规范复杂，在各部门职能交叉的领域容易出现不完全及不正确履职的懈怠作为现状，如果依照行为标准理论将这种表面上采取一定措施制止违法行为、实质上根本无益于将公共利益脱离危困的不完全作为行为认定为“依法履行职责”，那么在危害性大、紧迫性强的安全生产风险下，极易使之转化为重大安全事故，也完全背离了保护国家及社会公共利益的目的。

2. 结果标准

所谓的结果标准是指不仅考虑行政机关是否依据法律法规的要求全面履行职责，对危害公共利益的违法行为作出行政处理，更关注公共利益是否脱离受侵害的状态，可以切实保护国家利益和社会公共利益。该标准衡量行政机关履职时更为注重审查其履职手段产生的结果，即侵害国家及社会公共利益的危险是否得以消除，这也导致实际上此标准的要求更高于行为标准。安全生产风险可能会跨行业、跨区域存在，这在安全生产领域多数部门共同行使安全生产监督管理职能的大环境下给行政监管工作带来不小的挑战，将结果标准完全适用在对“不依法履职”的起诉标准认定上，无疑是作为外部法律监督的检察机关不适当侵入行政管理职权范围的做法。

3. 安全生产领域的认定履职标准

从安全生产领域的特殊性出发，在“不依法履行职责”的认定上应当秉持审查行政机关是否全面依法履行职能并穷尽法律法规范围内的所有方式与手段的同时，也要审查行政机关所作出的行政行为是否有利于达到行政目的的标准，而不是强调一定要消除一切与安全生产经营活动有关的风险。主要原因在于：第一，安全生产行政公益诉讼针对的是安全生产重大风险，而非是给国家和公共利益造成实际损害的实然事故，况且对风险的防控管理不是面向确定事件的管理，事故的风险不可能在客观层面被完全消除。第二，在安全生产领域中，生产经营单位的配合、行政机关的职权划分和生产经营活动的跨度长短、客观难易程度等方面都将制约安全生产领域的风险防控管理，对某些事故风险的防控不能立竿见影，而应当从多个角度进行优化。且《若干解释》不仅规定了行政机关应“依法履职”，也规定了履职期限，这与安全生产领域的风险防控管理的客观要求不相符合。因而，在此标准上才能更好地兼顾国家和社会公共利益的维护，和保持司法谦抑性不至于侵犯行政机关行使行政职能及自主裁量权。

（三）国家和社会公共利益受侵害的认定标准

1. 司法实践适用实质损害的认定标准

从理论分类角度来看，有学者将公益受损的状态分为两类，一类是抽象、精神方面的公共利益受到损害，例如损害英烈权益的精神利益；一类是对公共利益造成实质性损害的状态，例如大气环境、水资源、国家土地等方面的实际损害。在对实际的司法案例作归类化分析后发现实际损害状态的案例分布远远超过了抽象类。① 这也从现实情况上说明司法实践主要采用的是以实质损害标准认定国家及社会公共利益受侵害的状态。从《行政诉讼法》《若干解释》和《人民检察院公益诉讼办案规则》（下称“《办案规则》”）等法律及司法解释文件的规范角度来看，对国家利益和社会公共利益遭受侵害的认定贯穿于诉前阶段与诉讼阶段的全过程。

首先，在立案阶段，检察机关应当根据公共利益受到侵害的线索确定在检察机关内部是否进行立案，同时调查公益受侵犯的事实以及与行政机关不依法履行职责的关联性，并在决定立案后向行政机关发送的《立案决定书》中对公共利益受到侵害的后果进行说明并展开与行政机关的磋商。其次，立案后经检察机关调查发现行政机关依然不履行职责，公共利益仍然处于继续遭受侵犯的状态，检察机关应当向其发送《检察建议书》，《办案规则》规定其内容必须包括公共利益受到侵害的事实。最后，收到检察建议的行政机关仍然不采取有效措施避免国家和社会公共利益一直处于损害状态的，检察机关需向人民法院提起公益诉讼，《若干解释》规定起诉材料须包含被告行为已经损害社会公共利益的证据。

在总结现行法规范设计的公益诉讼起诉制度后不难分析出，国家和社会

---

① 张袁：《行政公益诉讼中违法行政行为判断标准的实践检视与理论反思——以 1021 起裁判样本为考察对象》，《行政法学研究》2022 年第 2 期。

公共利益是否受到不法侵害的判断标准偏向于实际损害标准，因为一般而言国家和社会公益受到违法履职行为的实际损害是认定公益受侵害与否的直接判断标准，如此一来，检察机关在公益诉讼中的举证责任难度有所降低，同时也保持了法律监督机关的谦抑性，一定程度上有益于有效平衡行政权与监督权的相互关系。

综上可知，检察机关在提起公益诉讼的过程中，虽然没有形成认定国家利益和社会公共利益受侵害的详细、准确的标准，但人民法院判决、检察机关办案规则均会要求检察机关提供材料证明国家和社会公共利益遭受实际损害。

2. 安全生产领域的认定侵害公益标准

即使实际损害标准成为认定国家及社会公共利益侵害状态的主要判断标准，但从安全生产行政公益诉讼的特殊性出发，也会产生认定公益损害标准与安全生产行政公益诉讼起诉标准之间的不适性。安全生产法规在进行行政机关职能配置的设计上原本就侧重于安全生产重大风险的防控，这一设计目的也是由于安全生产风险转化为安全生产事故的时间快、造成损害的范围面广，以及对国家和社会公共利益的损害程度深所决定的。因此安全生产行政公益诉讼制度设立的目标也应当与安全生产法规目的相互匹配，即“以防为主”为基本原则，同时注意“防治结合”。倘若在安全生产行政公益诉讼中依然坚持实际损害标准作为认定关于损害状态的判断标准，那将不能实现安全生产行政公益诉讼制度设计的目的，也违背安全生产法观的基本原则，所以以重大风险的预防为标准更适宜于安全生产领域公益诉讼的公共利益受损害的认定。

以重大风险的预防为标准并不是完全忽视行政机关的不履职行为是否造成公共利益受损害的结果认定，而是将实际损害的结果认定抽象化为对公共秩序、公共利益的毁坏与损害，不能通过量化的标准确定侵害的后果，但依旧需要损害事实的成立。例如在最高检发布的典型案例——浙江省海宁市人民检察院督促整治加油站扫码支付安全隐患行政公益诉讼案中，海宁市人民检察院采用了召开专题会，邀请专家到会论证和通信部门进行实验等方式，对“在加油站用手机扫码支付”的行为是否会引起国家和社会公共利益损害的结果进行认定，通过召开公开听证会得出“在加油站爆炸危险区域扫码支付存在重大安全隐患”的结论。典型案例很好地反映了可以通过技术手段、召开听证会等具有可操作性的方式明确和具体化以生产安全风险为内容的公共利益损害结果的认定，因此采用以重大风险的预防为标准的认定公共利益损害的结果具有可行性空间，与安全生产行政公益诉讼具有相适性。

四、安全生产行政公益诉讼起诉标准的完善

（一）完善起诉标准有关规定

起诉标准的概念及相关研究主要集中在对刑事诉讼的起诉标准理论研究，从立法层面来看，刑事诉讼作为检察机关承办数量最多、任务最为繁重的业务之一，与行政公益诉讼立法并未对起诉标准作出有关规定的状态相比，刑事诉讼的有关规范都对检察机关办理刑事公诉案件的起诉标准作出了较为明确和详细的规定。《刑事诉讼法》不仅对检察机关提起刑事公诉的起诉期限、侦查程序、起诉标准与不起诉标准进行详尽规定，还在司法解释文件中对案件的起诉与不起诉标准进行了全面细致的规定，为检察机关提起公诉作出了详细的指导，有助于提高起诉效率的同时也在一定程度上保护了被告人的合法权益。因而对于起诉标准的研究和立法规定，刑事诉讼的进程远远超过了行政公益诉讼的进程。对比行政公益诉讼而言，行政公益诉讼的起诉条件适用的是一般行政诉讼的条件，有关司法解释虽然规定了行政机关不依法履行职责、国家利益和社会公共利益遭受侵害等起诉的要素，但是并未对其认定达到何种程度才符合起诉要求进行规定，所以确定明确的行政公益诉讼起诉标准是具有可行性和必要性的举措。

设定安全生产行政公益诉讼的起诉标准要考虑到安全生产领域的特殊性，再从其特殊性出发考量其具体启动诉讼标准的要素。细化起诉标准主要关注的是其现实可操作性，有利于帮助检察机关判断是否符合提起安全生产行政公益诉讼的标准。根据前述对起诉标准要素的探索和论述，安全生产行政公益诉讼的起诉标准可细化三几个要素进行认定：第一，对安全生产的范围以及安全生产行政公益诉讼的特殊性加以考量；第二，对于行政机关是否依法

履行职责的认定标准；第三，国家利益和社会公共利益受到损害时以何种标准进行认定。这三个起诉标准的要素主要来自行政诉讼法规范的规定，以及目前的司法实践对行政公益诉讼起诉标准的凝练与总结，也同时适用于安全生产行政公益诉讼的起诉标准认定。概括而言主要可以细化为以下三个方面的标准：1. 安全生产的范围应当限定在生产经营活动的单位，非生产经营活动的安全问题不应纳入安全生产行政公益诉讼的诉讼范围。安全生产行政公益诉讼在立法目的、风险认定、判断标准等方面具备特殊性，主要是指安全生产法律规范是为了防范重大事故的发生而制定的，在风险认定方面安全生产行政公益诉讼关注的应当是安全生产领域的重大事故风险，而非一般风险，在判断标准方面，因为安全生产事故的突发性、损害范围大和具有现实紧迫性，应当对于行政机关履职方面以实质履行标准认定更为妥当。2. 对行政机关不依法履行职责的认定标准应当秉持行政机关全面依法履行职能并穷尽法律法规范围内的所有方式与手段，以及行政机关所作出的行政行为应当有利于达到行政目的的标准。3. 把认定实际损害的结果抽象化为对公共秩序、公共利益的毁损，采用以重大风险的预防为标准的方式认定公共利益损害的结果，作为安全生产行政公益诉讼起诉标准中损害事实的成立标准。

（二）安全生产领域民事与行政公益诉讼的起诉标准衔接

依据《安全生产法》第七十四条规定，检察机关可以根据《民事诉讼法》和《行政诉讼法》的有关规定提起安全生产公益诉讼。这意味着检察机关对安全生产领域公共利益的监督、保护方式包括民事公益诉讼和行政公益诉讼两种，二者都是在国家和社会公共利益遭受违法行为侵害时，为了制止违法行为危害公共利益的安全与稳定而对特定对象向人民法院提起的公益诉讼。一般而言，前者直接针对的是作出违法行为的生产经营单位，后者是针对负有安全生产监督管理职责的行政机关的不依法履职行为提起的。由此二者在起诉标准上可以分为内容上的衔接与程序上的衔接。

民事公益诉讼是检察机关以停止侵害、排除妨碍、消除危险等为诉请，以实施了安全生产违法行为致使公共利益遭受损害的生产经营单位为被告提起的公益诉讼。《若干解释》第十四条规定了检察机关提起民事公益诉讼应提交的材料除起诉书和履行诉前公告或征询意见程序的证明材料外，还包括提交被告的行为已经损害社会公共利益的初步证明材料，足见当前司法实践对于民事公益诉讼中损害公共利益性质的认定是以遭受实际损害为主的。安全生产行政公益诉讼起诉标准的要素中对公益损害的认定宜以重大风险的预防为标准，如果依然对照《若干解释》的要求，在发生安全生产重大事故或已经造成公共利益的重大损失的后果时，才允许检察机关提起民事公益诉讼，那么在以防范危险为主的安全生产公益诉讼中，安全生产民事公益诉讼可能陷入无法适用的困境。因此在认定损害公共利益的标准上，应当统一对安全生产领域民事和行政公益诉讼的起诉标准要求。

在程序上，民事公益诉讼和行政公益诉讼都是在无人主张行使权利或不能提起诉讼的前提下，由检察机关介入以公益诉讼人的身份就单位或个人的违法损害公共利益行为向人民法院提起诉讼，二者监督的对象不同，因此被告也不同。但现实中，公益诉讼可能会同时存在民事侵权、与行政机关违法行使职权或不依法行使职权的情形，因而检察机关需对两种情形作合理的区分各自适用。从横向上来看，司法实践中，民事和行政公益诉讼均是由检察机关的公益诉讼检察部门负责的，前述起诉标准的衔接都是由这一部门考量并作出起诉决定。因此在民事与行政公益诉讼的起诉标准衔接上应当注意根据公益问题的不同情况、因素分别适用不同的公益诉讼制度。从纵向上来看，通常情况下应当由受有利害关系的公民、法人或其他组织依据有关规定提起诉讼，检察机关可以依法支持起诉，如果前述主体不能提起诉讼或无利害关系主体，检察机关应当以起诉标准为依据提起公益诉讼以维护国家和社会公共利益。

（三）构建检察机关与行政机关间的沟通协调机制

行政公益诉讼目的在于通过对行政行为提起司法审查的方式，督促行政机关纠正违法行为，其以督促执法为目的，实质上是行政执法的延伸。[①] 由此可见，行政公益诉讼制度的适用与行政职权的行使可谓息息相关。行政行为

① 吕梦醒：《生态环境损害多元救济机制之衔接研究》，《比较法研究》2021 年第 1 期。

常常存在利益平衡的情况，存在此种现象的原因多数在于行政机关在行使行政权时时常遇到多个公共利益相互冲突的情况，因此行政机关需要在多个公共利益间考虑最佳平衡方式以尽可能更大限度地保护公共利益。因而在认定行政机关不作为行政行为的标准时，行政机关不可避免地同样会同时考虑多方利益并且对利益与利益之间进行平衡处理，从而影响行政机关对自身不依法履行职责的认定标准。从另一角度来看，安全监管职能交叉、边界不清，监管缺位、不到位以及执法不严格等问题时有存在，不同层级之间职责不清，同一区域上下级“多头执法”“重复执法”的现象仍未消失，有关行政机关和管理部门在安全生产领域的行政执法也更为困难，检察机关如果采用发送检察建议书或提起行政公益诉讼的检察监督方式催促其履行职责，难免会对行政机关造成较大的执法压力，从而可能作出有损于行政相对人和不能平衡公共利益以至于使其受损的情况发生。因此，构建检察机关和行政机关的沟通协调机制是必不可少的一环。

首先，在认定行政机关是否依法履行职责、公共利益是否受到损害的标准方面，检察机关与行政机关应当善于利用诉前程序制度中检察建议书的形式，通过沟通协调机制统一对起诉标准的理解。例如，依法履行职责在司法实践中一般被认定为应当全面履行，因此对于是否全面履行的标准可以在检察机关和行政机关的诉前沟通协调机制的协助下达到统一。其次，在检察机关对行政机关接受检察建议后作出的改正行为能否全面履行职责、保护国家利益和社会公共利益方面，检察机关可以通过沟通协调机制对其履职结果进行评估与审查。最后，检察机关和行政机关可以以共同制定规范性文件的形式确定对安全生产行政公益诉讼的起诉标准的统一理解。

安全生产领域涉及问题普遍专业性较强，构建检察机关与行政机关对于安全生产行政公益诉讼起诉标准的沟通协调机制，一方面有助于检察机关督促负有安全生产监督管理职责的部门依法行使监管职能，另一方面是破除专业壁垒，使检察机关能更为精准定位安全生产公益诉讼、调查行政机关履职情况的有效沟通机制。因而确立双方的沟通协调关系，形成对安全生产行政公益诉讼的起诉标准的统一理解，不仅便于行政机关依法行政，也能在检察机关行使检察监督权时减少行政机关的阻碍，从而获得支持。

结语

最高检针对安全生产监管工作中存在的突出问题，向应急管理部制发的安全生产方面的第八号检察建议提到，要把抓早抓小抓苗头作为保障安全生产的重中之重，既要抓末端、治已病，更要重抓前端、治未病。安全生产行政公益诉讼作为安全生产溯源治理的重要环节，是检察机关维护生产安全和人民群众生命财产安全的重点司法防线，只有在精准把握起诉标准的前提下才能既尊重行政机关对案件的“首次处理权”，同时又能有效督促行政机关及时依法履行监管职责。安全生产行政公益诉讼的起诉标准有待于形成合法有效的规范文件予以细化和完善，与此同时衔接民事公益诉讼的起诉条件与标准，构建与行政机关的良好沟通协调机制，有助于健全和优化公益诉讼体系。

安全生产领域检察公益诉讼调查取证困境及突破

宋　旭*

摘　要：安全生产纳入检察公益诉讼法定领域，是维护社会公共利益，推动行政主管部门齐抓共管，实现安全生产治理体系和治理能力现代化的重要举措。但现阶段，检察机关在开展安全生产公益诉讼调查取证过程中，还面临着办案权限不足、线索获取难度较高、专业性不够等问题，有待于通过健全衔接机制、畅通线索举报渠道、提高专业性等措施加以完善。

关键词：检察公益诉讼；安全生产；调查取证

2022年7月，应急管理部在例行新闻发布会上公布2022年上半年安全生产事故相关数据：1—6月，全国共发生各类生产安全事故11076起、死亡8870人，安全生产事故总量、重大事故、较大事故同比下降，但部分地区和行业领域安全生产事故多发，特别是重大安全事故的发生，不断敲响安全生产监管的警钟。如2022年4月29日，长沙市居民自建房发生倒塌事故，造成54人遇难，其中大部分为长沙医学院学生，教训深刻、惨痛。安全生产事故频发，反映出安全生产监管体制不健全、监管机制不顺等问题依然严峻，也进一步凸显出强化安全生产领域监管，完善检察机关介入安全生产领域公益诉讼的必要性。

* 作者简介：宋旭，湘潭市岳塘区人民检察院二级检察官助理。

一、检察机关开展安全生产领域公益诉讼的必要性

（一）安全生产公共利益属性的需要

安全生产与人民群众的生命、财产利益息息相关，关系到千千万万个家庭的幸福安宁和社会稳定。[①] 检察机关作为公共利益代表，以维护国家利益、社会公共利益为出发点，不受个人的生产、生活、科研等需要的限制，不受其他机关的干扰。检察机关开展安全生产领域公益诉讼，一方面，对行政主管部门可能出现的“有法不依、执法不严”具有很好的补充性；另一方面，为从业人员提供一种新的救济、举报渠道，转嫁劳动者与用人单位依附关系之下的直接对线，有助于促进安全生产事故隐患问题解决端口前移，强化安全生产重大事故防范机制。此外，在国家权力的划分上，行政权最为广泛，最为经常地影响着公共利益[②]，检察机关通过行政公益诉讼，督促行政机关依法履职，有助于推动安全生产治理体系和治理能力现代化，更好地承担公共利益保护职能。

（二）综合监管与行业监管职责交叉的调和

现阶段，我国的安全生产监管实行以综合监管与行业监管相结合的体制，应急管理部门负责实施综合监督管理，交通运输、住房和建设安全、水利等职能部门在各自职责范围内开展行业监管。监管职责的交叉重合为安全生产领域的监管设计了双保险，“管行业必须管安全、管业务必须管安全、管生产经营必须管安全”，在法律制度层面形成了监管的多重覆盖。但在具体实施过程中，地方行政主管部门作为平级单位，受部门职责不同、专业方向不同、监督执法方式不同等多种因素影响，在监管责任承担上，平级单位之间难以避免出现相互推诿的情形，最终“都可以管”演变为“都不归我管”，反而

① 王西平，刘惠娟：《安全生产领域检察公益诉讼的实践探索及思考》，《中国检察官·司法务实》2021年第7期。

② 最高人民检察院民事行政监察厅：《检察机关提起公益诉讼的实践与探索》，中国检察出版社2017年版，第7页。

引发监管漏洞。如何推动生产经营单位、行业主管部门与综合监管部门实现有效的契合，引入相对独立的检察监督成为调和监督机制不顺的有效手段。在制度设计上，检察机关以行政公益诉讼，厘清综合监管与行业监管职能职责，督促职能部门依法履职；以民事公益诉讼，对引发重大安全生产事故的经营单位追究民事责任，有助于形成“以我管促都管”“无人管我来管”的监督格局。

二、安全生产领域检察公益诉讼调查取证困境

（一）安全生产类公益诉讼线索的特殊性

根据《安全生产法》第七十四条第二款：“因安全生产违法行为造成重大事故隐患或者导致重大事故，致使国家利益或者社会公共利益受到侵害的，人民检察院可以根据民事诉讼法、行政诉讼法的相关规定提起公益诉讼。”可见，安全生产领域公益诉讼受案范围具体表现为“重大事故”和“重大事故隐患”两种类型。“导致重大事故”表明事故已然发生，必然引起社会舆论监督和党委政府重视，检察机关介入开展调查取证工作障碍相对较小。但此种情况下，相关单位和个人往往难逃多重责任追究，检察机关再以相对柔性的诉前检察建议督促行政机关依法履职，或者在已经进行广泛追责的情况下，向法院提起民事公益诉讼作为补充的必要性不大。而“造成重大事故隐患”，则兼具封闭性和隐蔽性的特点，因为事故尚未发生，多数隐患仅暴露于生产经营企业内部，难以被社会大众所察觉。检察机关开展公益诉讼工作，本身不具备检查执法权，以广撒网方式开展调查取证、线索排查，容易干扰企业正常生产经营秩序，甚至对当地营商环境造成负面影响。检察机关开展公益诉讼中运用调查取证权，往往需要在发现明确的线索后启动更为适宜，这也导致检察机关难以使用常规手段主动排查发现“安全生产重大事故隐患”。

（二）安全生产公益诉讼线索获取的局限性

检察公益诉讼线索获取渠道集中于检察机关在办案中发现、群众举报、与行政机关执法协作、人大代表转交、新闻披露等，从形式上来看，公益诉

讼案件线索来源途径广泛。但安全生产类公益诉讼线索具有其特殊性，在线索获取环节，检察机关仍面临着诸多困境。

1. 受理举报途径的限制

一方面，安全生产事故隐患暴露于企业内部，外界难以察觉，依赖内部人员举报。但内部人员与企业之间具有紧密的人身依附关系，涉及劳动者切身利益的薪酬、待遇岗位等都掌握在用人单位手中。[①] 劳动者在发现安全事故隐患后，应当及时向企业汇报，但在反映后如未得到及时整改，出于担心信息泄露影响切身利益、认为发生危险的紧迫性不高等考量，通常不愿意选择向国家机关举报，导致在过于自信中未能及时消除隐患，酿成安全生产事故。另一方面，大众对检察公益诉讼职能了解不足，安全生产领域检察公益诉讼的社会知晓度依然不高，导致线索举报人在向国家机关反映安全生产问题线索过程中，通常选择向政府部门反映，还没有形成向检察机关举报反映安全生产问题线索的意识。

2. 联合监督执法途径的限制

参与监督行政机关执法活动的方式，在一定程度上弥补了检察机关自身执法权限的不足。检察机关联合行政机关，实地查看安全生产工作开展情况，排查安全生产隐患，是检察机关开展安全生产工作的重要突破，但这一方式，同样存在着较大弊端。一方面，行政机关对生产经营单位进行检查属于其日常监管活动，职责所在，检察机关的参与，并不必然有助于行政机关发现安全生产管理漏洞；另一方面，在联合执法检查过程中发现的问题隐患，行政机关能够及时督促生产经营者进行整改，检察机关能否在此基础上，继续就同一问题对行政机关立案审查有待商榷。笔者认为，检察公益诉讼制度本身具有补充性，在行政机关配合检察机关工作并进入履职程序后，检察机关再以同一问题对行政机关立案，有违行政公益诉讼的立法初衷。

（三）安全生产公益诉讼线索的专业性

“重大事故隐患”如何界定具有很强的专业性，根据官方目前发布的《化

① 代海军：《检察机关提起安全生产行政公益诉讼的现实困境与制度建构》，《河南财经政法大学学报》2020 年第 2 期。

工和危险化学品生产经营单位重大生产安全事故隐患判定标准（试行）》安监总管三〔2017〕121号、《金属非金属矿山重大生产安全事故隐患判定标准（试行）》安监总管一〔2017〕98号、《烟花爆竹生产经营单位重大生产安全事故隐患判定标准（试行）》安监总管三〔2017〕121号、《房屋建筑和市政基础设施工程重大事故隐患判定标准（征求意见稿）》，列明的重大事故隐患就有数百条。就现实情况而言，检察公益诉讼涉及的领域广泛，而各领域均有其特殊性，对比从事本职工作，且更加专业的政府主管部门，其在当下的履职过程中，受困于人力、能力不足，监管难以有效应对的现象已屡见不鲜，检察机关公益监督面更加广泛，在介入后，不能有效负担如此专业化的监管。现阶段，检察公益诉讼办案团队不断壮大，但作为检察机关内部的一个部门，安全生产领域工作的专业性并不高，是否有足够的办案人数，是否有及时发现问题线索的能力，是否具有更加专业的办案能力，成为限制安全生产公益诉讼调查取证顺利开展的又一掣肘。

三、安全生产领域检察公益诉讼取证困境的突破

（一）检察机关开展安全生产公益诉讼的调查取证权

检察公益诉讼的调查取证权，在《民事诉讼法》《行政诉讼法》中均未明确提及，其权力来源可见于《最高人民法院、最高人民检察院关于检察公益诉讼案件适用法律若干问题的解释》第六条、《人民检察院公益诉讼办案规则》。最高人民法院和最高人民检察院的司法解释、办案规则在一定程度上具有自我赋权的嫌疑，但是检察机关作为实施法律监督的国家机关，出于维护国家利益、社会公共利益的需要，对企业安全生产工作进行调查取证，在办案实践中，并不存在实质性的制度障碍。问题的关键在于，调查取证权有别于检查执法权，调查取证的前提在于已明显暴露的违法线索，从而进行的针对性调查、搜集、勘验、取证工作；而检查执法则是为发现违法线索，进行的初期、初步排查，被检查对象、问题线索均没有明确的指向性。检察机关不同于行政机关，对企业、工厂的安全生产工作并不具有法定的检查执法权，而办理安全生产检察公益诉讼案件，排查“重大事故隐患”，侧重依赖于检查

执法。检察公益诉讼的补充性，决定了检察机关试图扩张检查执法权并不现实，所以安全生产公益诉讼工作要进一步破局，只能从畅通线索获取渠道着手。

（二）检察机关与举报人之间的桥梁架通

《安全生产法》第四十六条第二款规定安全生产管理人员重大事故隐患报告制度，第五十九条规定了从业人员对事故隐患或者其他不安全因素报告制度，第七十四条第一款明确“任何单位或者个人对事故隐患或者安全生产违法行为，均有权向负有安全生产监督管理职责的部门报告或者举报”。国家安全监管总局、财政部于 2018 年印发《安全生产领域举报奖励办法》，鼓励社会各方举报重大事故隐患和安全生产违法行为；山东、重庆、四川先后出台规范性文件，推行安全生产“吹哨人”内部举报人制度。对负有安全生产监管职责的政府部门而言，现有的举报机制、举报渠道日益丰富完善，已能够满足问题线索获取需要。但在另一个层面上，举报机制最终要发挥作用，关键在于反映问题得到合理解决。在实践中，部分安全生产举报线索经层层下放核实，最终回到当地监管部门与企业之间，形成内部系统的闭环，由于缺少独立的第三方监督，导致举报机制的预期效果出现打折，不利于安全隐患的有效处理解决。基于防范这类问题，在举报机制内畅通检察监督显得尤为重要。

如何架通检察机关与安全生产举报人之间的衔接桥梁，一方面，在顶层设计上，可以由最高人民检察院与负责安全生产综合监管的应急管理部完善合作机制，在应急管理部“安全生产举报系统”内，明确接入检察监督端口；出台规范性文件，在企业安全生产教育培训过程中，引导树立检察机关独立监督地位，拓宽从业人员对安全生产重大隐患外部救济选择路径；在拟订企业单位安全生产规章制度、操作规程和生产安全事故应急救援预案中，列明检察机关安全生产监督职能职责。通过制度建设，自上而下，提高从业人员对检察公益诉讼认识，使检察监督贯穿安全生产的全过程。另一方面，基层检察机关以具体案件办理为主导，加强安全生产领域公益诉讼宣传，普及社会公众对安全生产公益诉讼职能的知晓度，在行动上明确检察机关在安全生产工作中的角色定位；完善本地区安全生产线索举报平台，畅通网络平台、电话、信访举报渠道，做好举报人信息保密、人身安全保护工作，消除内部举报人后顾之忧。

（三）检察机关安全生产领域公益监督专业性不足的弥补

在提高检察机关办案人员专业性的问题上，加强安全生产领域相关法律法规的学习是不可缺少的一环，但是必须认识到仅仅依靠自身学习推动案件办理，存在着较大的局限性。检察公益诉讼现阶段涵盖的范围领域逐步增加，传统领域、新增未成年人保护、英烈保护、个人信息保护等法定领域，涉及的法律法规以及各类专业性问题众多纷杂，单纯靠检察机关自身学习，难免陷入“什么都懂，但都只懂一点”的境地，难以实际推动案件办理的专业化。办好专业的事需要更多的借助专业人员的力量。在实际操作中，检察机关一方面可以借助日渐成熟的“益心为公”志愿者平台，招募具有安全生产工作经验的志愿者参与案件办理，提升办案过程的专业化。另一方面，在加强与行政主管部门沟通协调的基础上，探索引入专业的社会机构，协助配合检察机关参与调查取证工作，提高案件办理质量，保障案件办理效果。

结语

办理安全生产领域公益诉讼案件，对检察机关而言，主要难点在于：一是如何发现问题线索，二是如何对线索进行专业化的界定甄别。要改善这一问题，依赖顶层的规则设计，以制度推动层层向下铺垫；也需要基层检察机关在办案实践中发力，营造敢于监督、善于监督的形象，推动形成多方主动、共同参与安全生产监督的社会氛围。但总的来说，制度之初即是发现问题、解决问题的时间，坚持以维护国家利益、社会公共利益的初衷，安全生产领域公益诉讼，包括整个检察公益诉讼系统，就会在不断的试错、纠错中，稳步向前发展。

检察机关提起预防性安全生产领域公益诉讼探析

郭兰潇*

摘　要：《安全生产法》从立法层面赋予了检察机关办理安全生产领域公益诉讼案件的职权，而预防性安全生产领域公益诉讼是其中的一项重要内容。预防性安全生产领域公益诉讼属于风险管控的范畴，可以分为预防性民事安全生产领域公益诉讼和和预防性行政安全生产领域公益诉讼。检察机关提起预防性安全生产领域公益诉讼具有制度、职能、实践方面的优势。但是，检察机关提起预防性安全生产领域公益诉讼制度存在地位模糊、范围不明、案件线索来源途径有限、案件整改难度较大、办案人员的专业知识欠缺等问题。在具体操作中，可以从提高诉讼提起的精准度、准确界定诉讼提起的范围、不断拓展案件线索来源途径、推动诉前磋商整改、提升检察人员的办案能力、构建长效工作机制等方面实现检察机关提起预防性安全生产领域公益诉讼之目的。

关键词：检察机关；安全生产；公益诉讼

近期“河南商丘武馆火灾事件”“湖南长沙居民自建房倒塌事件”“湖南电信大楼失火”等安全事故频发，严重危害了人民群众的生命财产安全。降低安全事故风险，减少安全事故的发生是我们面临的一个重要社会问题。2021 年的《安全生产法》第七十四条明确规定了检察机关可以针对因安全生产违法行为造成“重大事故隐患”提起公益诉讼。此规定赋予了检察机关在安全生产领域提起预防性公益诉讼的职权。但是我国预防性安全生产领域公

* 作者简介：郭兰潇，湘潭大学博士研究生。

益诉讼尚处于起步阶段，对此的研究大都只停留在检察机关办案实践的表面。① 基于此，需要对我国预防性安全生产领域公益诉讼的理论基础进行阐释，制度运行过程中的实践问题也需要进一步解决，以发挥检察机关的法律监督职能优势，利用公益诉讼手段更有效降低安全事故，切实维护国家利益和社会公共利益。由于因安全生产违法行为导致重大事故已造成了严重的后果，本文仅针对“重大事故隐患”情形下未造成严重后果的情况进行讨论，以此体现“预防性”检察公益诉讼的特点。

一、预防性安全生产领域公益诉讼的理论阐释

（一）预防性安全生产领域公益诉讼的属性

第一，预防性安全生产领域公益诉讼大部分属于行政安全生产领域公益诉讼，只有少部分属于民事安全生产领域公益诉讼。提起预防性安全生产领域公益诉讼的前提在于事故未发生，故相应的民事纠纷和损害赔偿较少。预防性安全生产领域公益诉讼的提起对象主要是对事故发生具有监管责任的行政机关，因为在安全生产风险发现后，如果行政机关及时有效作为，完全可以消除隐患，防范安全事故的发生。如果检察机关提起预防性安全生产领域公益诉讼，那么说明行政机关不作为或者无效作为导致安全生产隐患始终没有排除，检察机关应针对行政机关提起诉讼，而非主要针对相关企业或者个人。但是也有少量的民事安全生产领域公益诉讼，如某矿山企业的生产活动对周围民众造成安全隐患，这种安全隐患也包含了民事纠纷，在这种情况下检察机关也可以针对企业提起预防性安全生产民事公益诉讼。

第二，预防性安全生产领域公益诉讼属于风险管控的范畴。风险管控责任是企业或者个人的直接责任，行政执法机关承担管理责任。从理论上说两种责任落实到位就能够有效防范安全生产事故的发生，但是在实践中安全生产事故依然不可避免。而检察机关对安全生产事故本不承担相应责任，却基

① 邢光英，许佩琰：《安全生产领域预防性公益诉讼案件办理实践探索》，《中国检察官》2022年第12期；武汉铁路运输检察院公益诉讼办案团队：《安全生产领域预防性公益诉讼实践探索》，《中国检察官》2021年第6期。

于对国家公共安全的维护主动履行了监督责任，是作为法律监督机关宪法定位的直接体现，也是检察机关为人民服务政治属性的间接体现。在实践中，预防性安全生产领域公益诉讼的风险管控属性也有所体现。例如，最高人民检察院第八检察厅（公益诉讼检察部）针对燃气安全事故多发频发、安全生产形势严峻复杂的情况，引导各地加大办案力度，并会同第二检察厅（重大犯罪检察部）向应急管理部制发8号检察建议，建议发挥预防性安全生产领域公益诉讼作用，注重安全生产的溯源治理，有效消除燃气安全事故风险隐患。

（二）检察机关提起预防性安全生产领域公益诉讼的优势定位

检察机关作为我国公益诉讼制度中具有原告资格的主体之一，在提起预防性安全生产领域公益诉讼方面有其独特的优势和功能。其优势主要体现在制度优势、职能优势及实践优势三个方面。

1. 预防性检察公益诉讼的制度优势

《行政诉讼法》以及《安全生产法》在法律层面把检察公益诉讼制度确立了下来，从起诉资格、职权规定等方面为检察公益诉讼提供了法律支撑。还利用“重点列举+兜底条款”的方式尽可能将公益诉讼的范围进行穷尽性列举，明确将安全生产列入其中。《关于积极稳妥拓展公益诉讼案件范围的指导意见》对检察机关办理公益诉讼案件的范围进行了拓展，涵盖了个人信息安全保护、安全生产等内容，并推崇溯源治理、系统治理，有利于检察机关法律监督职责的行使，促进行政机关履行监督管理职责，实现社会共治。

2. 检察机关的职能优势

检察机关作为促进我国法治建设的重要司法机关，肩负着保障我国司法公正和守护广大人民幸福的重要使命。“安全生产，重于泰山”，安全生产的方方面面都关系着老百姓的幸福生活，发挥检察机关在安全生产领域的法律监督职责，争取不出事故、少出事故，才能更好地满足人民群众对美好生活的向往。

对安全生产进行严格的监督是新时代中国特色社会主义建设的应有之义，法律监督是其中重要的一环。检察机关监督的职能优势是从生产的事前、事中和事后进行监督。事前监督能够通过走访调查了解风险点，向相关单位精准制发检察建议，注重诉源治理，避免安全事故的发生；事中监督能够联合执法部门依法进行现场排查，定期抽查，并对行政执法活动进行监督，确保生产安全；事后监督能够依法提前介入，适时提起安全生产领域公益诉讼，及时为受害者、受损者提供救济，追究致害者及相关机关法律责任，维护社会公益和国家利益。预防性安全生产领域公益诉讼重点在于事前监督，是最高效、代价最小的风险控制措施。

3. 检察机关的实践优势

安全生产关系着社会的稳定、经济的繁荣，检察机关提起预防性安全生产领域公益诉讼的作用明显，实现安全生产事故的溯源治理。检察机关提起的安全生产领域公益诉讼主要包括燃气安全的隐患、建筑施工安全的管控、交通运输安全的监管、生活特种设备的常态化维护等领域。[①] 这些领域的大部分常规事项都带有预防性属性，可以充分发挥检察机关诉讼手段多样化的优势，在安全生产领域促进多元共治、共同参与，实现共赢多赢的治理效果。如贵州省人民检察院于2021年3月9日联合省住房和城乡建设厅、省交通运输厅、省应急管理厅、省市场监督管理局、省能源局、省消防救援总队，以提起预防性安全生产领域公益诉讼为重点，在全省开展“安全生产守夜人”专项行动。截至2021年底，贵州省检察机关排查发现安全生产领域严重损害公益的线索407件，立案364件。其中民事公益诉讼5件，行政公益诉讼359件；履行诉前程序366件，提起公益诉讼21件，发出行业治理检察建议1份，取得了良好的社会效果。

二、安全生产领域预防性检察公益诉讼实践检视

（一）安全生产领域预防性检察公益诉讼提起之缘由

生产安全作为公共安全的重要组成部分，维护好、保障好生产安全对于

① 王西平，刘惠娟：《安全生产领域检察公益诉讼的实践探索及思考》，《中国检察官》2021年第13期。

民生福祉、社会安定的意义重大。在2022年第一季度中，全国检察院共办理安全生产领域公益诉讼4329件①，可见安全生产领域内有诸多需要检察机关重点关注的问题。在2021年最高人民检察院（以下简称“最高检”）、应急管理部联合发布的九件检察机关提起的安全生产领域公益诉讼典型案例中（表1），分析其诉讼类型，发现其中8件是行政公益诉讼，仅有一例属于民事公益诉讼，且多数安全生产行政公益诉讼都能在检察机关发出检察建议之后得到妥善处理，通过预防性的手段保障国家利益与社会安全等重大公共利益。既然在发出检察建议之后，对相应辖区内安全生产事务负有监督、管理责任的行政管理部门多数情况下能够及时履行职责，避免重大安全事故的发生，而在检察机关发出检察建议之前为何怠于履职？在少数情况下检察机关发出检察建议后行政机关为何仍不能完全履职？本文尝试对最高检典型案例进行分析，从实践和理论两个方面去阐释安全生产领域预防性检察公益诉讼提起之缘由。

表1　2021年最高检、应急管理部联合发布的9件检察机关提起的安全生产领域公益诉讼典型案例表

诉讼类型	对应案件
安全生产民事公益诉讼	1. 安徽省蚌埠市禹会区人民检察院诉安徽省裕翔矿业商贸有限责任公司违规采矿民事公益诉讼
安全生产行政公益诉讼	1. 陕西省略阳县人民检察院督促整治尾矿库安全隐患行政公益诉讼案； 2. 浙江省衢州市衢江区人民检察院督促整治自备储油加油设施安全隐患行政公益诉讼案； 3. 黑龙江省七台河市检察机关督促整治燃气安全隐患行政公益诉讼系列案； 4. 江苏省泰州市人民检察院督促整治违法建设安全隐患行政公益诉讼案； 5. 浙江省海宁市人民检察院督促整治加油站扫码支付安全隐患行政公益诉讼案； 6. 山西省晋中市榆次区人民检察院督促整治违法施工安全隐患行政公益诉讼案； 7. 江西省贵溪市人民检察院督促整治危险化学品安全隐患行政公益诉讼案； 8. 黑龙江省检察机关督促整治小煤矿安全隐患行政公益诉讼系列案

① 金歆：《全国检察机关一季度办理安全生产领域公益诉讼案件4329件》，《人民日报》2022年4月25日，第12版。

续表

诉讼类型	对应案件
实际在检察建议发出后问题得以解决的案件	1. 浙江省衢州市衢江区人民检察院督促整治自备储油加油设施安全隐患行政公益诉讼案； 2. 黑龙江省七台河市检察机关督促整治燃气安全隐患行政公益诉讼系列案； 3. 江苏省泰州市人民检察院督促整治违法建设安全隐患行政公益诉讼案； 4. 浙江省海宁市人民检察院督促整治加油站扫码支付安全隐患行政公益诉讼案； 5. 山西省晋中市榆次区人民检察院督促整治违法施工安全隐患行政公益诉讼案； 6. 江西省贵溪市人民检察院督促整治危险化学品安全隐患行政公益诉讼案； 7. 黑龙江省检察机关督促整治小煤矿安全隐患行政公益诉讼系列案

从办案实践来看，检察机关提起预防性安全生产领域公益诉讼的缘由包括但不限于：（1）行政机关职权界限模糊，对检察机关制发的检察建议互相推诿、安全监管职能交叉，导致问题被迫推迟解决，如陕西省略阳县人民检察院督促整治尾矿库安全隐患行政公益诉讼案①，作为负有相应监督管理职责的略阳县应急管理局在接到检察机关发出的检察建议之后，并未按照规定严格完成整改任务，导致在2019年汛期汪家沟尾矿库排洪设施损毁严重，国家利益与社会利益遭受重大威胁；（2）行政机关的安全生产监管能力有待提高，如内蒙古自治区乌海市违法建设堵塞河道危害铁路泄洪桥运输安全行政公益诉讼案②，检察机关发出检察建议之后，乌海市海勃湾区人民政府仅对检察建议中的部分内容进行整改，并未能完全疏通包兰线下的六座泄洪桥，河道原状未得到恢复；（3）同一问题的“责任交织、统筹协调难”造成安全问题被延迟解决，难以有针对性地解决安全生产领域内的问题，不能全面统筹协调，彻底消除安全生产方面的隐患，如济南铁路运输检察院督促整治铁路安全隐

① 最高检、应急管理部联合发布9件安全生产领域公益诉讼典型案例之一。

② 最高检、国铁集团联合发布铁路安全生产领域公益诉讼典型案例之九。

患行政公益诉讼案[1]，济南铁路运输检察院在发现厂房危及路面地基稳定之后向行政机关发出建议，水务部门回复由于各方责任交织，协调难度大，难以统筹协调。基于上述问题，可以看出在检察机关发出诉前检察建议之后，由于行政机关自身的监管能力不足，加之其职权并没有在法律上十分明晰，在一定程度上就削弱了诉前检察建议的刚性，进而导致安全生产风险不能得到很好的化解。

从理论层面来看，我国行政监管模式总体来看比较落后，难以适应现代风险社会的安全生产领域内的监管需求。这主要体现在以下三个方面：第一，监管意愿不足，即相关行政执法机关发现了风险隐患，但是怠于履行职权致使监管不到位。安全生产大于天，不想监管是一种典型的渎职问题，如果有严重后果的发生，相关执法人员甚至可以构成渎职犯罪。应当能发现风险隐患不去走访调查而没有发现隐患的行为依然是不想监管的一种表现。不想监管是安全事故发生的外部主因，如浏阳鞭炮厂一直存在安全隐患问题，但涉及当地 GDP，因此长期以来鲜有人监管，直到严重安全事故发生。造成怠于监管的主要原因是我国安全生产监管模式偏重于事后治理而非事前预防，只有事故发生后才引起对风险隐患的重视，进行行业大整顿。虽然事故发生后的整顿很有必要，但是过于强调事后再监管的模式显然不利于风险预防。检察公益诉讼正是发挥检察机关的预判力，揭示出行业存在的风险隐患，督促相关行政执法机关依法履职，消除潜在风险隐患，最大限度地减少安全事故发生。行政机关职权界限模糊，对检察机关制发的检察建议互相推诿。

第二，不敢监管，即相关行政执法机关发现了风险隐患，主动采取或计划采取有效措施予以监管，但因外在阻力而致使监管不到位。很多时候行政执法机关发现了相关的安全生产风险隐患，也有行之有效的应对之策，但是因客观原因导致监管不能。监管可能会损害某些群体的利益，监管人员惧怕权利受损人员的打击报复，也可能是监管人员收受贿赂，对潜在风险隐患“睁一只眼、闭一只眼”，无论哪种情况，不敢监管的背后都存在不法利益，是不法利益导致了监管人员不敢监管。同时监察机关对这种不法利益侦查不

① 山东省检察院与省应急管理厅联合发布安全生产领域 5 件典型案例之五。

到位，往往在事故发生后才侦查相关职务犯罪。检察机关对不敢监管的风险隐患提起公益诉讼可以杜绝相关人员因犯罪而得利，纠正某些行业贿赂不正之风，将安全生产的风险隐患消除在萌芽状态。

第三，监管能力不足，即相关行政执法机关职权与能力水平有限，没有发现潜在的风险隐患而致使监管不到位。这类监管不到位在实践中也比较多，如不可抗力的火灾或者水灾导致大范围的安全生产事故。对比前两种情况，此类监管不到位的责任最小，但是其危害却一点不亚于前两种情况。如果不可抗力事件发生后，能够积极挽损而没有尽到应有责任，这种情况虽然是在不能监管的情况下发生的安全事故，但往往也会予以追责。造成不能监管的主要原因是监管人员个人能力水平低下，但是和监管队伍不专业、能力提升不到位也有很大关系。不能监管也不是完全没有监管的可能，其安全生产的风险隐患也不是完全解决不了的，可以依靠科技优势弥补人力弱点。检察机关对风险隐患事项提起公益诉讼可以弥补相关行政执法机关的能力不足问题，间接提高监管人员的监管水平，有效降低安全事故的发生概率。

（二）检察机关提起预防性安全生产领域公益诉讼面临的问题

安全生产领域行政监管固有之问题是检察机关提起预防性公益诉讼之实践动因。同时，检察机关在提起预防性安全生产领域公益诉讼时也面临着诸多理论和实践上的问题。

1. 预防性安全生产领域公益诉讼地位模糊

目前安全生产领域公益诉讼案件立案标准主要有“损害说”和“危险说”两种。从实践上来看，目前铁路检察安全生产领域的大多数案件违法行为已经造成了实际损害结果，采用的是“损害说”标准。[①] 这样，预防性安全生产领域公益诉讼能否被提起就存疑。从损害说的角度出发，很多案件并不符合公益诉讼立案条件，然而如果不立案，无论哪一方面公益发生损害，代价都是巨大且无可挽回的，势必将会造成难以弥补的后果。

---

① 武汉铁路运输检察院公益诉讼办案团队：《安全生产领域预防性公益诉讼实践探索》，《中国检察官》2021 年第 6 期。

2. 预防性安全生产领域公益诉讼范围不明

《安全生产法》第二条将“安全生产”的范围限定为“从事生产经营活动的单位”的安全生产，并不涵盖非“从事生产经营活动的单位”的安全生产。针对实践中部分检察机关对小区居民“飞线充电”的现象提起了安全生产领域公益诉讼，有观点认为这是从日常用语的层面而非法律层面对“安全生产”进行的理解，这种理解方式可能造成安全生产领域公益诉讼受案范围的不当扩张①，这种“不当扩张”集中体现在预防性安全生产领域公益诉讼领域，正是因为“预防”的属性可能造成一切生活领域的安全隐患都可以提起安全生产领域公益诉讼的假象。但是就预防性安全生产领域公益诉讼的目的而言，只要能消除潜在安全隐患，减少损失，就可以适度扩大预防性安全生产领域公益诉讼的范围。

3. 案件线索来源途径有限

预防性安全生产领域公益诉讼的线索来源仅为传统的举报、控告，上级交办等形式，检察机关主动出击寻求案源的情况并不多见。自 2014 年开始检察机关与众多行政（执法）机关构建了行政执法与刑事司法衔接平台，预防性安全生产领域公益诉讼的很多案源来源于行政执法与刑事司法衔接平台。但是近年来，因行政、司法、监察体制机制改革以及部门间职能调整等原因，这项工作受到了很大影响，此前建立的两法衔接信息共享平台也多处于停滞状态，导致办案量大幅下滑，预防性安全生产领域公益诉讼的案源受到了很大的影响。另外，行政执法（执法）机关在录入案件时选择性录入现象比较普遍，极大地限制检察机关法律监督权的行使。

4. 案件整改难度较大

预防性安全生产领域公益诉讼往往涉及多方利益的交叉，如何提起检察建议，如何兼顾各方利益，实现双赢多赢共赢是办案中的难点。特别是检察机关和行政（执法）机关之间在提起预防性安全生产领域公益诉讼方面缺乏完善的工作衔接机制，行政（执法）机关内部以及不同行政（执法）机关之间也没有形成有效的衔接机制，这样就造成检察机关在提起预防性安全生产

---

① 林鸿潮，赵艺绚：《安全生产行政公益诉讼的问题与建言》，《劳动保护》2021 年第 9 期。

领域公益诉讼时不能和相关部门形成执法合力，普遍存在单打独斗的现象，制发的检察建议也难以达成社会共识，相关主体不配合，整改结果往往不理想，达不到充分的监督效果，一些安全生产隐患依然存在。

5. 办案人员的专业知识欠缺

预防性安全生产领域公益诉讼案件的办理离不开科技手段的应用，大数据线索研判、安全生产技术的专业化应用，都离不开科技的支撑。预防性安全生产领域公益诉讼作为一项新兴业务，涉及的行业广泛，涵盖社会方方面面，其中的法律关系较为复杂，很多案件需要出具专家意见书，但是专家为了规避责任往往不愿意出具专家意见书，特别是一些涉及生态破坏修复的鉴定，还需要专业机构出具专家意见，就更为复杂。目前各地存在专业鉴定机构少、鉴定费用高等诸多问题。机构改革后，基层人民检察院民事、行政、公益诉讼部门合署办公，由于人员精力分配不均，难以兼顾各条线业务，直接影响预防性安全生产领域公益诉讼案件的正常办理。①

三、完善检察机关提起预防性安全生产领域公益诉讼之进路

从制度设计的层面上考虑，检察机关提起安全生产领域公益诉讼制度最核心的价值就在于发挥检察机关的法律监督职能，同时避免有关行政机关在安全管理不到位甚至不作为等情形下造成的难以挽回的局面，检察机关的监督完全可以从末端前移，不断完善安全生产风险防范机制。②

（一）提高诉讼提起的精准度

首先，对“生产经营单位”的解释，可以从《安全生产法》的立法目的出发，结合实践需求进行界定。《安全生产法》的立法目的是加强安全生产工作，防止和减少生产安全事故，保障人民群众生命和财产安全，促进经济社会持续健康发展。有观点认为“个体工商户”不属于安全生产经营单位的范

---

① 王西平，刘慧娟：《安全生产领域公益诉讼的实践探索及思考》，《中国检察官》2021 年第 13 期。

② 王杏飞，陈娟：《个人信息检察公益诉讼重大理论与实务问题研究》，《广西社会科学》2022 年第 2 期。

畴。这就意味着个体工商户不需要履行安全生产义务，这与《安全生产法》的立法目的明显不符。结合国家应急管理部出台的《安全生产违法行为行政处罚办法》第六十八条规定："本办法所称的生产经营单位，是指合法和非法从事生产或者经营活动的基本单元，包括……个体工商户和自然人等生产经营主体。"因此，凡是需要履行安全生产义务的单位、组织乃至经营个体都应当纳入"生产经营单位"的范畴。

其次，要从公益诉讼的价值目标出发，从"危险说"的角度，致力于将威胁化解在损害发生之前。对"危险说"理论上的界定，关键在于对重大事故隐患的准确理解。《安全生产法》第七十四条第二款明确了公益诉讼介入安全生产领域的前提条件，即因安全生产违法行为"导致重大事故"或"造成重大事故隐患"。重大事故系已发生的事故，因此在概念上不存在不同理解。但是对于"重大事故隐患"容易产生认识上的偏差。对于"重大事故隐患"的界定，可以从安全生产风险与安全生产隐患的对比进行理解。第一，学理上对"风险"的一般认识是损害发生盖然性未知的情况下，损害发生的可能性，具有不确定性，一般与事故发生的后果之间没有必然的因果关系。而隐患则是违反法律法规或者其他因素可能导致事故的物的危险状态、人的不安全行为或者管理上的缺陷，其程度远重于"风险"。[①] 第二，"风险"不可控制，"隐患"则可以通过预防机制消除，结合《安全生产法》第四十一条第二款规定，"重大事故隐患排查治理情况应当及时向负有安全生产监督管理职责的部门和职工大会或者职工代表大会报告"，"隐患"需要负有安全生产监督管理职责的部门采取措施进行监管，检察机关只有在负有安全生产监督管理职责的部门未采取措施消除"隐患"时，才能够督促行政机关履职。基于此，"风险"不是公益诉讼介入安全生产领域的前提，只有存在"隐患"公益诉讼才能启动预防式监督。在实践中，对于预防性安全生产领域公益诉讼提起的可以同时启动"三同时"方案：一是同步进行现场勘查，固定相关证据；二是及时与相关行政机关协商，表明立场，希望相关行政机关能够严格

① 邢光英，许佩琰：《安全生产领域预防性公益诉讼案件办理实践探索》，《中国检察官》2022年第12期。

执法，及时制止不法行为；三是建议相关行政机关加强实时监控，监督安全生产企业在生产前的准备工作到位，减少不必要的损失和威胁。

最后，结合《安全生产法》第七十四条第二款规定，提起预防性安全生产领域公益诉讼的前提条件包括：第一，存在违法行为，这里的“违法行为”应作广义理解，违法履行职权、不作为、不充分作为、“假作为”均属此列。第二，因其违法行为造成重大事故隐患。第三，致使国家利益或社会利益受到处于现实的危险状态。其中，现实的危险状态是指即安全生产违法行为所导致的风险有转化成实际损害的高度可能性，使相关群众的生命、财产安全陷入不确定的危险状态。[①] 基于确定后的预防性安全生产领域公益诉讼具有明确的内容指向，检察机关就能够更加精确地选择职能的适用时间、阶段，并应当在实践层面对其进行细化，根据实际情况建立“负面清单”。

（二）不断拓展案件线索来源途径

除了传统手段外，要重点发挥两法衔接平台作用，最高检明确要求两法衔接工作由第一检察部（普通犯罪检察部门）牵头，其他各部门根据职责分工各司其职。检察机关公益诉讼部门要克服困难，主动作为，按照最高检《关于推进行政执法与刑事司法衔接工作的规定》要求，认真履行审查调查等职责，监督行政执法机关对行政执法案件“应录尽录”，从行政执法案件中寻找预防性安全生产领域公益诉讼案源，提高监督质效。同时，要主动协调配合司法行政机关，共同推进两法衔接信息共享平台的建设与使用，实现行政执法与刑事司法的“双向衔接”。除此之外，还可以通过加强公众参与的方式拓宽案件线索的来源途径。因为公众是接触安全生产最直接的群体，可以及时有效的感知到安全隐患。实践中可以借鉴山东的做法，设置微信“随手拍”小程序，加强安全生产领域公益诉讼的宣传，使公众充分了解安全生产领域公益诉讼的作用和意义，通过将安全隐患随手拍的方式参与到预防性的公益诉讼中来。

① 林鸿潮，赵艺绚：《安全生产行政公益诉讼的问题与建言》，《劳动保护》2021年第9期。

（三）推动诉前磋商整改

检察机关要积极和各司法、行政（执法）机关和部门创新建立预防性安全生产领域公益诉讼磋商程序，保证监督渠道畅通，与各相关单位加强联系，形成工作合力。充分发挥预防性公益诉讼“协同之诉”[①] 的功能。特别是对由于行政监管职责不清而导致的公益诉讼推动困难案件，应当采取听证会、联席会议的方式积极“协同”。在判断哪家行政机关对安全生产违法行为有监管职责时，考虑的是该种行为由谁纠正、处罚，而不是实行该种行为的主体由谁监管。在实践中，诉讼提起前要主动沟通，可采取电话、座谈等方式相互交流，减少抵触情绪；诉讼提起后要经常回访，定期跟踪诉讼事项进展情况，对建议是否符合实际、措施是否适当等进行考查，不符合的要督促整改到位，如果不整改或者整改不到位的，可以进一步向涉及单位的上级单位或者行业主管部门制发督促整改建议，确保诉讼提起的刚性。对可能涉嫌职务违纪违法的要及时移送纪检监察机关，确保预防性安全生产领域公益诉讼所涉及问题能够得到及时有效解决，实现共赢多赢的整改效果。

（四）提升检察人员的办案能力

与生态环境、食品药品等领域相比，在安全生产领域对行政机关不作为的评判更具有跨专业学科的复杂性。以化工生产为例，对是否危及公共安全及行政机关不依法履职的判断，必然涉及化工作业方面技术性的识别问题。这就对检察人员的办案能力提出了更高的要求。在具体落实层面，首先要配备和加强专业办案力量，培养预防性安全生产领域的专家型人才，全面提高线索发现、调查取证、提起诉讼的能力和水平。其次要加强业务培训，加强办案人员对法律实体的研究，明确相关部门的职责权限，实现更加精准的监管。最后要加快专业鉴定机构和大数据平台建设，通过推进大数据和人工智

---

① 邢光英，许佩琰：《安全生产领域预防性公益诉讼案件办理实践探索》，《中国检察官》2022年第12期。

能应用，为预防性安全生产领域公益诉讼提供强有力的科技支撑。①

（五）构建预防性安全生产领域公益诉讼长效工作机制

要以解决安全生产隐患为切入点，充分发挥检察一体化优势，开展预防性安全生产领域公益诉讼专项监督行动，实现检察院、基层经营企业、基层主管行政部门办案全覆盖，并开展宣传引导，营造开展预防性安全生产领域公益诉讼的社会氛围。同时要加快推进公益诉讼机构专门化建设，组建专门的公益诉讼部门，实现检察机关四级院公益诉讼机构单列。还要助推地方人大立法，积极探索社会治理现代化新方式。通过公益诉讼检察“办案 + 专题调研”方式，在办案实务中梳理分析生产安全风险隐患和行政执法中的监管漏洞，提出针对性的立法建议，形成专题调研报告，及时向人大常委会汇报，推动预防性安全生产领域公益诉讼的立法和实施。

除此之外，检察机关还可以有针对性地与党委、监察委、高等院校等持续互动，提高行政监管人员监管的主动性，及时查处不法行为，有效提高监管人员的能力水平，发挥检察公益诉讼的作用，切实预防安全生产风险。

首先，加强检察安全生产领域公益诉讼 + 党委领导下的多部门联动机制。检察机关可以积极向党委汇报安全生产领域公益诉讼工作，将其作为优化营商环境的一项有力举措，借助企业合规工作在全国全面铺展开来的契机，利用企业合规第三方监管机制加强与工商联、司法、财政、生态环境、工信、税务、审计、应急、人社、市场监督、贸促会等单位的配合，共同就安全生产领域公益诉讼相关事项会签文件，定期召开联席会议分析各行业安全生产风险隐患所在，形成社会治理报告，呈送党委引起重视，将检察安全生产领域公益诉讼的源头治理作为党委决策付诸实践，从而改变偏重事后治理而非事前预防的生产监管模式的现状，提高监管人员的思想重视程度，提升监管积极性，杜绝监管能动性不足情况的出现，预防严重安全事故的发生。

其次，完善检察安全生产领域公益诉讼 + 监察委主导下的纪律审查机制。

① 王西平，刘慧娟：《安全生产领域公益诉讼的实践探索及思考》，《中国检察官》2021 年第 13 期。

检察机关可以与监察委加强沟通联系，及时移交安全生产领域公益诉讼案件背后的职务类犯罪线索，严肃查处，彻底铲除不法利益滋生的土壤。积极接收安全生产监管领域内的案件线索，对以牺牲生产安全利益而得利行为“零容忍”，按照权限分工及时妥善处理。探索监察委同步介入安全生产领域公益诉讼侦查机制，对每一起安全生产领域公益诉讼案件进行倒查，不放过案件中任何一个渎职、贿赂犯罪的蛛丝马迹，将监察委作为安全生产行政监管最大的靠山，增加行政监管的底气，改变行政机关不敢监管的现状，使发现的每一起安全生产风险隐患都可以及时得到精准清除，同时节约司法资源，减轻检察机关安全生产领域公益诉讼的诉累。

最后，建立检察安全生产领域公益诉讼 + 高等院校合作下的教育培训机制。相关机关可以与高等院校相互合作，发挥各自优势。检察机关和行政执法机关可以为高等院校提供实践平台和实践机会，高等院校可以为检察机关和行政执法机关人员提供法律、技术上的培训。共同建立安全生产领域公益诉讼研究基地，为吸收不同领域技术人才提供智力支持，改变行政监管技术人才缺乏的状况，实现研究基地重点省市的全覆盖。同时提高监管人员的法律知识水平和被监管领域的技术能力，克服监管人员不能监管的本领恐慌，最大限度提高监管人员对不可抗力的预测能力和处置能力，关键时刻化解安全生产风险隐患，全力将安全生产损失降到最低。

食药安全领域公益诉讼惩罚性赔偿金适用研究

曹 翀 薛钧文*

摘 要： 食药安全领域公益诉讼涉及受害消费者人数多、损害范围广、证据固定和收集均存在困难，人民群众难以通过私益诉讼获得公平合理的赔偿，检察机关可以根据诉讼信托理论在有关公益组织未起诉时，依据《民事诉讼法》第五十八条规定概括承受不特定受害消费者信托于公益组织的惩罚性赔偿金诉权提起公益诉讼。同时在请求权顺位上，应当依据检察院是否已经提起公益诉讼、提出惩罚性赔偿金适用诉请分三种不同情况讨论。惩罚性赔偿金在适用过程中应当坚持以具体个案进行弹性适用赔偿金的方式来计算具体数额，并且参照美国医药惩罚性赔偿金归属制度所建立的分离赔偿金制度来具体设定适合我国国情的赔偿金归属制度。

关键词： 惩罚性赔偿金；请求权基础；请求权顺位；赔偿金适用

一、问题的提出

根据《民法典》第一百七十九条之规定：法律规定惩罚性赔偿的，依照其规定。《消费者权益保护法》（以下简称《消保法》）第五十五条和《食品安全法》（以下简称《食安法》）第一百四十八条第二款，包括《药品管理法》（以下简称《药管法》）第一百四十四条第二款除了在规定补偿性请求权的基础上，创设性地新增了惩罚性赔偿请求权。惩罚性赔偿请求权是指在民事赔偿填平原则下，由经营者对受害消费者承担的具有一定惩罚性的法律责

---

* 作者简介：曹翀，宁乡市人民检察院第五检察部主任；薛钧文，湖南师范大学硕士研究生。

任。其立法原意在于一定的"公法惩罚性",有为增加消费者维权的积极性和对违法经营者予以惩罚的双重目的。[①] 是受制于在起诉中举证责任的举步维艰和消费者惩罚性赔偿请求权的分散化,客观上限制了消费者提起诉讼的积极性。又鉴于食品和药品安全领域之保护对于消费者意义重大,为此,《民事诉讼法》和最高人民检察院(以下简称"最高检")确立了有关检察院进行公益诉讼的条文规定。由此,检察院以支持公益机构或为保护因各种原因无法提起诉讼的不特定受害消费者为由,在公益诉讼中提出惩罚性赔偿的诉讼请求,具有相当重要的司法实践意义。但问题在于:惩罚性赔偿请求权这一诉权旨在保护受害消费者,具有一定主体私权性质,检察院作为新兴的公益诉讼主体,可否把私权利之诉中的惩罚性赔偿请求权形式性赋予公益诉讼部门?检察院在进行支持公益组织公益诉讼或自行公益诉讼的过程中,所提起的法律原授权与受害消费者的实质性惩罚性赔偿请求权,可否形式化地分离出单独的惩罚性赔偿请求诉权?[②] 此种种疑问都制约着检察机关为支持公益组织诉讼和保护不特定受害消费者所在公益诉讼中惩罚性赔偿请求权的提请。

二、食药安全领域公益诉讼惩罚性赔偿诉权之主体

通过形式上将实体请求权实质化的方式,无论是《食安法》第一百四十八条还是《药管法》第一百四十四条,法律将惩罚赔偿请求权单独地授予了受害消费者,也就是说法律赋予的是受害消费者以基于侵权而享有的实体性请求权。但是,民法上的实体请求权主体是可以在诉讼中与诉权相分离的,比如委托代理或继承等情形。即:实体权利并不等于诉权,二者可以基于法定原因和意定原因产生分离。惩罚性赔偿金之请求权这种实体权利其主体是特定受害消费者自不待言,但是由此产生的请求法院适用惩罚性赔偿金这一诉权的主体并不限定于特定的受害消费者。根据诉讼实施权利配置之理论,赋予案外人以诉权的途径有多种:如:法定诉讼担当、意定诉讼担当、诉讼

① 金福海:《惩罚性赔偿制度研究》,法律出版社2008年版,第72页。

② 韩世远:《消费者合同三题:知假买假、惩罚性赔偿与合同终了》,《法律适用》2015年第10期。

信托等。[①] 当然，前两种赋权模式都需要法律或者当事人之间达成合意为适用之条件，在我国并无现行立法或司法解释对此进行规定，从严格意义上讲，只有诉讼信托可以成为检察机关公益诉讼部门以自己名义提起惩罚性赔偿公益诉讼的正当性基础。[②] 其背后的法理依据在于诉讼承担，也就是受害消费者的诉权在诉讼开始前虽然已经存在于消费者一方，但如上所言，赋予受害消费者的实体性权利固然不可分割，但是并不意味着其诉权不可以转让，诉权的行使也可以很灵活。诉讼承担就可以理解为公益诉讼组织概括承受了受害消费者的诉权，而检察院在相关公益主体并未起诉及时行使权利时依其公共管理职能和公共利益维护职能取得了公益组织概括承受的受害消费者之诉权，并直接在诉讼中解决纠纷。根据检察院公益诉讼之立法解释，检察机关公益诉讼具有公益司法保护的效用，为了保护受害消费者，在公益组织未行使权利保护受害消费者时，检察机关应当维护其合法权益，其提起惩罚性赔偿金之诉权具有合理性和正当性。同时，不特定受害消费者将其惩罚性赔偿请求权信托给消费者协会等公益组织，而检察院公益诉讼部门在相关公益组织并未起诉时根据《民事诉讼法》第五十八条之规定概括承受其信托于公益组织的惩罚性赔偿金诉权，并对人民法院提起公益诉讼具备合法性。

三、食药安全领域公益诉讼惩罚性赔偿金适用基础

（一）检察院提起惩罚性赔偿之请求权基础

根据《民事诉讼法》第五十五条第二款以及《人民检察院组织法》第二十条第四款的规定，在消费者协会不提起诉讼的情况下提起公益诉讼，检察机关有相应的权利和职权提起惩罚性赔偿公益诉讼。在此处对于相应权利和职权的理解，可以理解为立法者通过权利授予，给予检察机关通过诉讼方式解决公益纠纷的权利的诉权配置。而通过文义解释，《消保法》第四十七条中对于消费者协会授予的“对侵害众多消费者合法权益的行为”提起公益诉讼

① 黄忠顺：《惩罚性赔偿消费公益诉讼研究》，《中国法学》2020 年第 1 期。

② 黄忠顺：《论公益诉讼与私益诉讼的融合——兼论中国特色团体诉讼制度的构建》，《法学家》2015 年第 1 期。

的权利，“众多”可以文义解释为包括特定消费者和不特定消费者两种情形，而经营者实施《消保法》第五十五条、《食安法》第一百四十八条第二款和《药管法》第一百四十四条第二款规定的行为，“众多”中的特定和非特定受害消费者都对其享有实体性的惩罚赔偿金请求权。同时，在《消费民事公益诉讼解释》中，最高人民法院“遵循立法本意并征求立法机关意见，将消费领域的社会公共利益界定为人数众多且不特定的消费者共同利益并予以类型化，以规范法官的自由裁量权”①。由此可见，有关立法机关和最高人民法院都认为公益诉讼其主旨就是保护不特定多数的受害消费者。故而在消费者协会等公益组织不能有效地提起公益诉讼的前提下，依据前述诉讼信托和诉讼承担的理论依据，检察机关提起公益诉讼于法有据。那么，根据上述检察院具备的公益司法保护功能和诉讼承担理论，检察院在有关组织并未起诉的前提下概括的承受消协等有关组织收集的“诉权集合”并不是一种类推解释，符合解释论的要求。因而，经营者只要存在侵害众多不特定消费者合法权益的情形，检察院就可以在消协等机构不起诉的情形下提起惩罚性赔偿消费公益诉讼。同时，前述解释其实并不违反《民法典》第一百七十九条之“法律规定惩罚性赔偿的，依照其规定”，因为民法典总则编只是概括的、抽象的为各个权利做边界上的定义，而根据上述诉讼承担解释，受害消费者只是惩罚性赔偿实体请求权的享有者，但是具体诉权仍然可以由检察院概括承受。只要确保在经营者不受重复惩罚和追偿之前提下，检察院概括承受了形式身份，代替特定或者不特定的受害消费者行使惩罚性赔偿诉权，并不实质性违反《民法典》第一百七十九条的规定，也未在实体法层面给经营者造成额外的不利影响。当然，关于解释论是在现行法律无具体规定的前提下进行的补充论证，其有可以商讨的空间和余地，最节约成本的方法仍然是立法对检察公益诉讼中请求适用惩罚赔偿请求权作出直接的规定或司法解释。

（二）检察机关提起惩罚性赔偿请求权之顺位

前文虽对检察院在公益诉讼中适用惩罚性赔偿金的请求权和诉权基础进

① 罗书臻：《积极稳妥推进消费民事公益诉讼 构建和谐公平诚信消费市场秩序——最高人民法院民一庭负责人就消费民事公益诉讼司法解释答记者问》，《人民法院报》2016年4月26日，第3版。

行了论证，但是由于检察院的公诉机关属性，其具有作为保护受害消费者最后一道防线的功能作用，也就是检察机关在进行公益诉讼活动中应当保持提起惩罚性赔偿之谦抑性。对于已经存在公益诉讼组织提起有关惩罚性赔偿金诉讼的，检察院应当利用公益诉讼部门专业性的特点进行支持公益诉讼，并提供证据、质证等方面的理论、实务支持，这符合检察机关公益诉讼部门公益司法保护的立法原意，同时不会扩大检察院公益诉讼的权利致使消解了消费者协会等公益组织于公益诉讼领域中的作用，更不会违反诉权分配理论。根据《民事诉讼法》第五十五条之规定，检察院在消费者协会等公益组织不能有效地提起公益诉讼的前提下可以提起独立的公益诉讼，检察机关所享有概括承受的在公益组织未起诉时受害消费者的惩罚性赔偿金诉权和受害消费者自己依据侵权法所享有的实体权利或者惩罚性赔偿金请求权，都指向经营者（销售者）这一违法主体，由于形式和实质的请求权只能择一适用，根据诉讼实施权配置理论，与诉讼结果存在直接利害关系的实质当事人的诉权应当优先于与诉讼结果不存在直接利害关系的形式当事人。[①] 显然受害消费者作为实质权利主体在实施请求权的顺位上应当优先于检察机关。现有法律规范已经明确消费者的实质请求权顺位为第一，消费者协会的诉讼实施权在受害消费者未提起时可以概括“集合信托”位于第二顺位，最后才是检察院可以支持第二顺位的有关机构提起公益诉讼或在无前述两种情况下单独实施公益诉讼的诉讼实施权。[②]

当然，由于食药领域公益诉讼大多牵扯范围较广，检察院公益诉讼部门多数根据公益保护提起公益诉讼请求适用惩罚性赔偿金时，不特定受害消费者可能此时并未知情或提起诉讼，若检察院已经提起公益诉讼，那么受害消费者能否仍然提起诉讼呢？根据禁止重复起诉理论和节约司法成本的观念，应当分情况进行讨论：

（1）检察院已经提起公益诉讼，但并未提请惩罚性赔偿金适用诉请，受害消费者此时单独提请惩罚性赔偿金之诉。受害消费者根据自己的实质性惩

① 黄忠顺：《诉讼实施权配置的基本范畴研究》，《政法论坛》2016 年第 3 期。

② 汪莉，杨学飞：《六个方面完善检察机关提起民事公益诉讼诉前程序》，《检察日报》2017 年 3 月 20 日，第 3 版。

罚性赔偿金请求权进行起诉，根据上述诉权实施配置理论，此时受害消费者与诉讼结果有实质上的利害关系，相当于其以第一顺位已经提请了惩罚性赔偿请求权，若检察机构在公益诉讼过程中并未提起惩罚性赔偿请求权之诉请，法院自然应支持受害消费者之诉讼请求。诚然，由于检察院的公益司法保护的属性，为了保护多数不特定受害消费者，多数情况检察院都会提起请惩罚性赔偿金请求。此种情形盖少数之说，但为文章逻辑之周延仍列于此。

（2）检察院已经提起公益诉讼，同时提请法院适用惩罚性赔偿金，受害消费者此时单独提请惩罚性赔偿金之诉，本情形也是最具争议和出现最多的情形。根据上述诉权实施理论，此时虽受害消费者仍然具有实质上的实体请求权，理应具有第一顺位。但是，根据检察机关公益诉讼的立法原意是公益司法保护特定的和不特定多数的受害消费者，多数不特定受害消费者或限制于客观原因或已经死亡已经无法起诉，此时若单纯按照诉权实施理论排除检察机关之诉权于法无据也于理不合。法院可与受害消费者进行调解协商，若协商不成应裁定不予受理受害消费者单独提请的惩罚性赔偿金请求，待检察院惩罚性赔偿金公益诉讼完成后，该受害消费者仍觉惩罚金不满意的，可根据侵权责任法赋予的侵权责任请求权另行提起诉讼。这样既解约了司法成本，也不违反一事不再理原则之规定。同时符合检察院保护不特定多数受害消费者利益的司法保护目的。

（3）检察院已经提起公益诉讼，同时提请法院适用惩罚性赔偿金，受害消费者提起侵权补充性赔偿之诉，此种情形正如上述情形二中所述，受害消费者根据侵权法中赋予的实体权利提起诉讼，与惩罚性赔偿金请求权并不冲突，可以作为受害消费者的另一救济手段，在认为检察院公益诉讼中所提的惩罚性赔偿金仍不满意的前提下请求法院进行审判。

综上所述，若检察院已经提起公益诉讼但是并未提请惩罚性赔偿金请求的，法院理应受理受害消费者单独提起的惩罚性赔偿金诉请，但是若检察机关已经提请了适用惩罚性赔偿金请求的，法院应先调解，调解不成且受害消费者仍然认为检察机关所得惩罚性赔偿金不足的，其可以依据侵权法等实体权利另行起诉。

四、食药安全领域公益诉讼惩罚性赔偿金的计算与管理

（一）公益诉讼罚赔偿金的计算

检察院在进行公益诉讼过程中请求被告支付的惩罚性赔偿金，实际上是由其承受的所有特定与非特定受害消费者可以请求惩罚性赔偿金之总数（相当于每个受害消费者单独事实诉权所可以要求惩罚性赔偿金之和），鉴于受害消费者与被告之多种多样和案件的复杂性，加之检察院提起的惩罚性赔偿公益诉讼具有公益司法保护不特定多数人利益的目的下，检察院在申请对被告惩罚性赔偿金的数额往往是顶格10倍。由于目前食药安全领域惩罚性赔偿金主要适用罪名多为非法销售有毒有害食品罪和生产、销售、提供假药罪，以及破坏社会主义市场经济秩序罪第一节生产销售伪劣商品罪，所以对于公益诉讼中惩罚性赔偿金适用的计算应当结合社会效果和法律效果来判断，不应孤立的一味顶格处罚。惩罚性赔偿金的提出应该兼顾法律效果和社会效果，在当事人可以承受的经济范围内，惩罚越重威慑作用越明显。但若超出当事人承受范围，不仅得不到实际执行使之失去惩罚金该有的震慑作用，更有损法律尊严和权威，因此以法律规定上限采用弹性倍数更具有合理性。如2020年C市B区人民法院判令被告陈某承担其销售适用脂松香脱毛加工的鲜鸭价款十倍惩罚性赔偿人民币共380余万元，并在省级媒体上赔礼道歉并召回鲜鸭。这一判例中，顶格10倍的惩罚赔偿是否过于严苛，对于经营者的惩罚性大于对于受害消费者的补偿性，对于这类案件可以根据“销售价格×销售数额”① 的方式进行计算弹性惩罚性赔偿金，例如2020年Z市第一市区法院判决销售不符合食品安全标准进口保健品的宋某林支付47万元惩罚性赔偿金，就是根据其销售价格×销售数量并根据社会影响程度，弹性地进行个案惩罚性赔偿金计算。

为了兼顾法院的自由裁量权和检察院在对于惩罚性赔偿金的适用的社会法律效果上，应对于具体的个案进行弹性适用赔偿金：首先依据销售价格×

① 黄娅琴：《我国惩罚性赔偿制度的司法适用问题研究》，《法学论坛》2016年第4期。

销售数额进行金额的初步认定，销售价格应按照一般消费者所购得的市场零售价予以确认，销售数额在现代电子信息化时代应很难出现难以查明的情况；若经营者是通过网络销售货品的则直接请求有关机关调取销售电子数据，若是线下销售则可以采取利用收银设备数据的方式，综合判定销售数额。最后，结合个案中经营者的财务能力和案件社会危害性，以及经营者的主观恶性，综合判断惩罚性赔偿金的倍数，尽量做到惩罚性赔偿金兼顾惩罚效果和社会效果。值得注意的是，对于经营者的主观恶性判断，应区分于一般的“单纯知情”而是看经营者在案件中对其产生的损害影响是否应知且放任，由此判断其主观恶性并由法官行使自由裁量权去判定具体惩罚金倍数。

（二）公益诉讼惩罚性赔偿金的管理

对于检察机关公益诉讼得来的惩罚性赔偿金，财政部等多部门于2020年3月联合出台了《生态环境损害赔偿资金管理办法（试行）》规定了环境民事公益诉讼中涉及损害赔偿金试行集中上缴国库并且由政府调配的方式。该文件虽然解决了一部分惩罚性赔偿金的归属管理问题，但文件的规定过于原则化和泛化，对于食品、药品类公益诉讼中检察院提起的惩罚性赔偿金之归属以及适用并未明晰，结合司法判决，本文检索到以下三类判例：

1. 设立公益诉讼专项资金账户

2020年9月，G省S市W区法院对蔡某团、蔡某峰销售伪劣口罩的行为出具刑事附带民事诉讼调解书，蔡某团、蔡某峰在地市级以上媒体发表道歉声明，并共同承担伪劣口罩价款三倍的赔偿金共计人民币205500元。被告均已按期将赔偿金存入W区公益诉讼专项资金账户。

2. 向检察院支付后纳入公益基金管理

2018年，S省Y县人民法院对姚某等生产、销售有毒、有害食品罪刑事附带民事公益诉讼案（火锅老油）[〔2018〕川1621刑和38号]，判决认为Y县人民检察院请求支付的赔偿金数额过高（262500元），予以调整后判决被告××大王老火锅经营店经营者廖某、被告人姚某向公益诉讼起诉人Y县人民检察院支付三倍惩罚性赔偿金150000元，并相互承担连带责任。

2018年，J省H县人民法院对肖某生产、销售不符合安全标准的食品罪附带民事公益诉讼案［（2018）苏0621刑初159号］判决被告向H县人民检察院交付赔偿款人民币5150元（卖泡打粉包子价款515元），由H县人民检察院纳入公益基金依法管理。

3. 缴入国库非税收入账户

2018年，H省L市人民法院刘某生产、销售不符合安全标准的食品刑事附带民事公益诉讼案［（2018）鄂2802刑初171号判决书］判决被告人刘某于本判决生效之日起5日内赔偿人民币2250元（违法售卖含铝蜂蜜金额的10倍），赔偿款付至L市财政局非税收入汇缴结算户，开户银行：L市工行营业部。

可见，大多数食药类公益诉讼中对于惩罚性赔偿金的归属大多分为以上几类，同时还有少数判决将惩罚性赔偿金向法庭缴纳或者转交全国性同性质类社会公益基金组织，并未形成统一的归属管理模式，导致惩罚性赔偿金缴纳管理的混乱局面。但是我们应当注意，虽然检察机关可以行使形式化的惩罚金赔偿请求诉权，但是仍然不可以忽略法律设置其立法原意在于排他性赋予受害消费者的一种专属性实体权利的属性。为此，可以参照美国对于医药惩罚性赔偿金归属制度所建立的分离赔偿金制度：在美国，当药品安全事件受害方以集体诉讼形式主张惩罚性赔偿时或者对于药品进行公益诉讼获得惩罚性赔偿金之后，各州法院通常将其与一般侵权案件区别处理，并且部分州在司法实践中还衍生出一系列极具特色的配套政策制度，分离赔偿金法令便是其中的代表之一。[①] 对于适用该制度的案件，政府将作为第三方取得法院裁决的惩罚性赔偿金中的一部分，该部分赔偿金将被用于公益基金的建立与运作，代替违法企业向案件中的潜在受害者履行赔付义务。这在一定程度上保障了潜在受害者的合法权益，使得惩罚性赔偿制度在惩戒了侵害方的同时还在受害群体内部完成了较为公正的赔偿金分配，对于平衡公共利益，恢复行业秩序均有所裨益。综上所述，由于被害消费者的实质性权利并未因为诉权的概括转让而消失，在被害消费者从惩罚性赔偿金库中不能得到充分的赔偿的，其可以其单独的惩罚性赔偿请求权依据侵权责任法单独起诉，由于其诉

---

① 王利明：《美国惩罚性赔偿制度研究》，《比较法研究》2003年第5期。

讼主体不同，故而并不违反重复起诉之规定。被害当事人仍有权利主张自己的惩罚赔偿请求权。这样既不剥夺受害消费者的实体请求权也可以让惩罚性赔偿金归属和利用更加明晰，不至于产生司法判例的冲突。

结语

随着惩罚性赔偿金在检察院提起的食药类公益诉讼中适用得越来越频繁，且由于惩罚性赔偿金填补性质是“社会整体利益的损害”，其本身就具有一定的公权力属性，故而检察院提起的公益诉讼过程中主张惩罚性赔偿金的要求于理于法都具有正当性。[①] 上文从检察院的请求权基础到诉权基础多方面运用解释论论证，其行使诉权的主体合法性和合理性都无问题。诚然，为了节约论证资源，最好的解释方法仍然是司法解释或者进行检察公益诉讼单独立法。对于惩罚性赔偿金的归属管理，参照域外经验设置分离赔偿金制度，由政府另设账户集中统一管理，并且由受害消费者凭其身份进行认领，若认为仍无法填补损失的，可以依照侵权法中受害消费者所享有的请求权和惩罚性赔偿请求权进行另诉，这样既节约了司法成本也更好地发挥了惩罚性赔偿金的社会、法律作用。

---

① 马新彦，邓冰宁：《论惩罚性赔偿的损害填补功能——以美国侵权法惩罚性赔偿制度为启示的研究》，《吉林大学社会科学学报》2012 年第 3 期。

安全生产行政公益诉讼原告主体资格研究

黎子豪①

摘 要： 安全生产行政公益诉讼原告主体资格的确定是该制度有效运行的重要前提。目前仅由检察机关提起安全生产行政公益诉讼具有一定的局限性，体现在检察机关的角色冲突、地方行政机关制约检察机关原告资格的履行、主体单一导致立法初衷难以实现等。我国安全生产行政公益诉讼原告资格制度还可以进一步完善，包括扩充安全生产行政公益诉讼中原告资格范围、引入社会团体力量、有条件地赋予公民原告主体资格等。

关键词： 原告主体资格；行政公益诉讼；安全生产

一、问题的提出

《安全生产法》规定，因安全生产违法行为造成重大事故隐患或者导致重大事故，致使国家利益或者社会公共利益受到侵害的，人民检察院可以根据民事诉讼法、行政诉讼法的相关规定提起公益诉讼。授权检察机关对安全生产违法行为提起公益诉讼，这在我国立法史上尚属首次。一些地方发生重大安全生产事故后，相关赔偿责任往往由当地政府部门“越俎代庖”。在此背景下，通过立法建立检察机关提起的安全生产民事、行政公益诉讼制度，对于进一步遏制安全生产违法行为具有重要意义。此举不仅彰显了用公益诉讼构筑安全生产“铜墙铁壁”的立法价值取向，也意味着今后在遏制安全生产违法行为的法治实践中，民事或行政公益诉讼将有更大作为。

---

① 作者简介：黎子豪，湖南省湘潭市雨湖区检察院检察官助理。

值得注意的是，目前的安全生产公益诉讼的原告资格仅赋予检察机关，这是否能满足安全生产法治保障的需要，是否还需要扩大原告资格范围，还有理论和实践上探讨的空间和必要。

二、检察机关提起安全生产行政公益诉讼的局限性

（一）检察机关监督者与原告资格之间角色的冲突

安全生产行政公益诉讼首先是一种行政公益诉讼，因此安全生产行政公益诉讼天然地带有行政公益诉讼存在的弊端，在原告资格方面，主要就体现在检察机关作为监督者与原告资格之间角色的冲突。

我国的检察机关承担法律监督职能，在安全生产行政公益诉讼中，当检察机关作为公益诉讼人提起行政诉讼时，就处于具有原告与监督人双重资格的地位。这种双重资格决定了检察机关在办理具体安全生产行政公益诉讼案件时，不仅要承担原告诉的责任，还要发挥检察机关监督人的作用。

诉讼活动中原告提起诉讼主要是为了维护自身的利益，但是检察机关提起安全生产行政公益诉讼却不为自身利益，而是作为国家公益代表人，以维护公共利益为目的进而提起诉讼。同时作为法律监督者的检察机关必然要站在中立、客观的角度，监督具体案件中是否存在违法之处，这样的角色独立于审判机关与当事人。客观上这两种角色的冲突，成了检察机关作为安全生产行政公益诉讼原告的困扰。[①] 尤其是检察机关作为原告，一定不想让自己提起的诉讼败诉，其会通过各种手段证明其主张以获得审判机关的认可。从实践来看，检察机关参与安全生产行政公益诉讼胜率很高，目前几乎见不到检察机关败诉的案例和报道，这虽然说明检察机关在安全生产行政公益诉讼中发挥了很大的作用，但是也表明了检察权在安全生产行政公益诉讼案件中的不断扩张。

安全生产行政公益诉讼其根本目的在于保障公共安全，维护人民群众的生产经营安全，检察机关作为监督者，其对风险的感知和民众对风险的感知

① 张锋：《我国公民个人提起环境公益诉讼的法律制度构建》，《法学论坛》2015 年第 6 期。

也会存在一定差异，这导致安全生产行政公益诉讼并不完全站在民众利益的角度。

（二）地方行政机关制约检察机关原告资格的履行

在我国目前的政治制度体系中，检察机关是独立行使职权的，我国《宪法》赋予司法机关的角色是独立于行政机关，不受任何组织和个人影响的组织。但是由于各种历史和现实等因素影响制约，现行框架下，司法机关包括检察机关在人、财、物方面很大程度上依赖于当地行政机关的供给，这就造成了检察机关等司法机关在实际上产生地方化倾向。当地行政机关特别是行政首长，在具体案件中可能具有一定的话语权。而安全生产行政公益诉讼案件中的被告是当地的具体行政机关，出现安全生产行政公益诉讼，就代表当地行政机关可能在某一方面的不作为或者是违法行为，这会对行政机关的形象以及当地的政绩考核均产生不小的负面影响。因此，当行政机关出现安全生产行政公益诉讼案件中时，有些行政机关会从多方面入手，使自身的权威形象、政绩考核受到的影响降到最低，这一方面从侧面反映了诉前检察建议被行政机关采纳率高的原因，因为行政机关不愿意安全生产行政公益诉讼案件走至诉讼程序；另一方面，行政机关也会从各方面对检察机关施压，迫使检察机关最终达到一种妥协的状态，可在这种状态下，公共利益的保护便具有不确定性。检察机关作为《行政诉讼法》规定的具有唯一原告资格的主体，独揽安全生产行政公益诉讼诉权，在其受到司法地方化制约之时，难以充分履行其安全生产行政公益诉讼的原告资格，也就势必会对依法及时保护社会公共利益产生影响。

三、安全生产行政公益诉讼原告资格制度的完善

（一）安全生产行政公益诉讼原告资格范围的扩充

参考行政公益诉讼，安全生产行政公益诉讼原告资格的存在模式主要有三种，第一种是由检察机关独享安全生产行政公益诉讼原告资格，第二种是除了检察机关之外，还应当使部分具有公益属性的社会团体也被赋予安全生

产行政公益诉讼原告资格，第三种是安全生产行政公益诉讼的原告资格应当包括检察机关、社会团体和公民个人等不同的主体。对此，可以在一定程度适当扩大安全生产行政公益诉讼原告资格范围，以解决当前检察机关独揽诉权所产生的问题，建立起包括对检察机关、社会团体、公民个人的复合型原告资格制度。

社会团体作为安全生产行政公益诉讼的原告合理性在于：一是社会团体的性质是非营利性组织，其取得资质需要一定的门槛，如固定的办公场所、一定数量的会员和经费，需要经过民政部门审核登记等。社会团体本身来讲，要求其性质不同于公司、合伙企业等，其属于非营利性法人组织，参与安全生产行政公益诉讼不具有经济上的诉求。二是社会团体的成立要求具有行业性和专业性，一个社会团体只能在其注册登记的领域范围和地域范围内活动，社会团体在本领域范围内，是具有一定专业优势和资源优势的组织，其参与社会公益活动是在其专业领域内，因此具有专业性。三是按照行政相对人原告资格论，广义上的公共利益涉及社会每一个成员，社会组织是由具有共同目标的一定数量成员所组成的，其所代表的公共利益体现了一定的广泛性和代表性。

从诉的利益相关性来说，公共利益是个人私益的延伸和集合，维护社会公共利益与维护私人权益在本质上是一致的。《宪法》赋予公民监督权，对国家行政机关的行政行为进行监督，这种监督当然也包括对行政机关在公共利益领域行政职权的行为进行监督。虽然公民个人所掌握的资源和专业性远不及检察机关和社会团体，但是公民个人是分布于社会中最广泛的力量，其对提供案件线索、发挥监督职能、实现保护社会公共利益的立法目的具有重要的作用。同时，开拓安全生产行政公益诉讼的渠道，赋予公民个人安全生产行政公益诉讼原告资格，还有利于建设法治社会，促进公民法治意识的觉醒，使公民通过安全生产行政公益诉讼增强对社会和国家的认同感和归属感。

综上，社会团体和公民个人作为安全生产行政公益诉讼原告均具有合理性。而赋予社会团体和公民个人原告资格的主要问题是，一旦放开原告资格会产生滥诉行为的发生，造成司法资源的浪费，以及大量的诉讼行为会导致行政机关正常行政行为受到影响。事实上，从国外的发展经验来看，德国、法国、日本等大陆法系国家明确规定了公民个人和社会团体具有安全生产行政公益诉讼原告资格，而英美等判例法系国家通过采取检察机关授权的模式，也使公民个人和社会团体等获得了安全生产行政公益诉讼原告资格，并未发生学者担忧的情况。结合我国的实践来看，通过制定完善的诉前审查制度，限定安全生产行政公益诉讼原告资格的获取条件，建立一定的“准入门槛”，可以有效杜绝滥诉与影响行政效率等问题发生。

（二）安全生产行政公益诉讼检察机关原告资格规则的完善

现行制度下，检察机关作为安全生产行政公益诉讼原告，存在着原告角色与法律监督者角色双重角色冲突、司法地方化制约检察机关原告资格的履行、主体单一导致立法初衷难以实现等问题，因此，有必要对检察机关作为安全生产行政公益诉讼原告这一规则进行完善。

一方面，要明确检察机关在安全生产行政公益诉讼案件中的角色。检察机关作为法律监督者有两重监督任务，第一，对行政机关依法行政的监督，第二，对审判机关公正审判的监督。在第一重含义下，其通过行使安全生产行政公益诉讼原告资格，对行政机关行政行为进行监督，发挥法律监督者的角色，作为原告角色已经隐含了法律监督者的角色。而在第二重含义中，检察机关作为法律监督者，则是跳出整个案件，对法律程序与运用问题的监督，此时应当以第三人的视角对案件进行审视，剥离检察机关自身与案件胜负的关系。因此，检察机关参与安全生产行政公益诉讼案件，作为原告时只能是参与人角色，其与被告、审判机关在法律上应是平等的，不能既当“运动员”，又当“裁判员”。

另一方面，要建立监督检察机关参与安全生产行政公益诉讼的机制，防止司法地方化制约检察机关原告资格的履行。目前来看检察机关参与安全生产行政公益诉讼缺乏监督机制，检察机关在履行安全生产行政公益诉讼原告资格时缺乏有效监督，容易受当地行政机关的影响，司法地方化的制约带来社会公共利益的保护缺位。解决这一问题应当建立内部外部监督机制。一是强化检务监督工作职能，对安全生产行政公益诉讼案件诉讼过程进行内部审核；二是应当强化纪检监察机关职能，加强对检察机关工作人员依法履职的监督，同时畅通举报渠道，纪检监察机关要加强与检务监督部门之间的协同，督促检察机关依法及时履行安全生产行政公益诉讼原告资格。只有在有效的监督机制下，才有可能减少地方行政机关对检察机关开展公益诉讼工作的影响。

（三）在安全生产行政公益诉讼中引入社会团体力量

安全生产行政公益诉讼作为行政公益诉讼的一个分支，其范围限定在安全生产和经营，而实践中这类案件具有相当的专业性，通常由专门的行政管理部门如应急管理局、安监局、住房和城乡建设局履行行政监管职责。检察院在专业方面存在天然劣势，也就导致了单一的检察院作为原告，难以保障诉讼的专业性，那么具有专业水平的社会团体就可以作为一个有力的补充和技术支持，这也为专业的社会团体被赋予安全生产行政公益诉讼原告主体资格提供了现实依据。

社会团体可以被赋予安全生产行政公益诉讼原告资格，但是应当作出一些限制措施，确保社会组织不会因为自身的组织扩张而滥用诉权，浪费司法资源。①

一是要设定一定的资质门槛。只有经过我国民政部门审核认定，正式批复准予成立的社会团体，才可以提起安全生产行政公益诉讼，不能由没有资质的“民间自由组织”随意提起。这方面程序上较为简单，审判机关可以在诉前连同起诉事由与资质证书等一并进行审查。同时，基于社会团体的公益性，和安全生产行政公益诉讼的公益目的，社会团体在提起诉讼时，不能提起为自身利益的经济赔偿请求。

二是提起公益诉讼的社会团体业务范围必须与被保护的公共利益具有直接关联性，只有与具体案件涉及的某一方面公共利益具有业务范围上的高度关联性的社会团体才可以提起诉讼。目前来看，无论是国内民事公益诉讼领域，还是国外制度中被赋予安全生产行政公益诉讼原告资格的社会团体，均

① 闻雯：《建立检察机关提起环境行政公益诉讼制度研究》，《重庆科技学院学报》2017 年第 6 期。

是在本领域活动范围内发起公益诉讼。跨领域的诉讼行为本身由于违背了社会团体建立的初衷和会员的共同意愿，且会造成司法资源的浪费，而不被认可和允许。

三是进行地域性限制规定，必须是在本社会团体被准许活动的地域范围内提起安全生产行政公益诉讼。目前，我国的社会组织在不同层级政府的民政部门登记注册，其可以分为全国性、全省性、市级、县级社会团体，分别对应了其可以进行活动的地域范围。对社会团体提起安全生产行政公益诉讼的地域范围进行限定，主要是不同层级社会团体对本地域范围内的情况相对熟悉，而相对活动范围较广的社会团体具有更大的资源优势，可以更好地发挥保护社会公共利益的作用。同时跨地域范围随意提起安全生产行政公益诉讼，有可能产生社会团体为提高本团体影响力而随意提起诉讼，造成司法资源的浪费，因此有必要对地域性作出限制。

（四）有条件的赋予公民个人安全生产行政公益诉讼原告资格

关于是否赋予公民安全生产行政公益诉讼原告资格，目前学界争论较大。基于前文对公民个人安全生产行政公益诉讼原告资格的合理性分析，并借鉴国外有益经验做法，可以有条件地给予具有专业水平的公民以及安全生产经营的实际当事人和利害关系人安全生产行政公益诉讼的起诉权。当然，这同时要设置一定的限制条件。

一是对提起诉讼的公民个人资质应当设定一定的前置条件。如应当是具有完全民事行为能力人才可以提起诉讼，这是提起诉讼的基本条件。[①] 再如应当设定提起诉讼的公民应当是行政行为发生地的常住居民或者是户籍居民，防止跨区域起诉。这一点的考虑是，虽然从广义上理解，社会公共利益与全体公民个人的利益息息相关，但是行政行为发生地的居民由于其处于行政行为生效地，其所受影响最为直接，与此时需要被保护的公共利益联系最为紧密，具有提起诉讼的正当性。同时，限制跨区域诉讼，可以有效防止公民肆意提起诉讼，导致滥诉发生。

---

① 张锋：《我国公民个人提起环境公益诉讼的法律制度构建》，《法学论坛》2015 年第 6 期。

二是在程序上作出限制性规定。我国公民法治意识和法律素养的提高仍然任重而道远，很多公民不具备法律知识。因此，为防止司法资源的浪费和对行政效率的影响，可以借鉴英美等国家安全生产行政公益诉讼制度设计中对公民提起诉讼采用检察机关授权的方式。当公民想要对行政机关的违法行为或者不作为提起安全生产行政公益诉讼时，应当首先向检察机关进行举报或提出建议。此时，检察机关可以根据举报或者建议，向行政机关发送检察建议或者提起诉讼，也可以出具书面意见授权公民根据自己已经调查的事实提起诉讼。无论哪种方式，公民的诉求均得到了救济。而当检察机关在一定时限内，如接到举报或者建议 15 日或者 1 个月内，未采取诉讼手段或者授权以及进行答复时，公民则有权直接向人民法院提起安全生产行政公益诉讼，只要在诉前出具向检察机关进行举报或者提出建议的记录即可。作出这种程序上的限制性规定，一方面可以增加检察机关办理安全生产行政公益诉讼案件的线索来源，解决安全生产行政公益诉讼原告资格主体过窄带来的影响立法初衷实现的问题；另一方面也可以发挥公民保护社会公共利益的力量，同时还可以防止肆意诉讼行为的发生。

三是在目的上作出限制性规定。如德国的“停止作为之诉与预防停止作为之诉”，规定公民向法院提起的诉讼请求只能是审查行政机关的行政行为，并作出审判，而不允许提出经济赔偿请求。日本的“民众诉讼”也是如此，日本《行政案件诉讼法》中明文规定，民众诉讼是不以涉及个人利益为条件提起的诉讼行为，在法律上堵住了以安全生产行政公益诉讼谋求个人利益的可能。借鉴德国、日本等国家做法，我国在赋予公民个人安全生产行政公益诉讼原告资格的同时，也应当在诉前审查环节，增加对公民诉讼目的的审查，明确公民提起安全生产行政公益诉讼的请求应当是以请求行政机关履行某方面职责或者停止某些行政行为为限，这样可以防止滥诉行为的发生，也可以保证公民提起安全生产行政公益诉讼目的的纯洁性。

安全生产公益诉讼中行政权与司法权衔接机制研究

李鼎基*

摘　要： 安全生产公益诉讼制度中行政权与司法权衔接问题直接影响安全生产公益诉讼的有效推进。针对安全生产公益诉讼衔接机制中诉前衔接机制、证据衔接机制以及监督衔接机制问题，应当明晰安全生产公益诉讼中行政权和司法权的定位，完善诉前衔接机制，建全证据衔接机制，协调监督衔接机制，实现行政执法与公益诉讼的有效衔接。

关键词： 安全生产公益诉讼；司法权；行政权；衔接机制

由于安全生产公益诉讼涉及行政权与司法权的配置，需要行政机关、司法机关等不同的机构参与，其间的职责分工和沟通协作等衔接问题也就显得格外重要，安全生产公益诉讼中行政权与司法权衔接机制的问题就接踵而至。目前安全生产公益诉讼中行政机关和司法机关已经采取了多项措施，以促进行政权与司法权的协调与配合，但衔接机制仍存在一些问题。因此，如何解决这些问题，提高安全生产公益诉讼衔接效率和衔接质量，已成为当前亟待解决的难点问题。

一、安全生产公益诉讼中司法权与行政权关系的应然定位

2021 年 6 月 10 日，修正后的《安全生产法》第七十四条第二款规定："因安全生产违法行为造成重大事故隐患或者导致重大事故，致使国家利益或者社会公共利益受到侵害的，人民检察院可以根据民事诉讼法、行政诉讼法

* 作者简介：李鼎基，湘潭大学硕士研究生。

的相关规定提起公益诉讼。此次修正后，正式从制度上为安全生产公益诉讼中的检察权提供了明确依据，也为司法权与行政权的衔接机制提供了法律支撑。

（一）从安全生产公益诉讼制度运行中透析司法权与行政权存在的问题

首先，在安全生产公益诉讼制度运行中诉前程序起着至关重要的作用，安全生产公益诉讼案件中绝大多数都是行政机关通过诉前程序事先办结的案件。但同时我们也应该注意到，在这里面检察机关承担着相应的职责。在诉前程序中检察机关审查行政机关履行的程度与检察机关决定是否提起诉讼的决定，在这其中任意一个环节出现问题，安全生产公益诉讼都不能实现其应有之义，公共利益将受到巨大损失，而且还将诱发相应的衍生问题，这一现状对于安全生产公益诉讼司法权与行政权衔接机制中诉前衔接机制提出了很高要求。

其次，在安全生产公益诉讼案件中法院对于行政行为合法性的准确判断存在一定的困难。我国安全生产公益诉讼制度初衷是节约我国的司法资源，因此法院只需要判断行政机关所作出的行政行为的合法性，不需要对行政机关行使职权的具体操作判断指导，因此法院不需要进行委托具备鉴定资质的机构鉴定工作、设计赔偿方案、监督修复工作的进行等具体实践工作。在大量简单案件中，法院只需要核对检方所提供的证据，即可判定行政行为是否合法。但是在一些复杂的情况下，法院认定是否合法是存在困难的。已经行使过行政职权的行政机关，可能会就处罚金额、采取强制措施的种类、修复时间等问题和检察机关存在不同观点，从而提出抗辩。而没有科技能力的辅助，法院的认定工作很难开展。

在最高人民检察院和应急管理部联合发布安全生产领域公益诉讼典型案例①中，案例六浙江省海宁市人民检察院督促整治加油站扫码支付安全隐患行政公益诉讼一案可以看出，海宁市人民检察院专门召开公开听证会，邀请安

① 《应急管理部联合发布安全生产领域公益诉讼典型案例 破解安全生产公共利益保护困境》，载最高人民检察院网，最后访问日期：2023 年 6 月 4 日。

全专家、通信专家、法学专家、人大代表及政协委员担任听证员，社会公众代表，海宁市应急管理局作为听证当事人，社会各界人士，新闻媒体等参加旁听。听证会上，安全专家对于手机扫码支付发射的功率可能引发射频火花进行了分析，通信专家对于手机 4 种不同场景下的 W/m^2 进行了说明，法律专家对于行政机关履职的法律依据进行了阐释。通过公开听证等多种途径，最终才得出“在加油站爆炸危险区域扫码支付存在重大安全隐患”的结论。简单来看，法院对于行政行为合法性的准确判断存在问题仅仅是技术上与经验上的考验，但实质上这一问题更深层地反映了安全生产公益诉讼中行政权与司法权衔接的重要性，对证据衔接机制提出了相应的考验。

（二）在安全生产公益诉讼中司法权与行政权的定位

在安全生产公益诉讼制度中应当确保行政权的优先地位，让司法权保持谦抑的状态。行政机关维护公共利益具有优势地位。行政机关是公共利益的第一顺位保护者，其数量众多，人员充足，且具备专业技能、一手信息和国家权力。从庭审到质证再到执行程序，行政机关所能发挥的力量都是必不可少的。而实践中更是会出现诉讼过程中行政机关主动依法行使职权，使得原告的诉讼请求得以实现而撤诉的情况。在行政权和司法权都可以解决问题的情况下，显然通过行政权解决是更为高效的选择。

有学者提出安全生产公益诉讼不是一般的诉讼形式，倘若过分强调行政权优先，忽视司法权的监督功效，势必造成行政机关内部缺乏有效的自我监督和调节机制，形成滥用权力的现象。① 安全生产公益诉讼相较于一般的诉讼形式，具有其动态性、复杂性、公益性等特点，而随着安全生产公益诉讼制度的推进，一方面，司法权能够更好地参与公共事务，有利于社会公共利益保障，发挥司法权在法律适用方面的优势。另一方面，安全生产公益诉讼能够有效节约社会资源，减少社会组织在保护公共利益中所消耗的经济成本与时间成本，发挥社会组织的真正价值。

因此，对上述观点的把握应当回归于司法权与行政权的配合关系，通过

① 石娟：《检察机关提起行政公益诉讼的范围和程序规范》，《中国检察官》2015 年第 10 期。

促进行政执法和公益诉讼的有效衔接，实现相互协作、相辅相成的良好效果。这样既可以避免因行政权缺乏监督而引发的行政权滥用，又可以防治司法权与行政权之间产生矛盾，确保安全生产公益诉讼制度在维护社会公共利益方面发挥最大功效。

二、安全生产公益诉讼中衔接机制的问题

（一）安全生产公益诉讼的诉前衔接机制问题

安全生产公益诉讼衔接环节中，诉前衔接是行政权与司法权衔接至关重要的环节，诉前衔接主要通过诉前检察建议制度来实现。诉前检察建议通过先向相关行政机关提出建议，促使其依法承担职责，减少不必要的诉讼环节，节约司法资源。诉前检察建议实现了行政权与司法权之间的有效衔接，为安全生产公益诉讼衔接机制提供了制度支撑。检察机关在提出检察建议时，可以对行政机关是否违法、失职等进行监督和指导，督促其依法履行职责，尽可能地减少安全生产风险事故发生。一旦提起安全生产公益诉讼，在行政机关未予以纠正的情况下，法院将会根据法定程序进行审理并作出判决，实现了行政权与司法权之间的无缝衔接。

由于安全生产行政公益诉讼与安全生产民事公益诉讼的诉讼对象及其目的不同，其行政权与司法权之间的关系也存在不同表现形式，其中诉前衔接也有所不同。对于安全生产行政公益诉讼而言，诉讼对象是行政机关，要求行政机关依法履行职责，在此基础上行政权与司法权之间表现出一定的对立性，诉前检察建议作为行政权与司法权衔接机制的关键环节，需要充分考虑到内容的适法性、谦抑性和可行性。而安全生产民事公益诉讼，诉讼对象是相关企业，行政机关对相关企业负有监管和管理职责，行政机关应当积极配合检察机关的工作，提供相关材料协助检察机关开展调查工作，在此基础上行政权与司法权之间表现出互相配合的关系，检察机关与行政机关之间的信息共享和沟通交流是确保诉前检察建议得到顺利实现并最终保护公民安全权益的关键。但实践中诉前检察建议存在着部分问题，阻碍着安全生产公益诉讼行政权与司法权有效衔接。

首先，由于诉前检察建议不具有刚性权威，缺乏法律约束力，相关行政机关可以选择是否接受检察机关的建议，这就意味着行政机关可以通过书面回复不存在上述情况来拒绝检察机关的建议，检察机关无法保证其提出的建议得到应有的重视与及时有效的落实。这也从侧面反映出了行政权与司法权之间衔接不够紧密、协调不够充分的问题。

其次，即使行政机关接受了检察机关的建议，但在落实过程中仍可能存在形式主义、官僚主义等问题，导致建议并未真正得到贯彻执行。安全生产公益诉讼由于涉及行政机关多，目前检察机关与行政机关衔接机制建设不足，可能产生责任推诿的情形，使检察建议无法实现其目的。如宁夏检察机关某基层人民检察院在办理危化品运输中存在不规范问题的公益诉讼案件中，有行政机关称按照“三定方案”其没有监管职责，检察机关制发检察建议依据不足。①

最后，对于诉前检察建议内容缺乏具体规定，检察建议缺乏具体规定容易导致不同检察建议效果不尽相同，行政机关对于检察建议的重视性并不统一，对检察建议的整改力度也无法明确，不利于被建议行政机关的整改落实，也不利于检察机关有效评估其整改效果，无法通过个案的整改带动整个行业的整改落实，起到以点带面的效果。

（二）安全生产公益诉讼的证据衔接机制问题

安全生产公益诉讼衔接环节中，证据衔接机制是行政权与司法权衔接机制的关键环节。证据衔接涉及行政权与司法权的衔接问题，需要行政机关和司法机关在证据衔接中的职责和权力有效地衔接起来。证据衔接的问题不仅在于技术和专业性，还在于证据来源的复杂性和保密性。证据衔接涉及安全生产领域的技术、专业等复杂问题，在事故原因调查和证据来源方面都有较大的困难。这些证据通常来自行政机关或企业，且涉及商业秘密等敏感信息，因此实践中证据衔接难度较大。

---

① 王西平，刘惠娟：《安全生产领域检察公益诉讼的实践探索及思考》，《中国检察官》2021 年第 13 期。

首先，行政机关和企业作为安全生产的监管和管理主体，其提供证据的范围比较广泛。行政机关会积累大量的安全生产管理和监管信息，这些信息对于安全生产公益诉讼具有重要价值。而企业则可以提供现场监测数据、日志记录、图纸等，帮助司法机关了解事故发生的过程和原因。然而，这些证据涉及商业秘密等敏感信息，需要司法机关与行政机关之间有效衔接。若司法机关与行政机关之间缺乏有效的衔接就无法完善安全生产公益诉讼证据体系，无法保证证据衔接水平和质量。

其次，证据来源的多样性也是证据衔接中的一大难点。安全生产事故可能由多方责任引起，证据来源涉及多个行政区域、不同部门和企业，需要行政机关与司法机关之间建立有效沟通的协调机制，通过多方协调来收集证据。同时，证据形式也有所不同，可能是文件、电子数据、现场实物等。这也要求行政机关和司法机关加强协作，加强行政权与司法权之间有效衔接，充分利用各方资源，共同完成证据衔接的任务。

最后，证据保密性在证据衔接中占据重要位置。安全生产事故往往涉及企业的商业秘密、个人隐私等信息，由于行政机关和司法机关在证据衔接过程中所采用的方式不同，因此证据保密管理上也存在一些差异。若没有明确的证据保密标准和程序，以及相应的保密规定，将会给行政机关与司法机关之间的证据衔接带来困难，从而影响证据的衔接和使用效果。因此需要严格遵守保密规定，确保证据的保密性。同时，在证据使用和披露方面，也需要考虑到证据涉及机密、商业秘密等问题，遵守相关规定，避免泄露机密信息，损害企业及相关权益人的合法权益。

（三）安全生产公益诉讼的监督衔接机制问题

人民检察院的司法监督职能是确保安全生产公益诉讼衔接机制有效实现的重要职能。人民检察院的司法监督职能贯彻安全生产公益诉讼全过程，从诉前检察建议、检察机关收集证据和调查取证、公益诉讼的立案和庭前程序、判决结果的执行和监督，实现全过程监督，保证安全生产公益诉讼衔接过程有效性及其可行性。行政机关的行政监管职能是保障安全生产的重要保障，能够实现对相应当事人权益的保护和社会安全生产意识的加强。在实际操作中，如果需要收集证据走司法途径来解决问题，则行政机关需要积极协作和配合司法机关的工作，提供必要的信息和相关资料，确保公益诉讼的顺利进行。然而，在实践中，监督衔接机制存在着部分问题，其中主要涉及监督权的行使缺乏依据、缺乏有效的监督途径等方面。

第一，法律依据效力不够。在安全生产公益诉讼期间，检察机关对于行政机关涉嫌安全生产的行为负有监督权，但检察机关司法监督职能行使的依据存在法律效力不够的问题，若检察机关司法监督职能行使依据没有足够法律效力的法律依据作保障，检察机关在行使监督管理职能的过程中就容易与行政机关之间出现法律层面上的冲突，导致监督管理起不到应有的效果。而安全生产公益诉讼中行政机关的行政监管职能中法律依据主要来源很多，包括《安全生产法》《安全生产违法行为行政处罚办法》等，但缺乏衔接机制有关的相关法律依据，这直接导致了当行政机关实施行政监管职能时，缺乏与检察机关司法监督相衔接的具体规范，监督衔接机制实现不了协作共赢的局面，反之容易出现行政机关与检察机关之间监督冲突问题。目前安全生产公益诉讼衔接机制中法律效力最高的是行政法规，其他多数为规范性文件，这意味着对衔接机制中监督衔接机制具有一定的法律约束力和约束效果，但其法律效力存在一定的限制，监督衔接不到位，制度刚性不足，规范性文件中部分条例甚至是各部门之间作出的相互制约的原则性规定，无法应对安全生产公益诉讼衔接机制中对监督衔接机制的需求。

第二，缺乏有效监督途径。安全生产公益诉讼监督衔接机制中缺乏有效的监督途径也是不容忽视的问题。一方面，在安全生产公益诉讼启动阶段，安全生产公益诉讼案件基本依靠检察机关主动发现，发现线索途径有限，群众参与能力有限，若检察机关仅仅以主动发现的线索来实施司法监督，缺乏行政监管职能的配合，行政机关与检察机关在监督衔接机制上不建立合理可行的衔接机制，必然会造成司法监督能力有限的局面，对于解决安全生产案件的配合将存在着突出问题。这就导致行政机关、人民检察院、人民法院在多数情况下，不能及时在安全生产领域衔接机制中实现有效衔接，监督衔接机制无法实现应有之义，不能正确实现安全生产公益诉讼制度的设计目的，对社会公共利益的保障难以有效实现。由于安全生产领域涉及的领域、范围比较广，专业性强等特点，案件信息往往掌握在安全监管部门手中，相关部门不主动提请人民检察院，检察机关很难获得案件信息，无法有效实现安全生产公益诉讼衔接机制的应有之义。而在行政机关不采纳检察建议和意见时，缺乏强制性的制裁手段，导致检察机关的司法监督职能失效，检察机关的监督力度有限。[①] 这就导致了检察机关的司法监督职能往往难以落实。

另一方面，行政机关的行政监管职能的顺利实现也缺乏有效的途径。行政监管是一项长期性的工作，针对不同的阶段需要不同的监督管理手段。在当前的行政监管职能运行机制中，监管方式比较单一，缺乏有效途径，在各个监管阶段往往仅采取一种监督途径，影响行政监管效果。当前行政主体普遍重视具有追惩性质的事后监督，对事前监督和事中监督两个阶段的监管途径上有所欠缺。这也导致在事前监督与事中监督过程中无法与检察机关的司法监督职能形成监督合力，致使仅仅依靠检察机关的司法监督来实现安全生产公益诉讼监督效果，造成监督衔接机制的缺位。而往往当国家和人民的利益受到损害时，行政机关才意识到要查处和惩罚，行政监管职能不能取得应有的效果。

三、完善安全生产公益诉讼司法权与行政权衔接机制的路径

（一）完善诉前衔接机制，促进行政权与司法权的顺畅衔接

安全生产公益诉讼衔接环节中诉前检察建议存在法律约束力不足、缺乏刚性效力等问题，从其问题本质来看，解决问题核心在于安全生产公益诉讼衔接机制的顺畅运行，明确安全生产行政公益诉讼与安全生产民事公益诉讼中对诉前检察建议的不同要求。为了安全生产公益诉讼诉前检察建议效果得到彻底落实，应当从以下途径解决。

第一，转变对诉前检察建议的认识。诉前衔接中，检察建议实现监督的方式和手段本身就是一种柔性监督的体现，但其实质来看，检察建议亦有刚性的一面。诉前检察建议的柔和性和刚性并不矛盾，而是相互依存的关系。

① 周兆进：《环境行政执法与刑事司法衔接的法律省思》，《法学论坛》2020 年第 1 期。

柔和性指的是检察机关在诉前阶段进行的监督、引导、提示以及建议等非强制措施，这些措施都是为了强化行政机关或企业在安全生产领域的管理和规范，让其认识到问题的严重性和必要性，主动采取合理的措施加以整改。而刚性是指因为该建议基于法律法规存在的强制性约束力，即当行政机关或企业接受该建议后，就有法律约束力来促使其必须及时有效地整改落实，否则将会面临相应的法律制裁。在安全生产行政公益诉讼中，通过转变行政机关对诉前检察建议的认识，使其认识到诉前检察建议的严重性，督促行政机关加强与检察机关的诉前衔接合作，妥善处理安全生产事故。而在安全生产民事公益诉讼中，目前企业对于诉前检察建议的认识存在严重不足，认为其缺乏法律强制力，导致诉前检察建议的有效性依靠被建议企业的自觉、自愿、自主。因此，对于涉案企业，行政机关与检察机关需要加强彼此诉前衔接合作，强化诉前检察建议落实工作，在检察建议中注明确切的落实期限、整改要求等具体内容以及违反后果的严重性，转变企业对于诉前检察建议认知，加大对整改落实情况的监督和追责力度，方便企业主动进行整改落实。

第二，争取党委、政府、人大及相关部门的支持。针对实践中行政机关对诉前检察建议出现的形式主义等问题，可以通过以报告、通报等形式，送达党委、政府、人大及相关部门来解决。党委、政府、人大及相关部门的支持对于安全生产公益诉讼诉前检察建议工作的开展具有重要意义。政府、人大及其党委等相关部门具备较高的权威性和资源优势，可以为诉前检察建议工作提供支撑和保障。安全生产案件事关社会公共利益，需要政府等相关部门积极参与，发挥其作为权力机关的作用，更好地支持和引导安全生产公益诉讼衔接工作。

争取政府等相关部门的支持可以加强对安全生产公益诉讼诉前检察建议工作的督促监管，督促各衔接部门及其相关人员认真履行职责，及时与检察机关进行信息沟通，有效解决工作中出现的问题和困难。同时政府可以通过切实有效的举措，加大对违法违规企业和个人的处罚力度，从而达到威慑效果，能够宏观上协调解决实践中的困难，促使诉前衔接机制有效实现，帮助安全生产公益诉讼衔接工作的开展，督促各衔接部门有序开展工作。

第三，明确诉前检察建议内容的具体规范。目前法律缺乏对于诉前检察建议内容的具体规定，为了确保诉前检察建议制度有效落实，解决行政权与司法权的衔接问题。诉前检察建议书应符合准确、合法、有可操作性的要求，通过具体的问题和解决方案，推动行政机关或企业加强安全生产领域的管理工作，有效实现行政权与司法权的顺畅衔接，促进社会公正和谐发展。诉前检察建议书内容需要明确规定以下内容：列明国家及公共利益受损的基本情况，证实受损的范围；阐明诉前检察建议的法律依据，对被建议行政机关的违法行为或不作为情况进行说明，并告知其要承担的法律后果。让被建议行政机关明白，检察机关可以对其提起安全生产行政公益诉讼，还可以将发现的涉嫌犯罪线索移送有关机关处理；应坚持实事求是原则，明确指出被建议的行政机关需要采取哪些措施进行整改和落实。这些措施需要具体、明确，避免被建议对象难以采纳，同时也方便检察机关对其建议效果进行评估。

（二）建全证据衔接机制，加强安全生产公益诉讼衔接

证据衔接涉及安全生产公益诉讼中行政权与司法权的衔接问题，完备高效的证据衔接制度能够有效促进安全生产公益诉讼衔接机制的实施，更好地开展安全生产公益诉讼工作，提高案件的处理效率和质量，促进安全生产的持续改善。建设完备的证据衔接制度做好以下途径：

第一，完善行政机关与司法机关之间的证据协作机制。针对安全生产领域的特殊性和复杂性，可以在各级法院设立专门的安全生产公益诉讼证据协作部门，并配备专业的工作人员，负责证据收集、整理和案件审理。这样不仅可以提高安全生产公益诉讼的衔接效率和质量，而且可以更好地保障人民群众的生命财产安全利益。

第二，扩大证据来源渠道。对于安全生产公益诉讼中证据来源多样性问题，司法机关应当充分了解案件的具体情况，根据需要制定证据衔接方案，明确证据衔接的范围和力度，并指定专人负责。同时，建立联合调查和勘验制度，加强与行政机关和企业的沟通协调，充分实现安全生产诉讼衔接机制，发挥各方资源优势，共同完成证据衔接任务。根据证据形式不同，采用不同的衔接方式，如现场勘查、电子数据、文件等多种方式进行证据收集，以确保证据衔接的全面性和准确性。在衔接证据的同时，要对证据进行审查和分

析，以确保证据的可信度和真实性。既要发挥行政机关在证据收集方面的专业性，也需要充分发挥司法机关的技术优势，通过多种手段对证据进行审核和分析，使行政机关与司法机关有效衔接，避免因证据问题导致案件判决失误。

第三，完善证据保密规定。司法机关和行政机关应当制定相应的保密规定，在证据保密方面做好衔接工作，明确证据保密的标准和程序，并加强保密意识培训，在证据使用和披露过程中，应当限制证据的传阅范围，要求行政机关与司法机关之间实现有效衔接，共同建立机密级别管理，避免机密信息泄露。对于证据中的商业秘密和个人隐私等敏感信息，应当建立相应的保密档案，并严格控制访问权限，以确保所有机密信息得到有效保护。

（三）协调监督衔接机制，推动公益诉讼有力建设

为解决安全生产公益诉讼衔接机制的中监督衔接机制的问题，应当从以下途径完善监督衔接机制。

首先，完善监督衔接机制法律法规。检察机关的司法监督职能面临法律效力不足的问题，针对这一问题，应当推进安全生产公益诉讼相关立法工作的进行，通过安全生产公益诉讼法律的专项规定，明确检察机关的职责和权利，并增加约束力强、刚性较高的条款，有效实现衔接机制的顺利运行，以确保检察机关能够有效地行使监督权。对于已经在衔接机制中贯穿的行政法规、规范性文件，需要高度重视其制定和执行，防止其与实际操作存在偏差，从而促使与行政监管职能的有效协作，保障安全生产衔接机制的顺利开展。

对于行政机关的行政监管职能所面临的问题，需要法律层面对行政监管衔接进行专项立法，加强监管制度建设，加大投入和支持力度，提高执法监管效率，建立完善的安全生产行政机关监管系统等，以提升行政机关行政监管职能的质量和效果，更好地维护公民的安全权益。同时，需要行政机关加强事前监督与事中监督，事前阶段需要执法机关及时了解企业的安全生产状况，及时纠正违法违规行为，最大限度地减少安全事故的发生；事中阶段需要提高制度执行力，防止随意的违规行为和漠视问题的存在，对违法违规者进行处罚，促进企业合法经营和稳定发展。通过事前监督和事中监督途径的

完善，从源头上遏制安全事故的发生，切实履行好其监管职责，有效实现与司法监督职能的衔接。

其次，拓宽检察监督渠道。针对监督衔接机制中司法监督职能失效，司法监督职能存在安全生产公益诉讼案件多数依靠检察机关主动发现这一突出问题，应当充分发挥群众参与能力，通过多种途径拓宽案件线索来源渠道，如举报投诉、行业巡查，引导广大人民群众积极参与到安全生产公益诉讼衔接机制的监督中来，从而增加案件线索和证据材料的获取渠道，发挥检察机关司法监督职能，提高衔接机制的工作质量和效率。同时，也需要加强与行政监管职能的衔接合作，有效发挥行政监管职能，建立行政机关安全生产领域专项提请制度，促使行政机关发现线索时主动提请检察机关，保证彼此衔接机制的顺畅运转。

最后，建立监督处罚机制。完善监督衔接机制，需要建立有效的监督处罚机制。对于相关部门和个人应当依提请制度主动提请却未提请时，依法追究其法律责任，并对其进行相应处罚和制裁，以防止行政机关的行政监管职能与检察机关的司法监督职能失效，保障公益诉讼制度的严肃性和约束力。建立监督处罚机制，可以及时在监督衔接机制中实现行政监管与司法监督有效衔接，有助于增强衔接机制的有效性和切实性，并为安全生产公益诉讼的落地和顺利实现提供有力支撑。

人权保障视角下的西非经济共同体法院公益诉讼研究

王　石*

摘　要：无论是在《西非经济共同体条约》还是在《西非经济共同体法院协定》中，人权保障都是一项非常重要的内容。《西非经济共同体法院协定》及其法院判例里所规定的人权类诉讼规则为在西非经济共同体法院发起人权类公益诉讼提供了具体的制度规范。在生产过程中产生的安全问题与侵犯人权有着密切联系，众多以侵犯人权为由针对安全生产事故发起的公益诉讼也是侵犯人权类公益诉讼的典型类型。在西非经济共同体法院发起公益诉讼拥有众多优势，当然也面临着诸多挑战。但是，随着非洲区域一体化趋势的加强，在区域共同体法院提起人权类公益诉讼也将越来越多的成为一种有效的人权保护手段。

关键词：人权保障；西非经济共同体法院；公益诉讼

西非经济共体法院是西非经济共同体于1991年根据《西非经济共同体条约》的规定而设立的司法机关，其总部位于尼日利亚阿布贾。根据《西非经济共同体条约》的规定，西非经济共体所有成员国都是《西非经济共同体法院协定》事实上的缔约方。西非经济共同体法院除了可以就共同体法律的含义提供咨询意见外，还有权审理成员国违反共同体法律规定、共同体法律政策合法性、侵犯人权等方面的案件。① 其中侵犯人权类案件可以由个人直接向

---

* 作者简介：王石，湘潭大学硕士研究生。

① Jaime de Melo：Regional trade agreements in Africa：Success or failure，ICG International Growth Center，December 2013.

共同体法院提起诉讼。同时，由于对人权的侵犯经常涉及公共利益，所以在西非经济共同体法院的实践中，也存在着大量的侵犯人权类公益诉讼。

一、西非经济共同体法院受理人权类公益诉讼的法理依据

（一）西非经济共同体法院自身框架性文件

西非经济共同体法院本身的制度框架性文件为西非经济共同体法院处理人权类公益诉讼提供了法律依据。西非经济共同体法院对于人权事务的管辖依据可以分为两类：直接依据和间接依据。一是直接依据。西非经济共同体法院对于管辖人权类案件有明确的直接规定。《西非经济共同体法院补充协定》第三条第四款规定“西非经济共同体法院有权裁定发生在任何成员国的侵犯人权案件”。这一规定为西非经济共同体法院受理发生在成员国的侵犯人权类诉讼提供了直接的法律依据。西非经济共同体法院还明确规定“在人权保护领域，法院平等适用案件当事国所批准的国际人权文件”。这也就使得当事成员国所批准的各种国际人权文件中所规定的各类具体人权在西非经济共同体法院都会得到认可。二是间接依据。《西非经济共同体法院协定》序言规定“共同体法院的基本作用是确保在解释和适用《西非经济共同体条约》及其所附议定书和公约时遵守法律和正义”。《西非经济共同体法院补充协定》第三条一款规定：“法院有权裁决与下列事项有关的任何争议：a. 西非经济共同体条约、公约和议定书的解释和适用；b. 西非经济共同体通过的条例、指令、决定和其他附属法律文书的解释和适用。”由此可见，《西非经济共同体条约》是西非经济共同体法院作出判决的重要法律依据。而《西非经济共同体修正条约》的序言规定“共同体应遵守1991年7月6日在阿布贾国家元首和政府首脑机构第十四届会议通过的《非洲人权和民族权利宪章》和《西非国家经济共同体政治原则宣言》”；第四条规定“各缔约方在此，郑重声明他们遵循以下原则：根据《非洲人权和民族权利宪章》的规定，承认、促进和保护人权和人民权利”。也就是说，《西非经济共同体条约》明确规定会员国以及共同体组织本身都应遵守人权文件《非洲人权和民族权利宪章》。《非洲人权和民族权利宪章》是非洲最为重要的人权文件之一，它不但具体的规定

了广泛的基本人权而且还用专门条款为适用《宪章》的主体采纳国际上其他人权类文件提供了兜底式规定。《非洲人权和民族权宪章》第六十条规定："非洲人权和人民权利委员会应借鉴各种关于人权和人民权利的国际法律文件，特别是关于人权和人民权利的各种非洲法律文件、《联合国宪章》、《非洲统一组织宪章》、《世界人权宣言》、联合国和非洲国家在人权和人民权利领域通过的其他法律文件，以及本宪章缔约方参加的联合国专门机构内通过的各种文件的规定。"第六十一条规定："作为确定法律原则的辅助措施，非洲人权和民族权利委员会在作出决定时还应参考其他的一般性或特别性国际公约，这些公约规定了符合关于人权和人民权利的国际规范、公认为法律的习俗、非洲国家承认的一般法律原则以及法律判例和学说。"根据这两条规定，在对人权的内容范围进行定义对人权进行保护时，世界范围内具有普遍认可度的人权类法律文件里所规定的人权内容《非洲人权和民族权宪章》都会予以广泛认可。《西非经济共同体法院协定》及其补充协定均未对发起侵犯人权类公益诉讼作出限制，这也就使得西非经济共同体法院可以受理为维护公共利益而发起的人权类公益诉讼。

（二）欧盟法院管辖人权问题的示范作用

欧洲联盟（欧盟）及其《欧盟运行条约》是《西非经济共同体条约》的标杆。《欧盟运行条约》的条款对于《西非经济共同体条约》起着示范作用（实际上所有非洲区域贸易条约都在其条文中效仿欧盟的做法规定了相应的争端解决机制）。西非经济共同体参考《欧盟运行条约》中有关争端解决机制的条款设立了西非经济共同体法院。所以说欧盟的运作机制以及欧盟法院的管辖范围对于西非经济共同体法院在相关方面的权限起着非常重要的指示性作用。

欧洲法院宣布的四项划时代原则（直接作用学说、至上主义学说、隐含权力学说、人权学说）被认为是欧盟法律结构宪法化的基础，这也为欧盟后续有关人权领域的立法以及判决奠定了基础。欧洲法院对于人权案件的处理依据大体可以分为两个阶段。在《里斯本条约》生效之前，欧盟并没有系统性的人权保障类文件，由于欧洲法院属于欧共体的仲裁机构对于《欧共体条约》的适用拥有一定程度的解释权，因此欧洲法院通常将《欧共体条约》中的法律解释为包涵一般法律原则的法律，而各种国际人权文件规定的基本人权又属于一般法律原则的一部分，所以基本人权就成了欧共体（后来的欧盟）国家必须遵守的、欧洲法院可以引用的法律依据。同时一系列涉及人权的法律文件（例如《欧洲共同体工人基本权利宪章》）也能作为欧洲法院保障人权的法律依据。此时的欧洲法院还经常引用《欧洲人权公约》的内容以及欧洲人权法院的判例来作为审理人权案件的依据。2007 年在欧盟 27 国领导人于里斯本签署了《里斯本条约》后，《欧盟基本权利宪章》开始对各成员国具有约束力。《欧盟基本权利宪章》是欧盟于 2007 年颁布的属于欧盟自己的旨在保障欧盟公民权利的基础性人权类法律文件。欧盟法院有权直接适用《欧盟基本权利宪章》来处理管辖范围内的人权案件。

欧盟及其司法机构处理人权问题的方式被众多经济共同体所效仿，西非经济共同体、东非共同体、南部非洲发展共同体等众多经济共同体法院均能够依据各种具有影响力的人权类文件处理涉及人权的诉讼。例如 2020 年，非洲人类希望（HHA）公益组织在东非共同体法庭起诉南苏丹政府，起诉人声称以南苏丹政府为股东的石油公司在南苏丹共和国进行石油勘探、开采过程中的石油管道泄漏造成了严重的环境污染。上尼罗州以及团结州的当地居民面临着因石油泄漏导致环境污染而产生的生存威胁。起诉人指出南苏丹共和国政府未能承认、促进和推动《非洲人权和民族权利宪章》所保障的南苏丹共和国公民所应享有的有利于其发展的基本环境权利，侵犯了《东非共同体条约》第六条第四款和第七条第二款明确规定的南苏丹共和国公民应享有的基于共同体基本原则的权利。2021 年 6 月 19 日一审法院同意双方通过调解解决争端。最终，在听取了双方的陈述并就调解方案达成一致后，法院允许起诉人撤回提起的诉讼。

二、西非经济共同体法院人权类公益诉讼的主要程序规定

（一）诉讼主体

《西非经济共同体法院补充协定》第四条第四款规定，个体因人权受到侵

犯在满足两个条件的情况下（1. 不得匿名；2. 也不得已将同一事项提交另一国际法院裁决）可以向西非经济共同体法院提起诉讼，此规定并未解答个体是否有资格或者哪些主体有资格就人权受到侵犯提起公益诉讼的问题。在2017年的Nosa Ehanire Osaghae & 3 Ors vs Federal Republic of Nigeria一案中，西非共同体法院在对“出庭权”作出解释时就哪些主体拥有公益诉讼资格作出了说明，可提起公益诉讼的主体包括：1. 正式成立的非政府组织。2. 热心公益的个人。如若是合法成立的非政府组织提起的公益诉讼，则诉讼可以直接提起而不需要任何其他额外证明。如若个人提起公益诉讼，则需要个人提交相应的被代理群众授权，否则个人只能以自己的名义提起个体维权诉讼。但是，在特殊情况下个人即使没有获得被侵权群众授权也能代表被侵权群众提起公益诉讼。这种特殊情况主要包括《非洲宪章》第五十八条所指的严重或大规模侵犯行为，或者有证据证明受害者自己在提起诉讼时遇到了他们无法解决的困难。

（二）诉讼对象

虽然《西非经济共同体法院协定》以及《西非经济共同体法院补充协定》并未对侵犯人权罪的诉讼对象作具体规定。但是从实际判例来看，西非经济共同体法庭人权类诉讼（无论是否为公益诉讼）的被告方通常为成员国政府。现实中哪怕案件实施侵害的主体并非政府，政府也会被追究监管缺位类法律责任。例如在2008年的Hadi jatou Mani Koraou vs The Republic of Niger一案中，尼日尔政府被判侵犯了其一名公民的人权。虽然尼日尔政府本身对直接实施侵犯人权的行为没有责任（真正的危害实施方是一个独立的民间主体），但法院认为尼日尔政府违反了国际法和国内法规定的保护Hadijatou Mani女士免受奴役的国际义务。尼日尔政府最终被判罚支付1000万西非法郎（约20000美元）的赔款。

（三）是否可以直接提起诉讼

在将侵犯人权类案件提交西非经济共同体法院之前，不需要用尽案件所在国当地的补救办法。每一个侵犯人权行为的受害者都可以直接向西非经济共同体法院上诉，即使案件正在成员国家进行审判（正在其他国际法庭审判除外）。很明显，从发起公益诉讼维护人权的效率性来看，西非经济共同体法院的做法相对于欧洲人权法院和南部非洲发展共同体法院要求在向此类法院提起人权类诉讼前必须用尽本国补救办法的规定来说更为合理。毕竟，绕过成员国直接向区域性法院提起人权类诉讼不但将显著减少维权人的维权成本，而且也能更好更及时地保障维权人的利益。

(四) 有关审判程序的规定

根据《西非经济共同体法院协定》第十四条第二款的规定，审理具体案件法庭的法定配置包括院长和至少两名其他法官。审判机构成员应由奇数成员组成，即 3 人、5 人或 7 人。法院的开庭应是公开的，但法院可应一方的请求或根据只有法院才能确定的理由秘密审判。

诉讼参与人可在必要时请求律师或法律顾问的协助，这些律师或法律顾问应得到案件相关成员国法律规定的认可以确保他们有权参与此类诉讼。也就是说诉讼参与律师必须要是在诉讼相关成员国拥有相关资质的律师。

(五) 审判的第三方介入

如若某诉讼涉及第三方利益（这个第三方只能是成员国，如若成员国个体利益受到影响也只能由此成员国政府代表个体介入）第三方可以申请介入此诉讼。

根据《西非经济共同体法院协定》的要求，诉讼申请启动程序的登记通知应刊登在共同体官方媒体上。该通知应写明：申请的注册日期、双方的名称和地址、诉讼的主题、申请人的诉求、法律抗辩和主要支持论据的摘要。此类登记通知意义重大，因为它的目的是让公众了解案件情况，以便希望介入诉讼程序的有关方能够及时介入。《西非经济共同体法院协定》第二十一条规定如果成员国认为其利益可能受到提交法院的争端的影响，可通过书面方式提交申请请求允许介入。介入诉讼的申请必须在登记通知公布后 6 周内提出。

（六）法院判决的执行

《西非经济共同体法院协定》及《西非经济共同体法院补充协定》对于有关共同体法院判决的执行也作出了相关规定。

《西非经济共同体法院协定》第六十二条规定，判决自宣布之日起具有约束力。《西非经济共同体法院协定》第二十二条第三款责成共同体所有成员国和机构在判决生效后应立即采取一切必要措施，确保法院的判决得到执行。《西非经济共同体法院补充协定》第十五条第四款规定“法院的判决应对成员国、共同体机构以及个人和法人团体具有约束力”。第二十四条规定：1. 法院对成员国国民或成员国国民产生财务影响的判决具有约束力。2. 执行法院的任何判决都应采取执行令的形式，由法院提交给有关成员国，根据该成员国的民事诉讼规则执行。3. 所有成员国均应确定接收和执行令的国家主管当局，并将此通知法院。4. 只有根据共同体法院的决定，共同体法院签发的执行令才可暂停执行。

三、西非经济共同体法院人权类公益诉讼典型案例

本文列举出了西非经济共同体法院所受理的两个人权类公益诉讼的典型案例，这两案例被告相同，诉讼内容类似，但是由于主体以及举证差异使得法院对案件的判决结果不同。在这里将两案列出以便通过对比的方式更深入地了解西非经济共同体法院对于人权类公益诉讼的相关规定。

案例一：SERAP vs Federal Republic of Nigeria

原告SERAP（一个在尼日利亚注册的非政府组织）在西非经济共同体法院提出申诉，指控被告尼日利亚联邦共和国政府侵犯了尼日利亚尼日尔河三角洲人民的健康权、保障健康安全的生活水准权、经济和社会发展权，以及控诉由于被告未能执行法律法规保护环境和防止石油泄漏的义务从而造成石油泄漏毁坏农作物，损害社区用于耕作的土壤并污染人们用于捕鱼、饮用和其他家庭和经济用途的水的实事。原告称，尼日利亚政府的这些行为违反了《非洲人权和民族权宪章》《公民权利和政治权利国际公约》《经济、社会、文化权利国际公约》的有关规定。

尼日尔三角洲地区拥有丰富的可耕地和水资源，这些资源对于三角洲居民的正常社会生活起着非常重要的作用，而在此进行石油勘探和开采的几家石油公司的生产作业行为对当地土壤、水质以及相关资源的生产力造成了严重损害。各种因素导致的溢油（包括管道腐蚀、故意破坏、燃料补给等）是造成该地区环境破坏的主要原因。尼日利亚联邦共和国政府也承认在尼日尔河三角洲地区发生了严重的石油泄漏事件。

法院在作出判断时考虑到了一个常识，即只要存在大规模的石油泄漏就一定会污染水源，破坏水生生物生活环境和土壤肥力，从而对附近人民的身体健康和社会生计产生不利影响。因此，本案中只要争端当事方就尼日尔三角洲发生石油泄漏达成共识，那么，法院便可推定：尼日尔三角洲确实存在给三角洲周边居民的身体健康以及正常的社会生产生活造成严重负面影响的环境污染。

法院认定作为西非经济共同体成员国以及《非洲人权和民族权宪章》的缔约方，尼日利亚联邦共和国政府有责任防止石油泄漏导致的人权侵犯。在居民权利因石油泄漏受到损害后必须追究造成石油泄漏导致生态破坏的主体的责任，并确保责任人向受害者提供充分的赔偿。

其实作为《非洲人权和民族权宪章》的缔约国，参与缔约方有国际义务承认《宪章》所载的权利、义务和自由，并承诺采取立法或其他措施实施这些权利、义务和自由的原则在西非经济共同体法院的其他判例中也有体现。例如法院在SERAP诉尼日利亚联邦共和国普及基础教育案的判决中就再次对这个原则进行了强调。法院认为，一旦向法院寻求保护的有关权利被载入对一个成员国具有约束力的国际文书，该国的国内立法就不能优先于国际条约或公约，即使它是自己的宪法。

这次诉讼的重点是尼日利亚联邦共和国作为《非洲人权和民族权宪章》的缔约方，其做法是否符合了该宪章第二十四条规定的义务。《非洲人权和民族权宪章》规定："所有人民都有权享有一个有利于其发展的总体上令人满意的环境"，"本宪章的非洲统一组织成员国应承认本宪章所载的权利、义务和自由，并承诺采取立法或其他措施来实施这些权利、义务和自由。"同时《非洲人权和民族权宪章》还规定缔约国的义务既是态度义务，也是结果义务。

法院认为,《非洲人权和民族权宪章》第二十四条要求每个国家采取一切措施，保持被视为一个整体的环境质量，使环境状况能够满足那里的人类生活，并促进他们的可持续发展。而只有通过检查环境状况和其他一些客观指标，才能根据结果判断国家是否履行了这一义务。如果国家正在采取一些合理的立法、行政和其他措施，那么这些措施必须确保足够有效且取得具体成果。本案中尽管尼日利亚联邦共和国政府声称采取了有力的环境保护措施但是尼日尔河三角洲地区的环境状况仍在持续恶化，因此法院得出结论认为，在防止石油泄漏保护环境方面尼日利亚联邦共和国政府并未能按照《非洲人权和民族权宪章》的有关规定采取足够有力的措施防止石油泄漏污染。

同时法院发现，尼日尔三角洲地区环境退化问题的一个重要原因在于尼日利亚联邦共和国负责监督石油工业的当局没有严格执行现行监管的法律法规。因此，法院认为尼日利亚联邦共和国政府违反了《非洲人权和民族权宪章》第一条和第二十四条规定的国际义务。

最终法院命令尼日利亚联邦共和国政府：第一，采取一切有效措施，在尽可能短的时间内，确保恢复尼日尔三角洲地区的环境；第二，采取一切必要措施防止环境损害的继续发生；第三，追究破坏环境者的责任。

案例二：Nosa Ehanire Osaghae & 3 Ors vs Federal Republic of Nigeria

原告为四位尼日利亚公民，他们代表自己以及尼日尔三角洲人民提起诉讼。被告为尼日利亚联邦共和国政府。

原告声称，被告尼日利亚联邦共和国政府违反了《非洲人权和民族权宪章》《公民权利和政治权利国际公约》《经济、社会、文化权利国际公约》的规定。侵犯了原告以及尼日利亚尼日尔三角洲地区人民的基本人权、公民权利、社会权利和经济权利。

原告称尼日尔三角洲核心地区的各州长期受到石油公司生产作业造成的严重环境侵害影响。长期的石油开采导致这些地区面临着前所未有的因原油泄漏和天然气燃烧造成的各种环境退化以及有毒物污染问题。而被告未能采取有效措施阻止这些情况的发生，原油泄漏和天然气燃烧导致的死亡或健康受损事件正威胁着尼日尔三角洲地区成千上万的群众。这些行为是对三角洲地区人民基本人权的侵犯。

因此，原告提出申请：第一，希望法庭宣布，过去 30 年来，尼日尔三角洲地区因无节制的原油开采、天然气燃烧导致了严重的环境退化和破坏，而尼日利亚联邦政府却没有采取适当措施加以防止此类环境破坏的发生，这是违法的，这种行为也明显地侵犯了生活在尼日尔三角洲地区人民的基本生命权、健康环境权等基本权利。第二，希望法庭命令尼日利亚联邦政府立即支付 300 亿美元的补救性环境损害赔偿金（维权依据来自《非洲人权和民族权宪章》第一条、第二十一和第二十四条；《经济、社会、文化权利国际公约》第十二条）。

被告尼日利亚联邦政府对此提出反驳，具体理由包括：原告没有对此案件的起诉权；质疑法院对于这个案件的管辖权；原告要求的某些索赔属于既判力范围；原告起诉所列事实是推测性的，且没有披露合理的诉讼理由；该诉讼是滥用法庭程序；原告的诉讼事由属于被告国内法院的管辖范围。在对原告的辩护中，被告否认了原告所提及的每一项重大事实指控，并要求原告对这些事实给予严格的证明。

在听取了原被告双方的陈述并仔细考察过案件事实后，法院对以下问题作出了解释：第一，关于原告起诉权的问题。“出庭权”一词意味着如一方当事人在法院提起诉讼要获得法院的批准，那么当事人必须证明对诉讼问题有足够的利益牵涉。然而，在特定情况下有一种例外，即正式成立的非政府组织和热心公益的个人可以在没有个人利益牵涉的情况下提起公益诉讼。

本案中关于原油泄漏、天然气燃烧、环境退化和公共渔业水域污染对原告造成人身伤害的指控属于受国际法保护的权利范围，如果得到证实，将构成侵犯人权。根据《西非经济共同体法院补充议定》第三条第四款和第四条第四款的规定，该法院有权裁定在任何成员国发生的侵犯人权案件，个人可以直接向该法院申请对侵犯人权行为的救济。

在 SERAP vs Federal Republic Of Nigeria & 4 Ors（2014）一案中，法院认为，仅仅指控一个成员国境内发生侵犯人权行为，就足以证明本法院对该争端拥有管辖权，只有在各方都有机会陈述案情并充分保证公平审判后，才能对申诉作出公正裁决。

同样，在 El Hadji Aboubacar vs BCEAO & Rep. of Niger（2011）案中。法

院认为，就人权事项而言起诉申请可予受理，仅仅援引与此类规定相关的事实就足以赋予其管辖权。

因此，在处理人权相关起诉时，法院会查明侵犯人权行为是否构成申请的主要事由，以及法律抗辩和证据是否能证实这种侵权行为。援引符合侵犯人权的事实本身就足以确立西非经济共同体法院在人权事务上的权限。被告在这方面的反对是不成立的。

第二，关于原告是否有代表尼日尔三角洲地区人民资格的问题。原告指控称石油工业造成的污染是对尼日尔三角洲地区人民权利的侵犯。法院认为人权是以人为中心的权利，如果想代表受害者提起公益诉讼，除法律规定的特殊情况外，必须征得受害者群体的同意（特殊情况主要包括《非洲人权和民族权宪章》第五十八条所指的严重或大规模侵犯行为，或者有证据证明受害者自己在提起诉讼时遇到了他们无法解决的困难）。

对于代表尼日尔三角洲地区人民发起诉讼的原告来说，他们需要相应的受害者授权。如果申请是由非政府组织提出的，情况则有所不同。非政府组织享有代表特定群体的广泛的起诉权。

在 SERAP vs Federal Republic Of Nigeria 一案中，原告代表尼日尔三角洲地区人民对尼日利亚联邦共和国政府提起诉讼，被告对原告的诉讼资格提出质疑，被告认为原告的诉讼是在没有尼日尔三角洲地区人民事先知情、同意和直接利益牵涉的情况下提起的，并且原告以自己的名义提起诉讼，没有证据证明它能代表尼日尔三角洲地区人民，但是法院认为，SERAP 作为公益组织的性质决定了他们有提起诉讼的资格（无需像个人发起公益诉讼一样获得群众授权）。本案的原告是自然人，就自然人而言，授权证明对于其想代表一个团体行事是不可或缺的。尼日尔河三角洲范围广阔，不能未经授权便代表上述地区人民提起诉讼。而原告并未能向法庭展示相关授权，因此，法院认为原告不具备代表尼日尔三角洲地区人民的诉讼资格。

第三，关于既判力的问题。被告声称，原告要求的某些方面属于既判力案件，因此法院不应受理。既判力理论规定，如果一个事项已经由一个有管辖权的法院裁决，则该事项被称为已决案件。一旦某一事项已被判决，任何一方都不得就同一事项在同一法院或不同法院重复提起诉讼。这就防止了同一批人就同一事项反复提起诉讼。也就是说，要使既判力抗辩成立，诉讼事项和当事人都必须相同。

在本案中，被告对诉讼的可受理性提出质疑，理由是原告的部分诉求已经由西非经济共同体法院在 SERAP vs Federal Republic Of Nigeria 案中作出了裁决。法官在对本案和 SERAP 案进行比较分析后发现，两案尽管在索赔性质上相似，但所寻求的救济并不完全相同。特别是，两起诉讼的当事人并不相同。既判力案件要求双方当事人是相同的，标的是相同的，并且以前曾就此提起过诉讼。被告未能证明该案件已由法院作出过裁决。被告也未能证明原告向法院提出的申请与 SERAP vs Federal Republic Of Nigeria 案件中提出的申请在主题和当事人方面基本相同。因此，既判力问题不适用于本案。

第四，关于国内法院的未决诉讼问题。被告质疑法院对此案的管辖权，因为被告国内法院有一个关于同一主题事项的未决案件。《西非经济共同体法院补充议定》第十条第四款规定：人权受到侵犯的个人可以申请救济；申请的提交应不匿名且也不得在同一事项已提交另一国际法院裁决时提出。据此西非经济共同体法院表示，被告国内法院审理的未决案件并不排除西非经济共同体法院受理案件的管辖权。只要该事项没有提交另一个国际法院，西非经济共同体法院就有权受理关于该事项的起诉。所以，西非经济共同体法院对于此案拥有管辖权。

第五，举证问题。原告声称《非洲人权和民族权宪章》赋予他们的权利受到了侵犯，由于工业污染导致的环境退化，他们的生命、健康、经济、社会和文化权利受到了威胁。法院要确定是否发生了违反《非洲人权和民族权宪章》的行为，就必须获得可信的证据和信息。提出证据的责任在原告，本案原告无法提供证明以上事实的证据，法院将不能支持他们的诉求。

最终，法庭在听取双方当事人的陈述后，依法作出了裁决，法庭宣布由原告基于以上情况发起的公益诉讼因法律依据不足，予以驳回。

四、向西非经济共同体法院提起人权类公益诉讼的优点

无论是就大部分西非经济共同体成员国家国内的法治环境而言，还是就公益诉讼的规则可行性来讲，相比于在受害方国内提起公益诉讼来看，在西

非经济共同体法院提起人权类公益诉讼都有着诸多优点。

（一）西非经济共同体法院管辖人权类公益诉讼范围的广泛性

在西非经济共同体法院提起人权类公益诉讼依据的通常是各种原则性规定，而原则相较于具体规则而言通常具有概括性较强的特点，这也就使得这些原则性人权法律文件能为种类众多的侵权行为的维权提供法律依据。例如就安全生产领域而言，常见的工业生产导致的环境污染，雇主非法剥削雇佣者，非法雇佣童工等各类问题都可以以侵犯人权为由提起公益诉讼。

（二）西非经济共同体法院管辖人权类公益诉讼程序的便利性

从各成员国本国法律对于公益诉讼的具体规则来看，很多成员国对于公益诉讼的限制较为严格，甚至可以说在这些国家普通民众或公益组织几乎没有权利发起公益诉讼，而西非经济共同体法院则为这些主体发起公益诉讼提供了一个权威性平台。就拿尼日利亚联邦共和国来说，尼日利亚联邦共和国自 1956 年发现具有商业价值的石油以来，其经济一直严重依赖石油工业。作为非洲最大的石油生产国，由于石油公司以及本国政府对环境保护的重视度不够，开采石油的生产过程不可避免地造成了严重的环境污染。但是，几十年来，公益诉讼起诉人在尼日利亚联邦共和国公益诉讼中的“诉讼地位”问题一直阻碍着此类公益诉讼在尼日利亚联邦共和国的发展。作为判例法国家，在 Adesanya vs President of the Republic of Nigeria & Anor 一案中，针对起诉人（尼日利亚联邦共和国的一位参议员）对总统作出的任命的有效性提出质疑的问题，尼日利亚联邦共和国最高法院认为，起诉人没有起诉权，并且因此直接驳回了起诉人的诉讼请求。法院进一步解释，如果诉讼当事人要拥有起诉权，那么他必须证明他的私权受到了侵犯或伤害，或者存在这种侵犯或伤害的威胁。也就是说起诉人必须有某种正当的利益，这种利益可能会受到被告人行为的影响，或者起诉人的某种利益将因被告人的行为而遭受损害。起诉权只赋予拥有合法权利或合法权利因被控诉的不法行为而遭受或可能遭受特殊损害的主体。也即要使一方有诉讼资格，必须确定提起诉讼的一方与问题有“足够的联系”。该原则使得尼日利亚联邦共和国的许多公益诉讼案件仅仅因为提起诉讼者的权利没有受到直接侵犯而被驳回。尼日利亚联邦共和国的众多石油工业污染公益诉讼也都因原告缺乏诉讼资格而以失败告终。这种状况使得在尼日利亚联邦共和国要想发起因石油工业污染而产生的公益诉讼变得非常困难。虽然这类诉讼在尼日利亚联邦共和国本国很难发起，但是西非经济共同体法院却提供给了尼日利亚联邦共和国公益组织以及相关群众发起此类公益诉讼的平台。并且通过在西非经济共同体法院发起公益诉讼，尼日利亚联邦共和国维权主体曾成功地维护了受害者的权益。

（三）西非经济共同体法院法治环境的优越性

非洲区域法院（特别是较为大型的非洲区域法院）通常拥有更好的法治环境。这种法治环境对于以公权力或者与公权力密切相关的主体为被告的公益诉讼能够顺利开展非常重要。并不完善的法制环境，缺乏强制遵守法律规定的意愿等问题是非洲众多国家所面临的共同困境。由于公权力对国内司法拥有较强的影响力，所以在这些国家国内发起针对政府或者与政府关系密切的主体的公益诉讼时通常会面对很多阻碍，例如2020年6月10日坦桑尼亚共和国议会辩论通过了2020年第3号《成文法（诸项修正案）法》，这项法案是一项会对公益诉讼产生限制性影响的法案。该法案规定任何寻求提起公益诉讼的个人必须表明起诉事项在多大程度上“影响了其本人”，该法案的一个关键条款还严格限制了对总统、副总统、总理、议会议长和副议长以及首席大法官提起诉讼。所有这些程序都应由总检察长（本身就是行政机构人员）提出。从法案条文来看，该法案寻求最大限度地“冻结”公益诉讼，这条法案的通过意味着坦桑尼亚共和国国民、众多公益人士和公益性民间社会组织在发起公益诉讼时将被要求提供相关的证明以证明被起诉的行为如何“影响了该人本人”，但是由于很多的公益诉讼往往是由于侵犯了公众或弱势群体的人权而导致的，起诉者“本人”的合法权益并未受到直接的影响，所以这条法案意味着未来在坦桑尼亚共和国提起公益诉讼的难度将会大大增加。

五、西非经济共同体法院在处理人权类诉讼时所面临的挑战

虽然西非经济共同体法院在处理人权类诉讼时已经取得了有目共睹的成

就，但是在实际过程中，西非经济共同体法院仍旧面临着诸多的挑战。这些挑战中既包括所有非洲区域法院所面临的共性挑战，也包括西非经济共同体法院自身所面临的某些特殊性困境。

（一）西非经济共同体法院审理人权类案件依据的模糊性

由于西非经济共同体并未制定具体的人权类法律规定，所以西非经济共同体法院在审理人权类案件时，依据的通常是国际上各种被广泛认可的原则性人权文件。虽然直接依据法律原则处理人权类案件拥有能从更大范围保障人权等优点，但是这种人权保障方式也往往会面临人权保障依据不够具体明确、人权保障涉及范围过广等问题。

（二）西非经济共同体法院的判决与成员国法院判决的冲突

根据西非经济共同体法院的相关规定，在个体向共同体法院发起人权诉讼时，无需用尽成员国本国的法律手段，甚至同一案件正在成员国本国法院被受理时也可向共同体法院直接提起此类诉讼。在这种前提下当共同体法院的判决与成员国本国法院的判决发生冲突时各种问题便会出现，毕竟西非经济共同体的各类法律文件并未被各成员国从本国宪法以及国内相关法律层面赋予高于本国法律的地位，甚至共同体法律无法在成员国本国直接应用，当共同体法院依据各种人权原则作出的判决与成员国本国法律规则发生冲突时，共同体法院的判决往往会在执行上遇到困难。且一旦发生这种情况，共同体法院在处理人权事务上的威信也将受到冲击。

（三）由于缺乏独立执行机关西非经济共同体法院判决执行强制力受限

由于共同体法院并没有自己的执行机关，所以当法院的判决与成员国政府的利益发生冲突时，判决的执行效率通常会受到影响。非洲的区域贸易协定通常被视为一种灵活的合作制度，因此在必要时非洲区域法院只能采取在某些诉讼中尊重成员国政府的做法，才能避免其合法性受到挑战。例如，本文案例一中，虽然西非经济共同体法院对尼日利亚联邦共和国政府作出了相关处罚规定，但是尼日利亚邦联共和国政府一直并未完全执行这些处罚措施。

结语

西非经济共同体法院的特殊地位使得其在地区人权类公益诉讼中扮演着非常特殊的角色，特别是对于那些身处司法系统独立性不够强、国内法治环境不够理想的国家的国民来说，西非经济共同体法院给这些国家的民间主体发起针对本国公权力的人权公益诉讼提供了一个重要平台。在现实当中，安全生产公益诉讼作为一种重要的人权公益诉讼类型，其当事人通常会以向西非经济共同体法院发起人权公益诉讼的方式来维护自身权益。虽然非洲区域法院拥有着各成员国承认的特殊地位，但是在实践过程中西非经济共同体法院的活动仍旧存在着判决缺乏强制执行力等各种各样的问题。当然，鉴于非洲国家越来越倾向于选择采用各种区域联盟的方式来增强其国际影响力，未来各种区域合作组织势必将对各成员国发挥更为重要的影响力，未来的西非经济共同体法院也必将对解决地区法律争端发挥越来越重要的作用。

第二部分　实践探索篇

关于安全生产领域预防性公益诉讼实践的思考

岳阳市人民检察院

摘　要：安全生产领域已新增为检察公益诉讼的法定办案领域。作为检察机关参与公共安全法治化治理的重要途径，实践中检察机关主要凸出安全生产检察公益诉讼制度的预防性功能，并坚持行政公益诉讼优先、民事公益诉讼补位的原则。当前，安全生产预防性公益诉讼面临线索摸排、甄别、筛选难，对立案标准和范围认识不统一、不精准，调查取证和督促整改治理难度较大四个方面问题。要解决上述问题，完善安全生产预防性公益诉讼检察制度，可以从四个方面考虑：即找准公益诉讼检察履职边界和重点、完善公益诉讼履职保障制度、充分发挥现有制度机制作用、探索建立安全生产先予执行制度。

关键词：检察机关；安全生产；预防性公益诉讼；重大安全隐患

2017 年 7 月 1 日，检察公益诉讼制度全面推行，《行政诉讼法》和《民事诉讼法》仅列明式地规定了在生态环境和资源保护、食品药品安全、国有土地使用权出让金、国有财产保护 4 个领域存在损害国家利益或社会公共利益的情形时，检察机关可以提起公益诉讼。但鉴于近些年安全事故频发，安全生产领域公益保护需求急迫，为破解安全生产行政监管的困境，自 2019 年开始，全国各地检察机关将安全生产作为“等外”领域进行了诸多有益探索，积累了丰富的实践样本。学界也期待并不断呼吁将安全生产明确为检察公益诉讼的办案范围。[①] 2021 年 3 月 23 日，最高人民检察院（以下简称“最高

---

① 代海军：《检察机关提起安全生产行政公益诉讼的现实困境与制度建构》，《河南财经政法大学学报》2020 年第 2 期；王久平：《安全治理可引入公益诉讼机制——访中国政法大学检察公益诉讼研究基地执行主任刘艺》，《中国应急管理》2020 年第 12 期；徐航：《为安全生产划定法律“红线”》，《中国人大》2021 年第 4 期。

检”）和应急管理部联合发布了9件安全生产领域公益诉讼典型案例，总结推广可复制的办案模式和经验，为进一步推动司法实践提供指引。2021年6月10日修正后的《安全生产法》正式回应安全生产领域公益诉讼的制度需求，在第七十四条第二款规定“因安全生产违法行为造成重大事故隐患或者导致重大事故，致使国家利益或者社会公共利益受到侵害的，人民检察院可以根据民事诉讼法、行政诉讼法的相关规定提起公益诉讼”。自此，安全生产新增为检察公益诉讼的法定办案领域，成为检察机关参与公共安全法治化治理的重要途径。

一、检察公益诉讼参与安全生产法治化治理的功能价值和路径选择

目前，安全生产监管从过去单一管制模式向多元共治模式、法治模式转型。从安全生产领域检察公益诉讼的监督目的和办案类型来看，主要具有以下两方面特点。

（一）凸出预防性功能

根据《安全生产法》的规定，对安全生产违法行为造成重大事故隐患或者导致重大事故两种情形，检察公益诉讼可以介入。但从全国的实践来看，绝大部分安全生产公益诉讼案件集中在第一种情形，即以预防性公益诉讼为主，在隐患尚未转化为实际损害后果之前进行监督干预。原因在于预防性公益诉讼契合了安全生产应坚持的人民至上、生命至上、风险预防原则，有利于从源头上防范化解重大安全风险。正如最高检副检察长张雪樵所言，对安全生产涉及的公益侵害，关注的重点不应是已经发生的安全事故和实然侵害，而应是重大危险。[①] 安全事故一旦发生，教训总是极为惨痛。2019年江苏响水特大爆炸事故[②]、2020年山西省临汾市聚仙饭店“8·29”重大坍塌事故[③]、

① 杨安琪：《代表委员访谈录为安全生产引入公益诉讼监督视角》，《中国应急管理报》2020年5月22日，第1版。

② 《江苏响水“3·21”特别重大爆炸事故报告》，载http：//www. zjpy. gov. cn/art/2019/11/27/art_ 1440029_ 40543658. html，最后访问日期：2023年4月8日。

③ 《应急管理部公布2020年全国应急救援和生产安全事故十大典型案例》，载http：//www. gov. cn/xinwen/2021 -01/04/content_ 5576955. htm，最后访问日期：2023年4月8日。

2023年2月22日发生的“内蒙古煤矿坍塌事故”①，均造成多人死亡、受伤，给人民群众生命健康和财产安全带来了巨大损失。这种损害是不可逆转且难以弥补的。预防性公益诉讼通过推动消除重大安全生产隐患，发挥“防未病、治未然”的制度优势，避免类似悲剧发生，保护国家利益和社会公共利益，具有强大的生命力。

此外，重大事故发生后，往往涉及刑事追责、行政处罚、民事赔偿，由侦查机关、行政机关或第三方专业机构开展事故调查、案件侦办。此时，检察公益诉讼的履职更多聚焦于因安全生产事故牵连损害的生态环境和资源保护、食品药品安全等公益保护和修复，以及对造成事故的同类安全生产违法行为开展预防性监督，通过专项行动防范化解普遍性安全风险，凸显对公益的预防性保护。

（二）坚持行政优先、民事补位

最高检2021年3月23日、2022年12月16日发布的20件安全生产领域公益诉讼典型案例，其中行政公益诉讼18件、民事公益诉讼仅2件，基本反映了各地检察机关在选择办案类型上的倾向和整体情况，即检察机关办理安全生产公益诉讼案件应当优先选择行政公益诉讼方式，在特定情况下以民事公益诉讼补位。

安全生产事故发生往往是由于企业安全生产主体责任和行政机关监管责任落实不到位导致的。安全生产事故具有突发性、不确定性和严重危害性，事故发生前的公共利益时刻处于被侵害的边缘。因此，安全生产预防性公益诉讼对办案时效性要求高。② 而在预防损害发生、保护公益方面，与民事公益诉讼相比，行政公益诉讼具有效率上的先天优势。同时，检察机关作为法律监督机关和公共利益的代表，在行政公益诉讼的诉前程序中，可以通过磋商、制发诉前检察建议，及时督促行政机关依法全面履行安全生产监管职责，发挥行政权的强制性，查处企业的安全生产违法行为，消除安全隐患，及时保

① 《内蒙古通报煤矿坍塌事故最新情况：尽最大努力做好搜救》，载 https：//baijiahao.baidu. com/s？ id = 1758707855382568068&wfr = spider&for = pc，最后访问日期：2023年4月8日。

② 刘东斌，史忠辉：《安全生产公益诉讼检察路径探析》，《人民检察》2020年第19期。

护可能受到侵害的公益。这不仅有利于规范企业安全生产，也有利于促进依法行政。

但行政公益诉讼并非总是灵验。我国安全生产行政监管体制较为复杂、职责不清的问题较为突出，容易产生履职推诿或监管空白，在出现行政监管机制失灵的状态时，为避免事故发生，则需要以民事公益诉讼及时补位，直接对违法企业、个人提起安全生产民事公益诉讼，通过提出消除危险、恢复原状、赔礼道歉等诉讼请求，积极发挥公益诉讼的预防功能。

二、检察机关办理安全生产预防性公益诉讼案件面临的问题

（一）线索摸排、甄别、筛选较难

首先，安全生产风险纷繁复杂。安全生产领域的风险分布十分广泛，几乎每个行业、生产经营的各个环节都可能存在安全风险，摸排辨析难。其次，安全生产隐患具有隐蔽性。安全生产系统管理上涉及人员素质和责任意识、生产条件、设施设备等各方面，涉及内部风险管控和外部行政监管，隐患排查具有封闭性，隐患甄别需要专业性，重大安全隐患线索接触和甄别难度较大。再次，不同行业的法律规范、行业标准不一，庞杂的法律、法规、标准体系，给检察机关甄别安全隐患工作带来很大挑战，对办案人员业务素能和专业学习也提出了更高的要求。最后，办案人员对公共安全问题关注不够，对安全隐患线索的敏感性不强，线索摸排仍具有滞后性。许多线索仍是在事故发生造成悲剧后，才引起检察公益诉讼的注意。如建筑施工高空坠物事故在全国多地时有发生①，但湖南省某市检察机关是在2019年中心城区建筑物施工竹踏板坠落砸死一女大学生后，检察公益诉讼才迅速介入督促市住建、应急管理部门对全市建筑施工场所开展专项督查，促使消除重大安全隐患420余处。2022年长沙经营性自建房倒塌事故发生造成53人死亡后②，全省检察机关才对长期存在的经营性自建房安全问题开展安全隐患排查。

---

① 《又致2人死亡！高处坠落是建筑企业事故第一杀手!》，载 https：//mp. weixin. qq. com/s/06DAWFPBxWLy6gFWYSsySQ，最后访问日期：2023年4月8日。

② 《湖南长沙居民自建房倒塌事故造成53人遇难》，载 https：//m. gmw. cn/baijia/2022－05/07/35715550. html，最后访问日期：2023年4月8日。

（二）对立案标准和范围认识不统一

一方面，对"重大安全事故隐患"立案标准认识不精准。对安全生产实际"风险"和《安全生产法》授权检察公益诉讼监督的"隐患"二者之间的界限把握不清，致使实践中立案标准不统一。《安全生产法》第四条第一款提出"构建安全风险分级管控和隐患排查治理双重预防机制"，其中"风险"与"隐患"概念有区别，但易被混淆。有学者从二者与事故的关系、能否被彻底消除、能否被社会公众感知三个方面对概念进行辨析，指出"风险"具有潜在性，不易被不具备专业知识的公众所感知，是否引发事故具有不确定性，且"风险"总是客观存在的，能被控制但不能被彻底消除；"隐患"则与事故的发生更为接近，对损害的发生具有盖然性、决定性，是一般风险管控失效的后果，可以通过控制人、物、管理的不安全状态将其彻底消除，借助一般社会常识判断能够识别"隐患"。[①] 笔者认为此类辨析不可谓不细致，但对二者的区分仍较为模糊，不能直观指引检察公益诉讼办案。在实践中，办案人员更多是凭办案经验和直觉进行判断，对隐患的识别和线索的筛选不够精准，存在对普遍性的"风险"进行监督现象，出现"大炮打鸟"的情况。如近年各地探索办理道路交通安全领域的交通信号灯设置时长等问题的案件，费力监督但不被相关行政机关理解认可。

另一方面，对"生产经营单位"理解不一致，导致预防性公益诉讼的监督范围把握不准。《安全生产法》第二条规定，中国领域内从事生产经营活动的单位（简称生产经营单位）的安全生产适用本法，该法未对生产经营单位具体解释，实践中行政机关和检察办案人员对适用安全生产法的"生产经营单位"存在三种不同理解。第一种是从该条文字面理解，认为"生产经营单位"仅包括公司、企业等单位，不包括个体工商户、自然人等生产经营者，把对个体工商户、自然人生产经营的安全监管监督置于"真空"，不予适用安全生产法。这种理解忽视了安全生产全面监管的现实需求。第二种是作适当扩大解释。结合全国人大常委会法制工作委员会编写的《安全生产法释义》

① 林鸿潮，赵艺绚：《安全生产行政公益诉讼的问题与建言》，《劳动保护》2021 年第 9 期。

的解释[①]和原国家安监局出台的《安全生产违法行为行政处罚办法》第六十八条规定[②]，认为“生产经营单位”指安全生产经营基本单元，包括单位、组织，也包括个体工商户、自然人等经营个体[③]，行政公益诉讼可以督促相关行业主管部门对经营个体的安全生产违法行为进行监督。该解释符合《安全生产法》加强安全生产监督管理，保护人民群众生命和财产安全的立法目的，也能满足安全生产监督管理的现实需要，相对合理，但因为突破了字面理解，实践中有的行政机关并不接受。第三种是无限扩大解释，不论是不是生产经营活动中的安全问题，只要涉及安全隐患，就将其列入安全生产公益诉讼监督范围。如各地办理的小区内电动车“飞线充电”存在消防安全隐患行政公益诉讼案件，其中并不涉及个人或单位的生产经营行为，将其作为安全生产领域公益诉讼监督范围就完全偏离了立法原意。上述对概念的理解不一致，导致各地在安全生产预防性公益诉讼启动立案程序和把握监督范围上存在疑惑和一定程度的混乱。

（三）调查取证难度较大

重大安全事故隐患线索不仅摸排难度大，调查取证确定隐患与事故之间的关联性的难度更大，具有较高的专业属性，尤其是在矿山开采、建筑施工、危险化学品等领域，如不借助专业的行政机关或有资质的第三方机构力量，很多安全生产公益诉讼案件调查将难以推动。但具备该方面专业的行政机关通常也是检察机关监督的对象，行政机关自然不愿意协助配合调查来监督自己。而聘请第三方机构调查或鉴定，往往收费较高，动辄上万，在无专门办案经费列支的情况下，检察机关不得已暂时搁置或放弃一些线索。而在一些风险较为普遍，检察机关可以自主调查的领域，全面调查的工作量也是巨大的。C 院办理督促整治道路交通安全隐患行政公益诉讼案，针对人大代表反

① 尚勇，张勇：《中华人民共和国安全生产法释义》，中国法制出版社 2021 年版，第 7 页。

② 《安全生产违法行为行政处罚办法》第六十八条：本办法所称的生产经营单位，是指合法和非法从事生产或者经营活动的基本单元，包括企业法人、不具备企业法人资格的合伙组织、个体工商户和自然人等生产经营主体。

③ 刑光英，许佩琰：《安全生产领域预防性公益诉讼案件办理实践探索》，《中国检察官》2022 年第 12 期。

映的主城区货车超速超载、交通设施设置不规范、教练车违规上路练车等道路交通安全问题，该院梳理和分析了近三年的交通肇事刑事案件情况、走访相关行政机关、十余家保险公司调取交通事故情况和理赔数据、实地勘查城区主干道、学校附近的交通设施情况，蹲点蹲守拍摄取证和统计货车超速超载、教练车违规练车等违法行为，全面核实代表反映情况，走街串巷发放调查问卷千余份征求群众意见，完成大量调查工作后形成内容翔实的调查报告，最终确定存在“重大安全生产隐患”，启动预防性行政公益诉讼，推动相关部门开展交通运输安全专项执法行动。虽然该案取得了较好的效果，但在基层检察公益诉讼办案人员配置紧张、流失严重、各领域办案任务重的情况下，这种调查方式难以复制推广。

（四）督促整改治理难度较大

《安全生产法》明确要求，安全生产工作实施管行业必须管安全、管业务必须管安全、管生产经营必须管安全。理论上安全生产工作的管理主体变多了，监管体系更完善，但实际上职责交叉却容易出现“都管都不管”的情况。管行业的行政机关以地方经济发展为导向，对安全发展理念认识不足，且与生产经营单位接触较多，习惯性优先考虑维护营商环境和稳经济增长，面对安全生产违法行为，对违法者抱有过多的同情心，更多考虑其“难处”，执法以教育约谈、责令改正为主，忽视惩处处罚，存在软执法、宽松执法现象，致使企业在利益最大化的驱动下仍继续抱有侥幸心理，安全生产整改力度不大。而作为安全生产综合监督管理的应急管理部门，管辖的安全事项众多，但执法力量有限，工作中倾向于将自己视为兜底部门、协调部门，因与其他行业主管部门是平级单位，推动行业主管部门执法手段有限。

三、完善安全生产预防性公益诉讼检察制度的建议

（一）找准公益诉讼检察履职边界和重点

1. 统一规范启动立案的标准和范围

严格依法启动程序。保持司法谦抑性，避免不当干预行政权的正常运行。

明确检察机关对“重大事故安全隐患”启动监督的客观条件，即“生产经营单位未落实法律法规规范明确规定的安全生产责任或相关标准，造成风险升级或不可控，有‘重大’风险”；统一对“生产经营单位”作合理的解释和适用，避免司法实践盲目扩张，对正常范围内的一般安全风险进行监督，或不当将属于“等外”领域的公共安全案件当作安全生产领域案件办理，适用法律错误，影响检察公益诉讼监督的威信力。

2. 筛选办理有影响力和有意义的案件

安全生产风险非常广泛，但检察机关的办案资源是十分有限的，“4+10”的办案领域，以及基层检察机关作为办案主力但人员力量不足的矛盾突出，检察机关筛选安全生产公益诉讼案件线索、启动立案，必须有所取舍。应重点关注高危行业、重点领域、重点环节中的重大事故隐患，注重个案的示范效应，将焦点集中于安全生产领域普遍存在的“痼疾”上[①]，发挥类案监督效应，重点推动解决一些安全治理难题。

3. 适时提起行政公益诉讼

在行政公益诉讼诉前程序，灵活应用磋商、座谈交流、联席会议、诉前检察建议的方式，形成安全监管保护合力，最大限度地预防安全生产事故的发生。同时，坚持以人民生命至上为最首要导向。面对行政机关不依法履职，软执法、宽松执法，收到诉前检察建议后仍不全面依法履职，查处违法行为、消除安全隐患的，符合提起行政公益诉讼条件的，坚持应诉尽诉，以诉讼的方式推动行政机关纠错，提升安全监管意识，促进依法行政。

（二）完善公益诉讼履职保障制度

1. 建立健全信息共享和常态化协作机制

建议加强顶层设计和制度供给，由最高人民检察院、自然资源、交通运输、公安、生态环境部等部门建立常态化协作机制，推动构建全国统一的安全生产重大事故隐患线索信息共享平台，并通过线索交办、督办形式交地方

① 林鸿潮，赵艺绚：《安全生产行政公益诉讼制度——浙江省海宁市人民检察院督促整治加油站扫码支付安全隐患行政公益诉讼案》，《劳动保护》2022年第9期。

办理，拓宽重大案件线索来源。依托应急管理部门作为安全生产综合管理部门、安全生产隐患信息集成地的重要地位，加强检察机关与应急管理部门的良性互动，探索在省市先行建立重大安全事故线索移送机制，定期对高危行业、重点产业、领域开展安全生产联合专项监督，排查安全隐患；探索重大事故隐患案件联合督办、联合调查、联合查办、联合治理机制，推动多部门联合解决重大事故隐患，实现综合治理。建立健全公益诉讼、行政执法与刑事司法衔接机制。充分利用现有安全生产行政执法与刑事司法衔接机制，畅通安全生产线索通道，加强检察内部衔接，提前介入前端风险防控。

2. 设立公益诉讼调查专项经费

加强财政支持，保障公益诉讼工作必要的工作经费。依据各地党委政府、人大制定出台的支持公益诉讼工作的决定决议，推动将检察机关开展公益诉讼案件调查所需的办案经费纳入财政预算，专项予以开支；实施“一案一申请”，保障安全生产隐患鉴定评估、专家咨询等调查费月，破解安全生产预防性公益诉讼调查取证的窘境。

3. 建立省级安全生产专家人才库

借鉴湖南省生态环境厅在全省建立生态环境损害赔偿专家库的经验，探索由应急管理部门在全省组建安全生产专家库，实现检察机关共享专家资源。专家库吸纳全省各地应急管理、国土资源、住建等部门的安全生产技术专家、执法骨干、高校专家学者、各行业大型企业安全生产技术人员、管理人员等。同时，在安全生产预防性公益诉讼中探索建立聘请异地专家协助调查取证制度，为调查提供专业支持。

（三）充分发挥现有制度机制作用

1. 释放“朋友圈”的能量

不断扩大“益心为公”平台志愿者队伍作用，建议组建安全生产隐患探测小分队，将其分类分领域网格化，充分发挥志愿者在各领域、各行业安全生产隐患摸排、线索收集、安全标准查询的前端探测器作用。借助专家脑力和优势。将检察机关聘请的特邀检察官助理、专家智囊团用起来，邀请参与辅助安全生产办案调查，缓解调查难的问题。发挥人大代表建议、政协委员提案、检察建议“双向转化机制”，加强与人大常委会、政协的工作对接，每年收集和梳理代表建议、政协提案中与安全生产有关的重点内容，及时关注、调查人大代表、政协委员、人民群众反映强烈的事故隐患，及时启动行政公益诉讼回应社会关切。对于在办案中发现的普遍性安全生产隐患，可以积极推动将诉前检察建议转化为代表建议和政协提案，推动在更大范围开展执法检查监督，推动类案监督，综合治理、系统治理。

2. 灵活应用多种办案方式

提前对线索繁简分流，以诉前程序磋商解决小案，节省办案精力，集中力量办“顽瘴痼疾”的大案。发挥一体化办案机制，对矿山治理等推动难度较大的安全生产隐患案件，采取省、市、县多级检察机关联动办案，多层级监督，一体推进整改取得实效。应用公开听证开展调查、审查、评估，保障整改落地。如浙江省海宁市检察院督促整治加油站扫码支付安全隐患行政公益诉讼案，对涉案“隐患”的界定、危险性程度的认定、整改的完成情况，邀请安全专家、法学专家、人大代表、政协委员担任公开听证员，邀请社会各界人士、新闻媒体等参加旁听，对风险事实进行了科学评估审查，确保监督的精准性。

3. 推动溯源治理

安全生产领域重大隐患具有诸多共性问题，宜在办案中探索“社会治理检察建议＋调研报告＋专项检察监督＋专题普法宣传”，通过办理一个案件，推动排查和解决一个领域、一个行业的安全隐患，延伸办案效果，提高行业安全生产意识和行政机关安全监管重视程度，从源头解决安全隐患问题。

（四）探索建立安全生产先予执行制度

为避免行政机关推诿扯皮，以及违法行为人拒不改正安全生产违法行为和消除安全隐患，在安全生产领域有必要积极探索公益诉讼先予执行制度。如检察机关提起了行政公益诉讼或民事公益诉讼，在重大安全事故隐患明显且随时有可能演变为事故的情况下，为了及时制止事故发生，检察机关可以探索申请法院适用先予执行制度，在作出正式判决之前，责令行政机关或要求违法行为人采取某些必要的风险防范措施，避免危害发生。

结语

检察公益诉讼正处于高速发展期。安全生产领域预防性公益诉讼是检察机关参与公共安全治理的重要途径，也是检察机关运用法治思维和法治方式不断推进解决重大和复杂的社会问题，推动国家治理体系和治理能力现代化的重要体现。虽然该制度取得了一定的成效，但在制度运行中，检察权对行政权的干预是否能控制在合理范围、如何有效破除监督中的难题、推动安全生产综合治理效能的发挥可以达到何种程度，仍未可知。既要有积极参与安全生产治理的心态，又要保持谨慎稳妥的态度，逐步推动实践和理论的探索，明晰相关法律概念，建立健全、完善工作制度和协作机制。

安全生产领域预防性行政公益诉讼案件探索

何忠伟　赫　桓*

摘　要：安全生产领域公益诉讼重在安全隐患的排查和安全事故的预防。检察机关在发现安全生产领域公益诉讼案件线索时，必须强调预防性原则，要对受案范围的把握、监督对象的选择、损害程度的认定以及履职到位的预防性判断等方面进行重点关注，要坚持依法规范监督、监督与支持并重等原则，推动案件高质效办理，切实做好安全生产领域公益诉讼的预防性工作，切实保障生产安全和人民群众生命财产安全。

关键词：预防性公益诉讼；范围；损害；原则

本文以办理的燃气安全领域预防性行政公益诉讼案件为例，研究探讨该类型案件办理过程中的相关理论、实践问题。

一、案件办理基本情况

2022 年 9 月，Y 市 B 区人民检察院接到群众反映，Y 市中心城区部分餐馆、幼儿园使用燃气但未安装可燃气体报警装置，存在安全隐患。B 区人民检察院随即针对城镇燃气安全问题开展专项调查，发现中心城区存在多类燃气安全隐患：有 48 家餐馆、幼儿园管道燃气、瓶装燃气设备未安装可燃气体紧急报警装置、紧急切断装置，31 处居民、商户自建违法建设占压、圈占燃气管道、调压箱等燃气设施，液化气钢瓶超过使用年限的情况较为普遍。

---

* 作者简介：何忠伟，湖南省岳阳市岳阳楼区人民检察院检察长、三级高级检察官；赫恒，湖南省岳阳市岳阳楼区人民检察院第五检察部副主任、二级检察官。

该院办案人员询问相关工作人员了解到：燃气报警器能够及时有效地检测出有毒气体是否已经达到了预警点，自动切断燃气供应，让用户及时发现隐患，并采取有效的补救措施；违法建筑占压、圈占燃气管线设施，会使燃气企业无法正常进行燃气管线设施日常巡查维护和抢险抢修，同时，占压燃气管道会形成密闭空间，容易造成燃气集聚造成燃气泄漏、火灾和爆炸等安全事故；使用超过规定年限的液化气钢瓶，则容易导致气瓶漏气，引起煤气中毒、火灾或爆炸事故。

针对这一极易引发人员伤亡、财产损失、损害社会公共利益的安全隐患问题，检察院立即启动公益诉讼程序，依法向职能部门和相关街道办事处发出检察建议，建议其及时健全燃气安全生产监督管理常态化机制，在全面摸排检查的基础上，依法开展“安装可燃气体报警切断装置”“液化气钢瓶使用年限”等专项整治。同时，督促相关职能部门依法依规整治圈占、占压燃气管线设施违法建筑，及时查清圈占、占压具体情况，制定整改措施，对圈占、占压燃气设备的予以拆除或合法合理改建。

收到检察建议后，相关职能部门成立专项整治小组，制定针对性的措施，组织大量人员开展全面排查和整治。对于整治过程中出现的问题，检察官主动联系相关部门，通过联席会、现场协调等各种方式帮助解决。目前，占压、圈占燃气管道、调压箱问题的违法建筑均已拆除，城区餐馆、幼儿园等人员密集场所安装可燃气体报警切断装置1100处，居民家中安装报警装置工作也正在逐步推进，同时已置换超过使用年限液化气钢瓶10万余只。

二、办案过程中遇到的理论、实践方面的问题

上述案例是检察机关依据《中华人民共和国安全生产法》（以下简称《安全生产法》）《城镇燃气管理条例》等法律法规对城镇燃气安全领域开展公益诉讼专项监督，督促职能部门对未安装燃气报警、切断装置，违法建筑压占圈占燃气管道、调压箱，液化气钢瓶超年限使用等问题进行全面监督整改，取得了良好的办案效果。但在案件办理过程中，也出现了对安全生产领域的范围、监督对象的选择、检察机关的介入时机等的讨论与争议。

（一）安全生产领域行政公益诉讼案件范围的界定

检察机关是国家的法律监督机关，是保障国家法律统一正确实施的司法机关，检察机关的一切司法行为必须以相关法律法规作为基础。检察机关公益诉讼部门在发现存在国家利益与社会公共利益受到侵害的事实时，必须先对相关法律法规进行把握、对损害行为进行定性、对监督对象进行确定，才能保障对损害行为的精准纠正，达到维护国家利益和社会公共利益的目的。目前我国在安全生产领域共有 11 部法律、3 部司法解释及上百部行政法规、地方法规、部门规章和安全行业标准，其主要涉及燃气安全、矿山和尾矿、铁路安全、道路交通、危化品、消防、工业园区、城市建设、危险废物、易燃易爆物品等方面，这些既是法律法规重点规范的安全生产领域，也是群众反映强烈、社会影响较大的安全生产事故多发地带。检察机关拟办理安全生产领域公益诉讼案件前，首先要考虑是否符合以《安全生产法》为核心的一系列安全生产法律法规及行业规范，如不能在安全生产领域相关法律法规中找到合适的规范条款，便很难将其作为安全生产领域公益诉讼案件办理。以本案为例，《安全生产法》第三十六条第四款规定："餐饮等行业的生产经营单位使用燃气的，应当安装可燃气体报警装置，并保障其正常使用"。《城镇燃气管理条例》第二十七条第一款规定："燃气用户应当遵守安全用气规则，使用合格的燃气燃烧器具和气瓶，及时更换国家明令淘汰或者使用年限已届满的燃气燃烧器具、连接管等，并按照约定期限支付燃气费用；第三十六条第一款规定：任何单位和个人不得侵占、毁损、擅自拆除或者移动燃气设施；第三十七条第一款规定：新建、扩建、改建建设工程，不得影响燃气设施安全。检察机关调查发现的部分餐馆、幼儿园未安装燃气报警器、居民、商户自建违法建筑占压、圈占燃气管道、调压箱等燃气设施、液化气钢瓶超年限使用等问题违反了上述法律法规。

根据《安全生产法》中关于检察公益诉讼的规定，检察机关监督的是从事生产经营活动单位的安全生产违法行为。本案中餐馆、幼儿园、商户的相关问题属于生产经营单位安全生产违法行为，但居民的自建房占压、圈占燃气设施、自用的液化气钢瓶超过使用年限，这部分的违法行为是否能纳入安全生产领域行政公益诉讼监督范围呢？笔者认为，对于居民的上述违法行为，检察机关同样能作为安全生产领域行政公益诉讼案件进行立案监督。（1）根据《城镇燃气管理条例》第三十五条的规定：燃气经营者应确保燃气设施的安全运行，居民的自建房占压、圈占燃气设施，影响公共燃气设施的运行安全，燃气经营者未能确保燃气设施的安全运行，这显然属于安全生产领域。（2）给液化气罐充气必须到指定的燃气经营场所，居民能够继续使用超年限的液化气钢瓶，本身也是燃气经营者未严格按照《城镇燃气管理条例》相关规定而违规销售液化气的结果，使用超年限液化气钢瓶，无论是在加气站充气、路上运输还是在居民家中使用过程中，一旦发生安全事故造成的危害都是十分巨大的，此类问题同样应属于安全生产领域公益诉讼监督范围。同样的道理，使用存在安全隐患的车辆进行客运经营属于安全生产领域范畴；对存在安全隐患的个人自用汽车，机动车检测站仍检测通过让其上路行驶，这种情况同样应属于安全生产领域公益诉讼监督范围。笔者认为，只要导致安全事故或隐患形成的某个环节涉及了生产经营单位的生产经营行为，那么就可以考虑启动安全生产领域行政公益诉讼监督程序。

（二）安全生产领域行政公益诉讼案件监督对象的选择

《安全生产法》第三条第三款规定：”安全生产工作实行管行业必须管安全、管业务必须管安全、管生产经营必须管安全，强化和落实生产经营单位主体责任与政府监管责任。“幼儿园的行业监管部门是教育局、餐饮行业的监管部门是市场监督管理局，本案中是否应该对教育部门、市场监管部门进行行政公益诉讼监督立案呢？笔者认为，在安全生产领域行政公益诉讼案件立案监督对象的选择上，更多的应该考虑该违法行为是由哪个职能部门进行纠正、处罚，而不是实行该种行为的主体由哪个行政机关进行监管。本案中，违法行为集中在城镇燃气安全领域，对该类违法行为有处罚权、有监管职责的部门是燃气行业管理部门，教育局、市场监督管理局虽然分别对违法主体幼儿园、餐馆进行行业监管，但二者均没有对上述行为进行处罚的权力，即使检察机关对其进行公益诉讼立案，教育局、市场监督管理局自身也只能采取宣传、号召、告知等方式通知整改，缺乏刚性手段，最后也需要借助燃气管理部门的介入。故对于安全生产领域行政公益诉讼案件，违法行为实施主体的行业监管部门只是备选项，检察机关首先要根据相关法律法规找准负责对具体违法行为进行纠正、处罚的职能部门。

此外，《湖南省安全生产条例》第三十六条规定："乡镇人民政府、街道办事处应当按照管理权限对本辖区内生产经营单位的安全生产情况进行监督检查，对负有管理责任的公共设施组织事故隐患排查，落实整治措施；及时向上级人民政府及有关部门报告本辖区内的非法生产经营情况、重大安全生产违法行为和重大事故隐患；协助上级人民政府和有关部门或者受其委托查处本辖区内的非法生产经营行为、处置发生在本辖区内的生产安全事故。"那么在办理安全生产领域行政公益诉讼案件中，乡镇、街道是否应作为立案监督对象呢？笔者认为，需要根据当地乡镇、街道权责清单、相关地方性法规以及实践做法等结合具体案情来判断。以本案为例，《岳阳市燃气管理办法》第三条第四款明确规定："乡镇人民政府（街道办事处）应当配合相关部门做好燃气管理工作；本地相关文件精神及实践做法，乡镇、街道对于辖区内违章建筑、违法建设、安全生产、安全隐患排除等事项都具有监督管理职责，对于违法建筑的处置主要也依靠当地乡镇、街道工作人员的配合。"因此对于本案中违法建设占压、圈占燃气管道、调压箱等燃气设施的问题，检察机关同时对当地街道办事处进行了行政公益诉讼立案。

（三）安全生产领域行政公益诉讼案件公益损害的认定

《安全生产法》第七十四条第二款规定："因安全生产违法行为造成重大事故隐患或者导致重大事故，致使国家利益或者社会公共利益受到侵害的，人民检察院可以根据民事诉讼法、行政诉讼法的相关规定提起公益诉讼。"与其他类型公益诉讼相比，安全生产领域公益诉讼最大的不同是检察机关监督范围不仅仅局限于已经发生的安全事故和实然侵害，还包括重大风险和事故隐患。从最高人民检察院 2022 年 12 月 16 日发布的 11 个安全生产领域检察公益诉讼典型案例来看，目前对该领域的关注重点已转变为安全生产重大风险和隐患。2019 年至 2021 年，全国各类生产安全事故年均死亡人数在 2.6 万人以上，2022 年生产安全事故死亡人数下降至 20963 人，公益诉讼检察督促行政机关对安全生产事故的事前防范化解无疑起到了重要作用。① 检察机关在办理相关公益诉讼案件中应突出预防性司法理念，重点关注安全生产隐患的排查整治。公益诉讼案件的启动以公共利益受损为前提。对于一般的公益诉讼案件，公共利益受损情况（即危害结果）往往已经发生了，这时检察机关根据具体损害结果较好判断是否应进行公益诉讼立案监督。但在办理安全生产领域预防性行政公益诉讼案件时，公共利益受损情况是对安全生产违法行为造成的安全事故隐患严重程度的判断。安全生产涉及诸多行业，每个案件的具体情况都可能有所不同，在辨识和评估风险的过程中必然涉及专业判断，仅靠检察机关办案人员是难以对隐患风险进行准确衡量评判的。本案中，检察机关听取了燃气行业专业人士的评估意见，同时结合 2021 年湖北十堰 6·13 等燃气爆炸事故损害后果，综合分析后决定进行公益诉讼立案监督。笔者认为，对于安全生产领域预防性行政公益诉讼案件的公共利益受损情况，需要以各个行业的不同标准为基准，通过该领域专业人员进行评估鉴定，从而判断检查对象现阶段的情况会不会导致安全隐患的产生，是否属于重大事故隐患，检察机关据此衡量判断公共利益受侵害程度，是否作为公益诉讼案件办理。

（四）安全生产领域行政公益诉讼案件行政机关履职的判断

行政公益诉讼的前置条件是行政机关不依法履行职责而导致公共利益受到损害。但在部分安全生产领域案件中会出现这样一种情况，表面上看职能部门采取了某些风险管理措施，履行了法定职责，但实际上该措施并不能实现规制风险的行政目的。如本案中，燃气管理部门虽然制定了监督管理制度，开展了燃气安全日常巡查，但相关问题却长时间存在，燃气安全隐患一直未得到解决。在安全生产领域预防性行政公益诉讼的框架下，检察机关可以就行政机关是否实质性履职进行判断，只要其未实质达成行政目的，就可以认定为“不作为”而提起行政公益诉讼。②

① 数据来源于中华人民共和国 2019—2022 年国民经济和社会发展统计公报，载中央人民政府网，最后访问日期：2023 年 4 月 8 日。

② 林鸿潮，赵艺绚：《安全生产行政公益诉讼制度——浙江省海宁市人民检察院督促整治加油站扫码支付安全隐患行政公益诉讼案》，《劳动保护》2022 年第 9 期。

三、办理该类案件应遵循的原则

（一）依法规范监督

检察公益诉讼的制度价值在于在我国宪法框架内、在党的领导下，以更好地满足人民群众美好生活需求为导向，更充分地发挥司法职能参与国家治理、社会治理的作用，弥补行政职能在公共利益保护中的失灵问题。[①] 检察公益诉讼参与国家治理，应以公权力监督为中心，把握好依法、谦抑、有限监督原则，以司法化方式推动问题解决，防止越界越位。[②] 在安全生产领域，要牢牢把握“公益”这个核心，全面理解、准确把握公益的内涵和外延，明确安全生产领域公益受损的主要表现形式，防止把不具有国家利益和社会公共利益属性的利益以公益诉讼的方式进行保护。要严格在《民事诉讼法》《行政诉讼法》《安全生产法》《人民检察院公益诉讼办案规则》和相关司法解释确定的范围内依法履行公益诉讼职责，制发的诉前检察建议内容和诉讼中要求被告承担的法律责任应与行政机关的法定职责相对应，不能超出相关实体法规定的法律责任类型。检察机关要审慎行权，不违背立法精神、自我扩权、越俎代庖，确保公益诉讼工作在法治轨道上运行。

（二）监督与支持并重

保护国家利益和社会公共利益是全社会共同的责任和义务，其中行使公权力的国家机关承担着主要责任。检察机关提起公益诉讼，旨在督促行政机关依法正确履行职责，依法解决侵害公益的突出问题。检察机关与行政机关都是公共利益的共同捍卫者，只是维护公共利益的方式和阶段有所不同，最终目标是一致的，都是使国家利益和社会公共利益免受正在进行的侵害。检察机关提起行政公益诉讼是督促之诉、补充之诉、协同之诉，要充分考虑到行政管理自身的特点，尊重行政权运行的基本规律，在监督中支持，在支持

① 刘艺：《我国检察公益诉讼制度的发展态势与制度完善——基于2017—2019年数据的实证分析》，《重庆大学学报（社会科学版）》2020年第4期。

② 胡卫列：《中国检察公益诉讼基本特征和理论制度构建》，《人民检察》2019年第5期。

中监督。本案中，检察机关了解到燃气管理部门在监督整改违法建设圈占、压占燃气设施问题遇到阻碍后，通过将违法建设所在地街道办事处纳入公益诉讼立案监督范围、邀集相关职能部门、行业主管部门召开联席会议等形式，推动问题整改。此外，检察机关在调查中发现，多数违法行为人并不清楚其违法行为导致的安全隐患。检察官制作了调查问卷，在街头、广场随机问询市民，发现很多居民也不知晓燃气报警切断装置、液化气钢瓶过期的危害，更不了解燃气设施被占压、圈占的危险。针对这一情况，检察机关在会上要求相关部门、属地街道落实安全生产监管责任，强化安全生产宣传活动，注重源头治理，推动形成齐抓共管的安全生产工作格局。

（三）关注长效机制建立

安全生产领域预防性行政公益诉讼暴露出来的是某个行业安全事故隐患排查方面的盲区，可能涉及制度机制甚至是法律法规不完善等方面的问题。检察机关督促职能部门及时消除安全隐患的同时，还应关注长效机制的建立，可以充分运用检察建议与人大代表建议、政协委员提案双向衔接转化机制，借助外力共同提升案件办理质效。如Y区人民检察院在办理道路交通安全行政公益诉讼案中，针对办案中发现的因现有制度缺失，相关职能部门对窨井盖管护范围、职责、裁量标准等存在不同理解，难以形成监管合力的现状，联合市人大代表提出《关于出台地方性法规强化对窨井盖管理的建议》，建议明确牵头部门以及行业主管部门的职责、厘清各类窨井盖权属关系和责任主体，对窨井盖施工要求、日常维管、档案管理、考核与处罚等作出详细规定，人大已将其纳入立法项目库。

安全生产行政公益诉讼检察的探索与思考

——以湖南省Z市检察机关办案为视角

贺武夷　王　亮　陈柯伊*

摘　要：安全生产领域属于检察机关公益诉讼检察新增法定领域。检察机关通过安全生产领域公益诉讼的方式，有效督促行政机关依法履职，督促企业及时消除安全隐患，对维护社会稳定，保障人民群众生命和财产安全，助力社会经济高质量发展均有重要意义。在办案实践中存在行政机关职能交叉、线索发现难、专业性强、监督相对滞后等问题，需要通过完善立法和制度供给、建立常态化协作机制、提升队伍办案能力、完善监督方式方法、加强专业化建设等路径予以解决。

关键词：行政公益诉讼检察；新增法定领域；安全生产

安全生产，重于泰山。习近平总书记指出，安全生产是民生大事，一丝一毫不能放松，要以对人民极端负责的精神抓好安全生产工作。① 安全生产是社会安全工作的重要组成部分，依法履行法律监督职责，树牢安全发展理念，助力安全生产工作，守护广大人民群众的生命财产安全，服务社会经济高质量发展大局，是检察机关的重要使命和神圣职责。

近年来，为认真贯彻习近平总书记对安全工作的重要论述和重要指示精神，落实最高人民检察院、湖南省人民检察院关于开展安全生产领域公益诉

* 作者简介：贺武夷，株洲市人民检察院检委会专职委员、三级高级检察官；王亮，株洲市人民检察院第七检察部副主任、一级检察官；陈柯伊，株洲市人民检察院第七检察部检察官助理。

① 《习近平对加强安全生产生产和汛期安全防范工作作重要指示》，载共产党员网，最后访问日期：2023 年 6 月 5 日。

讼检察的工作部署，湖南省Z市检察机关坚持以习近平法治思想为指引，认真履行公益诉讼检察监督职责，突出预防性司法理念，注重多方协同，督促行政机关依法履行职责、加强监管执法、强化责任落实，为推动Z市社会经济高质量发展提供更加有力的法治保障。

一、检察机关开展安全生产领域行政公益诉讼的必要性和可行性

（一）检察机关开展安全生产领域行政公益诉讼的必要性

1. 安全生产领域事故频发，形势严峻

当前我国正处于经济快速发展的社会转型时期，安全事故的多发，给社会经济发展造成重大损失，重特大安全事故未能得到有效遏制，严重损害了人民群众生命财产安全和社会公共利益。根据Z市统计局发布的《Z市国民经济和社会发展统计公报》，2020年Z市共发生各类生产安全事故98起，各类生产安全事故死亡98人；2021年Z市共发生各类生产安全事故89起，各类生产安全事故死亡96人。虽然生产安全事故和生产安全事故死亡人数均呈下降趋势，但安全生产无小事，每一起安全事故的发生，都关系到一户户家庭的幸福安宁和社会稳定。

2. 安全生产领域监管有待加强

目前我国实行的是“综合监管＋专项监管”相结合的监管模式，综合监管部门是指应急管理部门，专项监管部门是指负有行业监管职责的行政机关。但从监管现状来看，安全监管存在职能交叉，边界不清，监管缺位、不到位以及执法不严等问题，不同层级之间职责不清，同一区域上下级仍然存在“多头执法”“重复执法”的情形，难以严格依照《中华人民共和国安全生产法》（以下简称《安全生产法》）等法律法规的相关规定开展安全生产监督检查。[1] 2017年5月7日，湖南省Z市某矿业公司发生中毒窒息事故，造成18人死亡、37人受伤，暴露出行政机关在安全生产上存在监管不到位等问题，

① 《安全生产领域公益诉讼典型案例》，载最高人民检察院网，最后访问日期：2023年4月7日。

致使非法化工冶炼小作坊能够长期违法组织生产，且在事故发生后，应急处置不力，迟报事故，造成事故损害扩大的严重后果。

3. 安全生产事关民生福祉，必须重视

习近平总书记指出，要健全风险防范化解机制，坚持从源头上防范化解重大安全风险，真正把问题解决在萌芽之时、成灾之前。[①] 每一次安全生产事故发生，带来的教训都是惨痛的，危害了人民群众生命财产安全的同时，也给经济社会发展带来了不稳定因素。坚持人民至上、生命至上的安全发展理念，就必须把安全生产摆在第一位。风险不可避免，但隐患可以排除。经济社会的高质量发展绝不能只追求速度和效益，也要重视安全，在监管部门监管不到位、法律实施不完全的情况下，开展安全生产公益诉讼，正是运用法治思维和法治方法解决安全生产领域治理难题，完善安全生产防控体系和中国特色公益诉讼检察制度体系的应有之义。

（二）检察机关开展安全生产领域行政公益诉讼的可行性

1. 安全生产的公共利益属性符合公益诉讼的目标要求

检察机关提起公益诉讼，目的是促进依法行政，严格执法，维护宪法和法律权威，维护社会公平正义，维护国家和社会公共利益。[②] 安全生产领域一旦出问题，危害的将是不特定多数人的利益，涉及面广，影响大，损害人民群众生命财产安全，影响社会稳定，也会给国家造成巨大的经济损失。因此，安全生产具有公共利益属性，检察机关对相关部门不依法履行安全监管职责开展行政公益诉讼，可以有效维护国家和社会公共利益。

2. 检察机关具有开展安全生产领域行政公益诉讼的法定依据

2021 年 6 月 10 日，第十三届全国人大常委会第二十九次会议审议通过修订后的《安全生产法》，新增了第七十四条第二款："因安全生产违法行为造

---

① 《习近平在中央政治局第十九次集体学习时强调 充分发挥我国应急管理体系特色和优势 积极推进我国应急管理体系和能力现代化》，载共产党员网，最后访问日期：2023 年 4 月 7 日。

② 最高人民检察院《检察机关提起公益诉讼试点方案》规定："按照《中共中央关于全面推进依法治国若干重大问题的决定》的改革部署，积极探索建立检察机关提起公益诉讼制度，充分发挥检察机关法律监督职能作用，促进依法行政、严格执法，维护宪法法律权威，维护社会公平正义，维护国家和社会公共利益。"

成重大事故隐患或者导致重大事故，致使国家利益或者社会公共利益受到侵害的，人民检察院可以根据民事诉讼法、行政诉讼法的相关规定提起公益诉讼。”明确授权检察机关可以提起安全生产领域的民事、行政公益诉讼。同日，最高人民检察院下发《关于贯彻执行〈中华人民共和国安全生产法〉推进安全生产领域公益诉讼检察工作的通知》，要求加大安全生产领域公益诉讼办案力度，针对群众反映强烈、社会影响较大的矿山和尾矿、铁路安全、道路交通、危化品、消防、工业园区、城市建设、危险废物、易燃易爆物品等方面安全隐患，充分发挥一体化办案优势，坚持精准监督，注重沟通协调，坚持“积极、稳妥”的办案原则开展安全生产领域检察公益诉讼，推动形成安全生产公益保护合力。①

3. 检察机关通过前期试点积累了办案经验，为全面推进安全生产领域公益诉讼奠定了基础

2020 年 9 月，最高人民检察院印发的《关于积极稳妥拓展公益诉讼案件范围的指导意见》，明确了积极、稳妥办理安全生产等领域公益诉讼案件的指导意见，自此，安全生产成为公益诉讼“等外”领域探索的一项重要内容。2021 年，全国检察机关共立案安全生产领域公益诉讼案件 14162 件②，最高人民检察院已经联合应急管理部等发布了 9 起安全生产领域公益诉讼典型案例和 10 起铁路安全生产领域公益诉讼典型案例，充分表明检察机关已经通过办案实践，证明了开展安全生产领域公益诉讼可以一定程度上促进安全生产法律法规执行到位，有利于督促行政机关履职，从而助力安全生产。③

① 《最高人民检察院关于贯彻执行〈中华人民共和国安全生产法〉推进安全生产领域公益诉讼检察工作的通知》，载 https：//yc. hljjcy. gov. cn/html/2306. html，最后访问日期：2023 年 4 月 7 日。

② 数据来源于：《最高检举行“办案全覆盖 持续‘回头看’——2021 公益诉讼检察”新闻发布会》，载最高人民检察院网，最后访问时间：2023 年 4 月 7 日。

③ 王西平，刘惠娟：《安全生产领域检察公益诉讼的实践探索及思考》，《中国检察官》2021 年第 13 期。

二、办理安全生产领域行政公益诉讼案件的实践困境

（一）办理安全生产领域行政公益诉讼案件的Z市实践

1. 办案情况

2019年以来，Z市检察机关共办理各类安全生产案件56件，安全生产领域案件占比明显增多，办案力度持续加大，其中，案件涉及的领域有：消防23件、道路交通16件、烟花爆竹9件、危险化工3件、特种设备2件、建筑施工1件、其他2件，在人民群众反映强烈、社会关注度高的领域，办理了一批有影响力的案件。

2021年5月10日，S省C市一辆电动自行车在电梯里起火，导致5人烧伤，其中包括1名婴儿。事故造成的损害后果严重，暴露出相关部门对电动自行车停放和充电的管理存在漏洞，安全隐患突出。事件发生后，Z市检察院公益诉讼部门敏锐地捕捉到这一办案契机，在前期开展线索摸排的基础上，立即部署开展全市电动自行车消防安全专项监督活动，发现市区部分小区和建筑物不同程度存在电动自行车停放于建筑物的首层门厅、楼梯间等室内公共区域，堵塞疏散通道、安全出口，且进行“飞线充电”等影响消防安全的情形。对此，Z市检察院依法向负有监管职责的行政机关分别发出诉前检察建议书，相关行政机关接到检察建议书后，立即组织开展了电动自行车安全隐患专项整治行动，整治期间，共督促159个住宅小区落实电动自行车停放、充电管理，检查电动自行车生产、销售、维修网点100余个，住宅小区、高层建筑、商市场等4000余处，整改违规停放和“飞线充电”10000余起，同时强化宣传引导，组织3000余名消防志愿者开展公益宣传活动，开展“面对面”“走街入户”宣传教育7000余场次，播出公益广告3000余条，发放、粘贴宣传资料1500000份。同时促使相关部门出台了长效工作机制，先后以市安全委员会办公室的名义印发了《关于进一步加强电动自行车安全管理工作的通知》、市消防安全委员会办公室的名义印发《关于开展全市电动自行车消防安全隐患专项整治行动的通知》，将电动自行车安全管理工作纳入安全生产、消防安全等专项整治工作中，有效消除安全隐患，促进源头治理，保障人民群众的生

命和财产安全，该案被评为2021年度全省公益诉讼检察优秀案件。

H区检察院履职中发现辖区内商家非法存放、使用“环保油”。“环保油”实为以甲醇兑一定比例的清水制成，甲醇含量一般为85%～95%，此种“环保油”闪点低，易燃易挥发，根据我国《建筑设计防火规范》，“环保油”不能附设在民用建筑内经营、存放和使用。H区检察院向负有监管职责的部门发出诉前检察建议，督促积极履职整改，并推动行政机关以区安委办的名义制定了《H区“环保油”专项整治行动方案》，组织各镇、街道和有关部门落实方案中各项任务。

L区检察院、H区检察院、Y县检察院分别针对各辖区内多个加油站存在“扫码支付”的情形，向相关部门发出诉前检察建议，督促监管部门对辖区内加油站违规使用手机扫码支付行为进行全面排查整改，彻底消除安全隐患。

2. 具体措施

一是注重统筹推进，形成整体格局。主动向市县两级党委、人大、政府汇报公益诉讼工作，争取党委、人大、政府的支持和各相关职能部门的配合。2020年4月，Z市人大常委会出台《关于加强检察机关公益诉讼工作的决定》（以下简称《决定》），支持检察机关积极稳妥拓展公益诉讼案件范围，明确了检察机关与监察机关、审判机关、行政机关等在检察公益诉讼中的工作职责和要求。同年6月28日，Z市检察院制定《关于贯彻落实〈决定〉的实施方案》，组织全市两级检察院共同抓好落实。各基层检察院分别推动各县市区分别以人大决议、“两办”文件等形式出台支持公益诉讼检察的制度，构建了党委领导、政府及其部门负责、人大+监察+司法三者监督有机结合、社会广泛参与的国家利益保护和社会公共利益保护大格局。二是围绕安全生产领域，开展专项监督。深入排查安全生产事故隐患，防范化解重大风险，市检察院开展全市电动自行车消防安全专项监督活动，通过召开诉前磋商会议，发送诉前检察建议书等方式，督促相关行政机关依法履职。针对辖区内多处消防通道被占用的问题，相关基层检察院分别向监管部门发出检察建议，积极协调、督促、配合监管部门开展消防通道专项整治行动，开展专项执法检查，积极推动消防宣传教育。三是注重跟踪问效，确保整改到位。健全与行政机关的日常联络和协作配合机制，凝聚共识，发挥公益诉讼在助力安全生产上的积极作用。对诉前检察建议全程跟踪，持续督促落实，常态化开展公益诉讼案件“回头看”工作，对前期办理的案件邀请人大代表、政协委员参与，重点排查是否存在虚假整改、纠正违法不实、事后反弹回潮等问题，提高监督精准性、规范性和实效性。对已办结的安全生产领域行政公益诉讼案件开展质量评查，采取实地走访、书面审查“双同步”的方式，紧盯办案质量和整改效果，有效促进问题整改到位。

（二）办理安全生产领域行政公益诉讼案件的现实困境

1. 行政机关职责不够清晰，影响检察建议的准确性

检察机关的监督属于“监督之监督”，是对未依法履行安全生产监管法定职责的行政机关进行监督。在开展监督之前，需要检察机关判断相关行政机关是否具有安全生产监管的法定职责，具体是哪一项职责，以及其是否按规定履行了该项职责。但在现有监管模式下，检察机关有时难以厘清各部门的职责，甚至行政机关自身也对其具体应该履行的职责存在争议。我国目前实行的是“综合监管 + 专项监管”相结合的模式，应急管理部门对安全生产工作实施综合监督管理，交通运输、住房与城乡建设、水利、民航等部门在各自的职责范围内对有关行业、领域的安全生产工作实施监督管理。① 在具体办案过程中，需要参照“三定”方案、权力清单、责任清单来进行认定，这就使得不同地方的职责划分可能存在差别，需要办案人员花费大量精力来厘清具体职责归属，再加上还存在监管职能交叉、职责模糊地带等问题，给检察机关开展安全生产领域公益诉讼带来了现实困难。②

---

① 《安全生产法》第十条规定：“国务院应急管理部门依照本法，对全国安全生产工作实施综合监督管理；县级以上地方各级人民政府应急管理部门依照本法，对本行政区域内安全生产工作实施综合监督管理。国务院交通运输、住房和城乡建设、水利、民航等有关部门依照本法和其他有关法律、行政法规的规定，在各自的职责范围内对有关行业、领域的安全生产工作实施监督管理；县级以上地方各级人民政府有关部门依照本法和其他有关法律、法规的规定，在各自的职责范围内对有关行业、领域的安全生产工作实施监督管理。对新兴行业、领域的安全生产监督管理职责不明确的，由县级以上地方各级人民政府按照业务相近的原则确定监督管理部门。应急管理部门和对有关行业、领域的安全生产工作实施监督管理的部门，统称负有安全生产监督管理职责的部门。负有安全生产监督管理职责的部门应当相互配合、齐抓共管、信息共享、资源共用，依法加强安全生产监督管理工作。”

② 刘东斌，史忠辉：《安全生产公益诉讼检察路径探析》，《人民检察》2020 年第 19 期。

2. 检察机关的监督具有相对滞后性

安全生产事故具有突发、紧急的特点，其造成的公益损害后果通常是复杂、严重的，安全生产领域公益诉讼的制度价值在于防未病、治未然。① 目前，安全生产领域行政执法和刑事司法衔接平台尚未搭建完成，执法信息不能实现共享，检察机关往往只能通过自行发现，或者群众举报和新闻报道来发现监督线索，这就存在监督滞后的问题。当检察机关通过种种渠道发现线索时，事故通常已经造成了一定后果，难以达到“预防性司法”的要求。因此，检察机关要进一步提高发现线索的能力和办案效率，将安全隐患扼杀在萌芽时，确保公益保护的及时性和有效性。

3. 安全生产领域涉及面广、专业性强，而检察机关办案力量相对不足

与公益诉讼传统的四大领域相比，安全生产领域法律法规庞杂，并且往往会涉及跨专业判断的问题。以危险化工行业为例，要判断化工企业生产作业是否危害了公共利益以及行政机关是否存在不依法履职，就不可避免会涉及技术层面的问题，比如化工产物的识别、检测分析、生态损害修复鉴定等，调查取证和分析研判都需要具备一定的专业知识。这些检察机关仅靠自身很难完成，需要行政机关和专业机构给予支持，但是在实际办案中，存在行政机关不配合、检测鉴定机构少、检测费用高等问题。诉前程序中，判断行政机关是否整改到位往往也需要引入第三方评估、专家论证或者听证程序来判断公益损害是否得到修复。再加上公益诉讼的主力军是基层检察院，而大多数基层检察院的公益诉讼与民事、行政检察业务均由一个部门承担，存在力量分散、专业化程度不高等问题，给安全生产领域行政公益诉讼工作的开展带来了困难。

三、检察机关办理安全生产领域行政公益诉讼案件的思考

（一）准确把握案件的受理范围

安全生产领域涉及各行各业，法律法规庞杂，专业性强，而检察机关办

① 《最高人民检察院关于贯彻执行〈中华人民共和国安全生产法〉推进安全生产领域公益诉讼检察工作的通知》，载 https：//yc. hljjcy. gov. cn/html/2306. html，最后访问日期：2023 年 4 月 7 日。

案力量有限，因此，检察机关需要将有限的精力投入真正有价值的监督中去。检察机关在筛选线索时要突出预防性司法理念，关注重大风险和事故隐患，对于已经造成了危害结果，该危害结果影响不大，与检察机关介入所耗司法资源不匹配的，而行政机关也已经充分运用了法律所赋予的手段进行处理，由于客观原因公益损害未能得到修复的，检察机关一般不宜介入。根据《安全生产法》等法律法规和最高人民检察院、湖南省检察院的相关工作要求，安全生产领域行政公益诉讼主要涉及燃气安全、矿山和尾矿、铁路安全、道路交通、危化品、消防、工业园区、城市建设、危险废物、易燃易爆物品等。检察机关应重点关注行政监督在上述领域安全风险防控上存在的问题、漏洞，如责任未落实、隐患排查不到位、制度不健全等，通过检察监督的方式对其进行补强，达到"防止和减少生产安全事故，保障人民群众生命和财产安全，促进经济社会持续健康发展"的立法目的。找准检察机关自身在助力安全生产中的定位，通过严格把控案件的受理范围，既不干预行政权的行使，又能通过公益诉讼的独特方式帮助行政机关完善安全监管机制，促进安全生产相关法律法规"落地"。

（二）明确安全生产领域行政公益诉讼的启动条件

《行政诉讼法》第二十五条第四款规定："负有监督管理职责的行政机关违法行使职权或者不作为，致使国家利益或者社会公共利益受到侵害的，应当向行政机关提出检察建议，督促其依法履行职责。行政机关不依法履行职责的，人民检察院依法向人民法院提起诉讼。"由此可知，检察机关启动公益诉讼的条件之一即行政机关"违法行使职权"或者"不作为"。行政机关违法行使职权可以理解为"应当为而错为"，"错为"包括"假作为"。"假作为"是指行政机关虽然对事故作出了处理，但该处理措施明显不合理，没有达到"实质性合法"的要求，与立法的初衷相违背。判断行政机关是否"错为"，首先要明确行政机关的职责范围，同时尊重行政机关在合理范围内的自由裁量权，只有当行政行为明显不合理、与立法初衷相违背时，才属于违法行使职权。行政不作为比较好判断，即"应当为而不为"，还包括多个行政机关对安全生产负有监管职责，其中部分行政机关存在不依法履职的情形。启动条件之二是“致使国家和社会公共利益受到侵害”，在安全生产领域，还应包括潜在的可能导致国家和社会公共利益受到损害的风险，这也是“预防性司法”理念的要求。满足以上两个条件，一般就可以启动行政公益诉讼诉前程序，开展诉前磋商、制发诉前检察建议等，如果经过诉前程序，整改期限届满，又没有其他正当理由，行政机关仍然没有依法履行职责，公益损害未能得到有效弥补的，检察机关可以向人民法院提起行政公益诉讼。

（三）灵活运用诉前磋商和诉前检察建议等手段，督促行政机关尽快依法履职

安全生产事故具有突发性和紧急性的特点，发现安全隐患后需要立即采取措施，防止隐患升级成事故，而提起诉讼要经过庭审、执行等阶段，司法程序耗时较长，不符合安全风险防控的初衷。相反，行政机关对风险监管具有灵活性和主动性。检察机关发现安全隐患线索后，可以采用电话沟通、召开座谈会等方式与相关部门进行磋商，核实事故隐患，厘清监管职责，疏通监管阻碍，灵活运用诉前程序，督促行政机关及时主动履职，消除安全隐患。[①] 行政公益诉讼的本质是督促行政机关依法行政，将问题在诉前阶段解决，不仅节约了司法资源，减少了时间成本，提高了办案效率，也确保了安全生产领域风险防控的及时性和有效性，真正实现“双赢多赢共赢”。

四、办理安全生产领域行政公益诉讼案件的基本路径

（一）完善立法和制度供给

截至2022年，我国在安全生产领域共有11部法律、3部司法解释、20多部行政法规、30多部地方法规、100多部部门规章和400多部安全行业标准，此外还包括数量众多的规范性文件。[②] 安全生产公益诉讼已经在法律上予以明确，接下来应进一步完善相关司法解释，出台规范性文件，积极回应社会需求。地方也应结合本地实际，制定地方性法规、规章，建立安全生产工作机

① 刘东斌，史忠辉：《安全生产公益诉讼检察路径探析》，《人民检察》2020年第19期。

② 张雪樵，万春：《公益诉讼检察业务》，中国检察出版社2022年版，第467页。

制。检察机关通过办案实践发现存在安全生产制度层面漏洞的，应及时向立法机关作出专题报告，提出完善立法的建议。对于行政机关之间存在职责交叉的，要通过制定权力清单等方式，明确职责划分，更好地发挥监督职能作用。

（二）建立常态化协作机制

企业是安全生产责任主体，行政机关对安全生产负有监管职责，但实际情况表明仅靠行政机关监管还存在一些问题，因此建立了安全生产检察公益诉讼制度来“破局”。检察机关要加强对案件的分析研判，通过个案办理发现制度漏洞，向行政机关制发社会治理类检察建议，以此达到行业整治的效果。检察机关要与负有监管职责的行政机关建立常态化协作机制，在线索移送、证据收集等方面加强协作配合，督促企业落实安全生产主体责任，如与应急管理部门建立重大线索信息数据共享协作机制，通过联席会议等方式，在线索移送、信息共享、专业咨询、人才培养等方面加强协作，形成安全生产公益保护合力。

（三）提升队伍办案能力

随着公益诉讼领域的不断拓展，案件趋向专业化，对办案人员的能力要求越来越高。为了办案需要，一是要配齐配强办案力量，培养安全生产等领域专家型人才，通过定期开展业务培训、业务竞赛等方式，提升办案人员的业务水平。二是组建安全生产专家人才库，通过特邀检察官助理的形式，深化检察机关与行政机关的协作配合，借助“外脑”，提升专业化水平，切实提升办案质效。三是积极开展公开听证工作，通过组织召开听证会的方式充分听取各行政机关的意见，并邀请人大代表、政协委员、人民监督员、专家、学者、企业代表参与，明确公益损害事实，厘清行政机关职责边界，探讨行政机关整改方案的可行性，有助于提升检察公益诉讼的科学性、精准性和有效性，提高行政机关对公益诉讼的接受度和认可度。[①]

① 冯其锋，罗蒙：《行政公益诉讼公开听证的着力点》，《检察日报》2022年2月7日，第7版。

（四）完善监督方式方法

检察机关现有的监督方式包括诉前磋商、诉前检察建议、提起诉讼等，首先是要严格遵守各办案节点进入条件，落实磋商程序，与被监督行政机关充分沟通协调，理清案情，厘清职责，明确履职情况，磋商后视情况提出诉前检察建议，督促行政机关尽快履职，消除安全生产隐患。整改期限届满后，行政机关未依法履职或履职不到位，安全生产隐患未消除或公益损害未得到有效弥补的，可以提起行政公益诉讼。除了现有的监督方式之外，检察机关还可以探索其他监督方式，如探索诉前保全措施，针对正在发生的、不立即制止将产生不可逆的严重后果的违法行为，检察机关可以向人民法院申请作出责令立即停止违法行为的安全保护禁止令，法院审查后裁定责令违法行为人立即停止违法行为，通过禁止令的方式，有效防止损害持续扩大。[①]

（五）加强专业化建设

安全生产领域案件办理专业化程度较高，有必要依托科技力量协助办案。一是要加大力度推进大数据办案平台建设，借助互联网、大数据等方式，实现平台内公益诉讼办案信息和行政执法信息的互联互通和资源共享，通过数据互动，破除数据壁垒，拓展检察机关案源渠道。二是要用科技赋能公益诉讼办案，充分运用无人机协助调查取证，解决现场勘查难、调查取证难等问题；加快推进公益诉讼快速检测体系建设，解决公益诉讼案件证据灭失快、检测耗时长等问题。三是加大力度宣传“益心为公”“公益诉讼随手拍”等线上举报平台，落实公益诉讼案件线索举报奖励办法，努力解决公益诉讼线索发现难、案源渠道窄等问题。

① 刘东斌，史忠辉：《安全生产公益诉讼检察路径探析》，《人民检察》2020 年第 19 期。

安全生产领域行政公益诉讼案件的难点问题与完善建议

——以最高检三个典型案例为出发点

陈　涛*

摘　要：安全生产领域作为公益诉讼新领域探索的一项重要内容，是当前行政公益诉讼案件办理中的一大热点。通过对最高人民检察院和应急管理部联合发布的3起安全生产领域公益诉讼典型案例进行分析，发现在司法实践中该领域行政公益诉讼存在公共利益受到侵害定认定难、公益诉讼立案难及检察机关面临举证难等问题。因此，需要以损害说为基础，适当采用危险说来认定公共利益受损的标准、明确安全生产领域行政公益诉讼的受案范围、解决行政机关虚假治理现象及提高检察机关的举证能力。

关键词：安全生产领域；行政公益诉讼；损害说；指导案例

一、基本案情介绍与典型意义

（一）基本案情介绍

1. 陕西省略阳县人民检察院督促整治尾矿库安全隐患行政公益诉讼案

陕西省汉中市略阳县何家岩好益选矿厂汪家沟尾矿库（以下简称汪家沟尾矿库）地处长江上游嘉陵江流域，2003年3月建成使用，2006年停止使用。该尾矿库未依照《尾矿库安全监督管理规定》实施闭库，存在坝坡偏陡、

* 作者简介：陈涛，湖南省岳阳市司法局仲裁员助理。

排水沟不全、坝顶滩面洪水无法进入排洪涵洞、库尾排洪涵洞进口有破损现象、观测设施不全等重大安全隐患。该尾矿库占地18.9亩，坝体坡脚紧邻农村公路，50米内有群众居住，距何家岩中心社区约600米，2018年被原汉中市安监局评定为D级尾矿库（最高危险等级），系“头顶库”，严重危及周边居民生命健康和财产安全。

2. 江苏省泰州市人民检察院督促整治违法建设安全隐患行政公益诉讼案

泰州中嘉装饰城位于江苏省泰州市海陵区东部市场群核心区，专门经营装饰材料，占地面积约295亩，现驻商户600余家，容纳住户190余户。自2010年3月工程竣工以来，中嘉装饰城有38家商户未经建设工程规划许可，陆续在其中六栋楼的楼顶搭建违法建设用于旅馆经营、货物仓储、办公等，由此产生建筑材料易燃、安全通道闭塞、消防设施不全等一系列安全隐患。2019年7月至2020年1月，泰州市城市管理局先后对其中14家违法建设商户作出责令当事人限期拆除违法建设的行政处罚。后因执法难度大，该14家商户违法建设一直未依法拆除。对其余24家商户违法建设，该局亦未依法处理，安全隐患仍持续存在。

3. 浙江省海宁市人民检察院督促整治加油站扫码支付安全隐患行政公益诉讼案

浙江省海宁市有多个加油站均存在工作人员在油枪旁让车内车主手机扫码支付或车主用手机扫描加油机旁印刷的二维码支付等情形。这样的支付方式虽然给车主带来了便捷，但是扫码支付发射的功率可能引发射频火花，存在重大的安全隐患。同时，这些加油站紧挨海宁市客运中心、居民小区、建材市场等人流密集场所，一旦发生爆炸，人民群众的生命财产安全将面临巨大风险。海宁市人民检察院经走访调查发现，辖区内62家加油站均存在工作人员在油枪旁让车内车主手机扫码支付加油费、加油机旁印有可供手机扫描的二维码等情形。2020年6月15日，海宁市人民检察院层报浙江省人民检察院（以下简称浙江省院）审批后决定立案审查。①

① 中华人民共和国最高人民检察院：《最高检、应急管理部联合发布安全生产领域公益诉讼典型案例》，载 https://www.spp.gov.cn/spp/xwfbh/wsfbt/202103/t20210323_513517.shtml，最后访问日期：2023年6月5日。

（二）典型意义

1. 陕西省略阳县人民检察院督促整治尾矿库安全隐患行政公益诉讼案

本案的“头顶库”是指下游1公里〈含〉距离内有居民或重要设施的尾矿库。一旦失事，对周边群众的生命财产安全，特别是饮用水安全和生态环境存在极大的安全隐患。本案中在略阳县应急管理局受到检察机关发出的诉前检察建议后仍未全面履职的情况下，略阳县人民检察院提起行政公益诉讼督促略阳县应急管理局对汪家沟尾矿库继续履行监管职责。同时三级检察机关上下联动，以个案办理推动类案监督，开展源头治理，完成了21座“头顶库”治理工作，切实维护了国家和社会公共利益。

2. 江苏省泰州市人民检察院督促整治违法建设安全隐患行政公益诉讼案

本案的违法建筑隐藏的安全隐患多且显露，整治迫在眉睫，但由于牵涉多方利益主体，导致执法难度大，泰州市城市管理局对其38家商户的违法建筑一直未全面履职。泰州市两级检察机关组成公益诉讼办案组深化源头治理、系统治理和综合治理，牵头多个有关部门共同参与，合力整改，最终促使久拖未决的违法建设得以全部拆除并开展常态化巡查，从根本上消除了长期存在的事故隐患，切实维护人民群众的生命财产安全。

3. 浙江省海宁市人民检察院督促整治加油站扫码支付安全隐患行政公益诉讼案

在网络支付已经融入生活方方面面的时代，许多加油站也开启了手机扫码支付功能，虽然加快了支付节奏，但是手机产生的电磁辐射也存在使加油站爆炸的安全隐患。检察机关听取多方意见，公开听证，以专家分析、安全实验为论证基础，进一步论证是否存在安全公益受损事实，督促行政机关依法履职。同时，充分发挥办案一体化优势，省、市人民检察院通过挂牌督办、跟进指导，以点带面同步开展专项监督，进一步规范了全市加油站的经营行为。

二、案件所反映的难点问题分析

（一）公共利益是否受到侵害难以认定

公共利益作为一个抽象概念，是社会不特定主体所共同享有的权益，因为其权益内容具有一般性、整体性特征，因此公共利益面向的是社会大众。《安全生产法》第七十四条第二款规定："因安全生产违法行为造成重大事故隐患或者导致重大事故，致使国家利益或者社会公共利益受到侵害的，人民检察院可以根据民事诉讼法、行政诉讼法的相关规定提起公益诉讼。"确定了检察院提起公益诉讼的前提是国家或者公共利益受到侵害，核心在于保护社会公共利益。但在现有立法层面上，没有明确"公共利益"或"社会公共利益"的概念，司法人员站在对公共利益进行衡量判断的一线位置。由于立法层面的缺失以及学界没有统一的定义，司法工作人员对公共利益的认知容易产生偏差，最后关系到检察机关办案范围扩展的合法性和合理性以及行政公益诉讼提起标准等诸多问题，因此如何认定公共利益受到侵害是实务办案的难题。

在陕西省略阳县人民检察院关于督促整改尾矿库存在的重大安全隐患行政公益诉讼案中，略阳县人民检察机关对早已停止使用的尾矿库未按照《尾矿库安全监督管理规定》进行闭库，存在坝坡偏陡、排水沟不全、观测设施不全等重大安全隐患，向略阳县应急管理局发出了诉前检察建议但管理局整改不到位，使得国家利益与社会公共利益一直处于持续被侵害的状态，在此种情况下，由于符合行政公益诉讼的起诉条件，检察机关随之提起了行政公益诉讼督促行政机关尽快落实。从这个案件中可以看出公共利益是否遭受侵害认定存在以下难点问题。

第一，牵涉主体广泛且复杂。在略阳县人民检察院收到汉中市人民检察院交办线索后，发现汪家沟尾矿库由略阳县何家岩好益选矿厂投资建设，好益选矿厂成立于2004年4月，2010年6月被注销，其债权债务转让给略阳县天宁矿业有限公司。2011年天宁矿业有限公司停产，2013年该公司法定代表人去世，2014年企业留守人员撤走后，汪家沟尾矿库就由略阳县安监局和何家岩镇政府安排人员值班值守。2018年，原略阳县安监局的安全生产监管等职责由新组建的略阳县应急管理局行使。在此起公益诉讼案件中涉及了多方利益主体，安全隐患的产生包括企业不重视安全生产，主体责任落实不到位，日常安全教育、管理工作不健全，安全监管部门责任落实不到位，部分执法单位、执法人员法律责任意识淡薄，执法水平有待提高等问题，并且在重大安全生产事故案件中往往会存在利益纠葛导致执法难的情况。[①]

第二，事故危害性大。违反安全生产法所造成的安全生产事故危害具有连锁性、扩散性和潜在性。在此案中如果不依法及时闭库，可能造成尾矿泄露、溃坝、环境污染等重大安全事故和生态环境问题，会给周边群众生命财产安全及嘉陵江下游城市饮用水源安全、沿江生态环境带来威胁。另外，在安全生产的过程中，有可能涉及大气污染、土壤污染、生态系统破坏等环境污染及疾病传播、人员伤亡、道路毁损、管道破坏等人文环境污染，另外有的安全生产事故发生不仅限于当场的损毁，还有可能存在潜在的危险，例如化工工厂原油泄漏之后不仅当即破坏了当地生态环境，另外很有可能导致传染病防治方面的问题，甚至处理不好可能会发生二次污染，这些危害后果难以控制，常常不属于安全生产领域可以预测的范围。

第三，公共利益受损认定难。不同于一般公共利益受损已经发生了实害结果，安全生产领域行政公益诉讼是因安全生产违法行为造成重大事故隐患或者导致重大事故，实践中前者居多，那什么情况下提起检察建议或是行政公益诉讼呢？就不像一般公共利益受损那么好判断了，如果检察机关过早介入督促行政机关整改，虽然可以将安全事故隐患尽早解决，但是可能会大大扩大检察机关受案范围，导致案件压力陡增，最终影响案件办理质量，也可能会导致滥诉的情况发生，浪费司法资源。但检察机关过迟介入又可能导致安全事故隐患演化成安全事故，导致公共利益遭受损失。

（二）安全生产领域行政公益诉讼立案难

检察机关提起安全生产领域行政公益诉讼立案难的原因在于没有一个统一的立案标准。这是由于在现实生活中，安全生产领域的安全违法行为和其导致的后果纷繁复杂的特殊性所造成的，除此之外，首先是对安全生产领域受案范围的判断具有不确定性导致立案难，其次是由于安全生产领域存在行政机关“虚假治理”的行为导致检察机关立案难。

首先是安全生产领域受案范围的判断有不确定性导致立案难。由于安全

① 张宏德：《安全生产行政公益诉讼制度实践与思考》，《中国检察官》2020 年第 14 期。

生产领域属于行政公益诉讼的一个重要领域，所以检察机关办案人员首先要判断该起案件是否能提起行政公益诉讼，但是对安全生产领域案件的界定没有一个明确规定，因而在判断过程中，办案人员可能会将自己对行政公益诉讼的理解带入工作中去，从而决定是否属于安全生产领域的行政公益诉讼。除此之外，司法审判机关也会存在同样的问题，一方面可能导致对安全生产行政公益诉讼案件立案混乱，当立不立，不当立却立了，损害了司法秩序，造成了不必要的司法资源浪费；另一方面可能会发生检察机关和审判机关对一个概念的认定不一致，产生诸多纠纷。因此，对安全生产领域概念的认定、范围的明确划分，有利于检察机关立案、办案，同时也可以防止司法资源的浪费，维护了审判秩序，发挥安全生产行政公益诉讼制度意义。

其次是由于安全生产领域存在行政机关“虚假治理”的行为导致检察机关立案难。“虚假治理”现象最初是出于国家应急管理系统基于“放权”的初衷，为了使得基层监管部门能够自我创新发展①，但是却没有完善的配套机制，导致在实践执行中“虚假治理”现象滋生。“虚假治理”在实践中主要表现为行政机关虽按期回复检察建议，但是未采取整改措施或者仅采取部分整改措施，也就是“敷衍整改”“虚假整改”行为，虚假治理属于安全生产行政机关的懒政惰政行为，并没有对违法行为人起到实际的监督作用，看似采取了行政强制措施，但都只是表面功夫，并没有深入案件本身去解决安全生产隐患问题，这些行为的存在导致检察机关往往难以发现立案线索，不能及时发现安全生产事故隐患，最后导致生产事故的发生。如在江苏省泰州市人民检察院督促整治违法建设安全隐患行政公益诉讼案件中，泰州市城管局的行为就符合行政机关虚假治理行为。行政机关泰州市城管局对于泰州中嘉装饰城六楼的违法搭建事实早在一年前就发现了并已立案，但其发出责令当事人限期拆除的行政处罚后并没有采取其他实质性的执法监督手段督促商户整改，而是迫于执法难度对安全隐患容忍迁就，导致 14 家商户的违法建设一直未依法拆除，对其余 24 家商户的违法建设，该局亦未依法处理，看似对具有违法事实的商户作出了行政强制措施，但并没有切实解决安全隐患，致使

① 薛澜，刘冰：《应急管理体系新挑战及其顶层设计》，《国家行政学院学报》2013 年第 1 期。

国家利益和社会公共利益仍一直处于持续被侵害的状态。

（三）检察机关面临举证难题

目前我国的行政公益诉讼在举证责任分配规则方面仍存在诸多问题，运用的是“谁主张，谁举证”。在司法实践中，检察机关承担了绝大部分的举证责任。检察机关在安全生产行政公益诉讼中需要证明的事项包括：行政机关是法定的安全生产监管机关的主体身份、行政机关存在不依法履职的不作为行为、国家或社会公共利益受到损害、行政机关不依法履职与公共利益受损之间存在因果关系。检察机关承担绝大部分的举证责任是因为检察机关既是法律监督机关，又是代表国家对公权力机关提起公益诉讼的“公共利益代表人”[①]，其法律地位决定专业能力和举证能力比较强。另外，处于原告地位的检察机关承担大部分举证责任有利于节约司法资源，检察机关只有在事实清楚、证据充分的情况下才提起公益诉讼，这样也保证了司法机关的专业性和权威性。[②]

但安全生产行政公益诉讼作为行政公益诉讼受案范围的新领域，专业性强，法律法规空白较多，再加上办案人员对此领域的知识储备、办案经验不足、办案思维不同等诸多问题存在，使检察机关在安全生产行政公益诉讼中承担诸多举证责任，给案件办理带来许多困难。这就需要检察机关对安全事故隐患进行复杂的专业分析判断及取证，然而检察机关作为司法机关缺少安全事故专业人员，只得借助其他社会力量，无形中加大了检察机关的取证难度。如在浙江省海宁市人民检察院督促整治加油站扫码支付安全隐患行政公益诉讼案中，海宁市人民检察院对于在加油站爆炸危险区域扫码支付是否存在安全隐患这一问题，仅凭本院的办案人员无法在辨识和评估风险中对此给出专业的判断，然而这个问题的答案又关系到在加油站使用手机支付是否侵害公共安全这一提起公益诉讼的前提条件，因此需要根据专业鉴定机构和专家的鉴定意见才能有效地支撑诉讼。目前具有这类司法鉴定资格的鉴定机构

① 蒋雯怡：《行政公益诉讼中的举证责任分配问题研究》，上海师范大学2022年硕士学位论文。

② 林鸿潮，赵艺绚：《安全生产行政公益诉讼的问题与建言》，《劳动保护》2021年第9期。

较少，制约了检察公益诉讼的有效开展。

三、完善安全生产领域行政公益诉讼的建议

（一）明确安全生产领域公共利益损害标准

在现有国家立法层面，没有具体明确“公共利益”的概念。我国法律对公共利益的表述有很多，分别在不同的情况下应用到不同的法律法规中，在整个部门法体系中共有一百多条法条涉及了公共利益，并且在行政法规中也出现六十多次。关于行政公益诉讼意义上的“公共利益”则是一种行政法标准，与行政权密切相关，且属于行政执法的目的范畴，涉及范围系不特定或多数人之人身、财产等合法权益的公共事务，并且属于行政机关“法无授权不可为，法律授权必须为”的基本范畴。[①] 安全生产公共利益也应当与《安全生产法》中所保护的利益对象挂钩。关于公共利益受损的标准，有的学者持有“危险说”[②]，他们认为“行政公益诉讼的功能具有明显的预防性质，对公共利益的侵害需要现实发生，只要能合理地判断出其具有侵害的可能性即可提出诉讼”，即为了体现预防性，只要判断公共利益有受到侵害的可能，检察机关就可以介入。有的学者持有“损害说”[③]，即根据损害的结果来判断公共利益受侵害的承担。他们认为潜在的危险难以证明、危险说容易导致检察机关滥诉，浪费司法资源并且危险说可能导致司法权对行政权的过分干预，所以他们认为危险说的认定标准行不通且没有意义，而损害说体现了司法权和行政权中的一个平衡点，体现了对于行政权的尊重。

在陕西省略阳县人民检察院关于督促整改尾矿库存在的重大安全隐患行政公益诉讼案中，检察机关针对高风险尾矿库未依法及时闭库，存在尾矿泄露、溃坝等重大安全隐患的问题，向略阳县应急管理局发出诉前检察建议后，

---

① 姜涛，《检察机关提起行政公益诉讼制度：一个中国问题的思考》，《政法论坛》2015 年第 6 期。

② 桂萍，贾飞林：《检察机关提起行政公益诉讼制度刍议》，《行政与法》2019 年第 6 期。

③ 姜涛，《检察机关提起行政公益诉讼制度：一个中国问题的思考》，《政法论坛》2015 年第 6 期。

略阳县应急管理局虽然采取了管理措施，但没有提请县级以上人民政府指定管理单位，也未采取彻底的治理手段，导致2019年大雨汛期期间，汪家沟尾矿库排洪设施损毁严重，仍存在重大安全事故风险，致使国家利益和社会公共利益仍然处于受侵害状态，在此国家利益与公共利益持续受损的状态下，面对行政机关不积极履行检察建议，由于符合行政公益诉讼的起诉条件，检察机关依法提起行政公益诉讼，以刚性手段督促行政机关履职尽责、整改落实。① 从这个案件可以得出，根据安全生产事故具有突发性、隐蔽性、复杂性等特征来看，认定公共利益受损不能简单地以“危险说”“损害说”某一个角度为标准，而是以“损害说”为基础适当偏向于“危险说”，具体而言就是既要保证司法的谦抑性，避免司法机关的过分干预，同时又要体现对公益诉讼的预防性保护。据此，判断公共利益受损应从以下几个方面出发：一是检察机关在对安全事故隐患进行判断时，应当以区域行业标准或者国家标准，通过聘请专业人员或者第三方鉴定机构来鉴定是否有发生安全生产事故的风险隐患；二是若安全生产事故已经发生，那么根据事故造成的损害结果来判断公共利益受损情况；三是若是存在行政机关“虚假治理”情况，那么应当允许检察机关适当介入案件，对公共利益受损情况进行调查。②

（二）明确安全生产领域行政公益诉讼受案范围及解决“虚假治理”行为

解决安全生产领域行政公益诉讼立案难的问题，最主要的还是解决两个主要问题：一是对安全生产领域受案范围的判断具有不确定性；二是由于安全生产领域存在虚假治理的现象。

1. 如何对安全生产领域受案范围进行确定

导致安全生产领域受案范围难以确定的原因主要还是法律规定不明确，导致不同的人对安全生产理解混乱，所以解决这一问题还得从立法层面下手，通过法律法规或者司法解释来对安全生产领域的受案范围进行界定。虽然有

① 中华人民共和国最高人民检察院：《最高检、应急管理部联合发布安全生产领域公益诉讼典型案例》，载 https://www.spp.gov.cn/spp/xwfbh/wsfbt/202103/t20210323_513617.shtml，最后访问日期：2023年6月5日。

② 陈珲：《诉讼视域中的公共利益保护探析》，《中国行政管理》2014年第11期。

《人民检察院提起公益诉讼试点工作实施办法》（以下称“实施办法”），但是也没有对安全生产领域受案范围进行明确界定，不过其第五十六条规定“本办法未规定的，分别适用民事诉讼法、行政诉讼法以及相关司法解释的规定”。因此可以参照《行政诉讼法》的标准对安全生产领域受案范围的界定标准具象化。

以下标准是根据《行政诉讼法》中受案范围的规定中总结出来的，主要是根据第十二条、第十三条的规定。分别进行肯定列举式规定、否定列举式规定两个方面对安全生产领域行政公益诉讼项下的受案范围进一步作出明确的规定。

（1）对安全生产领域中受案范围进行肯定列举式规定

我国《安全生产法》及《行政诉讼法》都没有对安全生产领域行政公益诉讼列举受案范围，根据《实施办法》五十六条的规定：“安全生产领域的行政公益诉讼可受案范围可以按照行政机关的具体行政行为的类型进行枚举。其中包括行政处罚、行政强制、行政许可、行政裁决、行政征收征用等种类结合安全生产法律规范体系进行具象。此外可以参照《安全生产法》和《安全生产许可条例》等对安全生产管理部门可诉的范围进行规定。”则可以将安全生产领域行政公益诉讼的范围肯定列举为：包括对企业、产业、矿业等领域不应行政许可而许可的，例如虚假治理对企业产业进行包庇的；依法应该作出停产停业却没有做的等范围。

（2）对安全生产领域中受案范围进行否定列举式规定

《行政诉讼法》第十三条中通过反面排除的方式对行政诉讼的受案范围进行了列举。从某种层面上来看，由于安全生产领域涉及的范围较广，反面排除列举的方式是一个不错的选择。对于反面排除的方式，本文将《行政诉讼法》和安全生产相关法律规定结合进行兜底式排除，由于《行政诉讼法》中规定的行政公益诉讼的受案范围属于行政行为，因此在安全生产领域的行政公益诉讼中，我们可以明确表述排除非行政行为。

2. 如何解决行政机关“虚假治理”

“虚假治理”现象是由于行政机关行政权不当行使产生的。检察机关作为司法监督机关，具有对行政机关依法履职进行监督的职能，但面对安全生产监管机关表面上已经依法履职的“虚假治理”行为使得检察机关无法从根本上解决安全生产事故隐患。所以为了从根源上解决问题，督促行政机关切实履职，需要检察机关对负责安全生产监督管理部门的工作应该适当介入，从而使得检察机关可以调查安全生产事故，发现立案线索，并根据实际调查情况发出检察建议，不至于一直处于被动地位，对负有监管职责的行政机关起到根本性的检察监督作用。

那么检察机关如何介入行政机关的行政权行使过程中呢？

首先，应当明确检察机关能够以司法检察权对行政监管部门的行政权进行介入来处理“虚假治理”情况。检察机关分别在刑事、行政、民事及公益诉讼中承担检察职能。在公益诉讼中，检察机关分别起了两个作用：支持有关组织或者团体起诉；在行政机关不依法履职时提起行政公益诉讼。除此之外，检察机关具有司法权的属性，在“虚假治理”中，检察机关行使司法权对行政机关进行监督并且提出检察建议，此时这两种权力处于对立的状态，各自有自己所负责的领域范围，没有交集。但是要解决“虚假治理”就需要对行政机关的行政监管的职责范围进行更深层次的监督，才能从根源上解决“虚假治理”问题。与此同时，最重要的是可以拓宽检察机关的案件来源，这就要求检察机关在以往的行政公益诉讼的职责范围上有突破，对负责安全生产监督管理部门的工作应该适当介入。

其次，确定检察权在“虚假治理”情况下介入的原则。检察机关行政公益诉讼采取的审查标准为实质性审查，不但要关注行政机关是否依法履行职责，更要关心安全事故隐患是否已经解决，社会公共利益是否得到保障。例如在江苏省泰州市人民检察院督促整治违法建设安全隐患行政公益诉讼案中，泰州市人民检察院应当进行实质性审查，以安全隐患是否解除，国家利益和公共利益是否仍处于危险中为标准对泰州市城管局是否依法全面履职进行判断，而非以是否采取行政手段为标准。在该案中泰州市城管局虽对38户商户违法建筑进行了调查并下达了行政强制措施，但并未督促履行，安全事故隐患仍然存在，因此行政机关属于“虚假治理”情形。对于目前出现的“虚假治理”问题，正确处理好行政权与司法权的关系是最有效的方式，因此首先要确定司法检察权对于行政权介入应当遵循的原则：第一，秉持着以人民为中心的原则。不论是检察机关还是行政机关都应该明白双方不是处于对抗地位，而都是为人民服务，为人民图安全、谋福利，所以应当站在统一战线上共同面对安全生产事件。第二，应当以负有安全监管职责的行政机关处理为主，公益诉讼为辅。因为行政机关是处于安全监管工作的一线地位，对安全生产行为更为了解，检察公益诉讼也只是对行政诉讼的补充，所以应当做好辅助工作。基于此，检察权的介入应当在行政权履行完毕之后行使，而不能在安全生产领域直接以检察权彻底取代行政权，例如在本案中，泰州市人民检察院在泰州市城管局处理安全生产事故后再介入案件调查，而不能了解案情后直接接管案件进行处理。第三，公益诉讼并非万能的，无法防范所有风险，检察机关对“虚假管理”应该把重点放到判断行政机关风险管制这个关键问题上，不可以随意扩大监督范围和检察建议的内容。

（三）提高检察机关举证能力

首先，要明确行政机关的安全生产职责。在检察机关认定公共利益受到侵害后，需要判断是否向行政机关发出检察建议，可是向哪个行政主管机关发出检察建议呢？实务中检察机关通常根据法律法规及政府权责清单等规范性文件，特别是在涉及多部门监管的领域，需要仔细梳理，借助工会、行业协会、第三方机构进行辅助判断，但这大大加重了检察机关举证的压力。因此需要规范性文件将涉及安全生产领域的行政主管机关监管职责进行明确规定，在安全事故隐患出现或者发生时，检察机关才能迅速确定行政机关及其职权范围，在其职责范围内限定其履职内容。

其次，要明确检察机关举证责任。只有明确了公益诉讼中的举证责任分配，才能确保检察机关在诉前的取证方向和内容，安全生产领域的行政公益诉讼涉及范围广、专业性强，而其证据也区别于一般的行政公益诉讼，具有隐蔽性、复杂性、多样性的特征，因此更应进一步明确检察机关的举证责任，只有明确了其举证责任，才能减轻检察机关在公益诉讼中重复、不必要的举证责任，集中力量办理好案件，提高胜诉率，打击违法安全生产行为，维护国家和社会公共利益，这样才与安全生产领域行政公益诉讼制度涉及初衷不相背离。

最后，完善安全生产行政公益诉讼证明协助相关制度。被告行为是否侵害公共利益、行政机关的行政行为是否穷尽法定职责、证据的确认和获取、侵害赔偿数额的确定等都需要专业人员来鉴定，而安全生产领域行政公益诉讼是新的领域，办案人员缺乏相应的办案经验，法律规定也较为复杂，因此需要借助工会、行业协会、专业机构的作用。例如在最高人民检察院发布指导案例——浙江省海宁市人民检察院督促整治加油站扫码支付安全隐患行政公益诉讼案中，为解决“在加油站爆炸危险区域扫码支付是否存在安全隐患”的问题，海宁市人民检察院召开专题会，邀请浙江省安全协会的专家和通信部门对手机进行电磁辐射实验。同时为多方听取意见，召开公开听证会，邀请安全专家、通信专家、法学专家、人大代表及政协委员出席担任听证员，社会公众代表、海宁市应急管理局作为听证当事人，社会各界人士、新闻媒体等参加旁听。[①] 通过公开听证，最终得出“在加油站爆炸危险区域扫码支付存在重大安全隐患”的结论。本文认为可以借鉴诉讼辅助人制度，申请专家辅助人出庭或者在涉案领域具有专门知识的人出庭辅助，无法出庭的，也可以出具专家意见，协助检察机关在诉讼中更好地进行调查和取证。

① 中华人民共和国最高人民检察院：《最高检、应急管理部联合发布安全生产领域公益诉讼典型案例》，载 https://www.spp.gov.cn/spp/xwfbh/wsfbt/202103/t20210323_513617.shtml，最后访问日期：2023 年 6 月 5 日。

涉毒驾道路交通安全公益诉讼处理存在的问题及对策

——以X市Y区人民检察院17件涉毒驾的容留吸毒案件为例

苏　妲　任晓仙[①]

摘　要：“毒驾”是指吸食、注射鸦片、海洛因、甲基苯丙胺（冰毒）、吗啡、大麻、可卡因，以及国家规定管制的其他能够使人形成瘾癖的麻醉药品和精神药品后驾驶车辆，并且血液、唾液中毒品含量达到或超过规定阈值的行为。吸毒后，人往往会从强烈的精神亢奋再到之后的精神疲劳，其间很容易产生妄想、出现幻觉，严重影响驾驶人的判断和控制能力，为恶性交通事故的发生埋下隐患。近年来，全国各地频繁发生的毒驾肇事肇祸恶性案件，社会影响极为恶劣。为加强对毒驾行为的遏制，X市Y区人民检察院以2021年5月—2022年12月所办理的案件及在案件中发现的相应线索、问题为例，进行了全面分析。吸毒后驾驶机动车严重威胁交通安全与社会公共安全，亟需重点关注与综合治理。

关键词：毒驾；交通安全；公益诉讼

一、当前办理容留他人吸毒案件中涉毒驾行为的主要特征

2021年5月至2022年12月，X市Y区人民检察院（以下简称Y区人民检察院）共受理容留他人吸毒审查起诉案件41件，其中17件案件存在吸毒人员吸食毒品后有驾车嫌疑，通过公益诉讼履职对1人进行注销驾驶证处理，

① *作者简介：苏妲，湘潭市雨湖区人民检察院副检察长；任晓仙，湘潭大学本科生。

3 人作无证驾驶违法处罚处理。

（一）容留他人吸毒案件中吸毒后有驾车嫌疑的占比较大，且部分容留吸毒场所为车内

按照常理推断，被容留吸毒人员在容留场所吸食毒品后，一般需要乘坐交通工具返回经常居所，部分吸毒人员系驾驶机动车前往吸毒场所，因此吸毒后有毒驾行为的可能性较大。Y 区人民检察院办理的 41 件容留吸毒案件中，有 19 件案件存在吸毒人员驾驶机动车前往容留吸毒场所，除 2 件系当场抓获吸毒人员外，具有毒驾嫌疑的案件有 17 件 22 人，案件数占比约 41%，其中 8 件容留吸毒犯罪事实发生在机动车内。

（二）涉毒驾吸毒人员均为男性，以 80 后、无业人员为主，且部分涉毒驾吸毒人员系交通运输领域从业人员

涉嫌吸毒后驾驶机动车的 22 名吸毒人员均为男性，且 80 后有 19 人，占比 86%；无业人员 9 人，初中以下文化程度 10 人，这两类人员共占比 86%。同时，17 件容留他人吸毒案件中共计有 41 次涉嫌毒驾的行为，其中 25 次是发生在晚上，16 次是在白天。部分吸毒人员系交通运输领域从业人员，如欧某文、欧某武是从事水泥运输的货车司机，唐某峰是出租车司机。

（三）公安机关在侦查时主要围绕容留吸毒行为开展，毒驾的违法事实及证据未予全面收集

公安机关对于容留他人吸毒犯罪行为的证据调取工作开展较为扎实，证据之间联系紧密，所证事实一致，能够证明犯罪嫌疑人容留他人吸毒的行为。但对于吸食毒品后驾驶机动车的违法行为的证据并未全面收集。如陈某容留他人吸毒案中，证人蒋某韬笔录中说“我就驾驶我的车牌为湘 A＊＊＊31 的沃尔沃轿车载着他们。吸食完之后，我们就各自回家去了。”作为吸毒人员及驾驶员的蒋某韬在吸食完毒品后，究竟是自行驾车回家，还是找代驾驾车回家，抑或是打车回家，在笔录中均没有体现。公安机关亦未调取道路治安监控以确认吸毒人员吸食毒品后的驾车行为。

（四）吸毒后驾驶机动车均未被公安交通管理部门道路常规检查发现

纵观有毒驾涉嫌的17件容留他人吸毒案件，所涉的22名吸毒人员均没有吸毒后因驾驶机动车被交通管理部门排查的。交通管理部门日常设置检查点也仅排查酒驾，对是否吸毒仅在当事人有酒驾行为后再进行尿液检测。因此，对未饮酒的吸毒人员驾驶机动车的行为，并未在通过检查点时进行排查。公安机关缺乏有效、主动的排查手段也是查获毒驾行为，减少道路交通安全隐患和维护社会公共安全的难点之一。

二、容留他人吸毒案件中涉毒驾人员处理情况

《道路交通安全法》第二十二条第二款规定，饮酒、服用国家管制的精神药品或者麻醉药品，或者患有妨碍安全驾驶机动车的疾病，或者过度疲劳影响安全驾驶的，不得驾驶机动车。公安部发布的《机动车驾驶证申领和使用规定》明确对吸毒人员申请驾驶证作出了“零容忍”的态度，对查出吸毒后驾驶机动车的人一律注销其驾驶证，并三年内不得申报领取机动车驾驶证。

（一）案件移送起诉时涉毒驾人员机动车驾驶证状态

经向交通管理部门查询机动车驾驶人信息，17件容留吸毒案件中22名毒驾嫌疑人机动车驾驶证状况（截至2023年3月2日）。其中，8人机动车驾驶证状态仍为正常，8人因吸毒成瘾未戒除被注销机动车驾驶证，2人因其他原因被注销，1人机动车驾驶证被吊销，3人无机动车驾驶证。

在因吸毒成瘾未戒除被注销机动车驾驶证的8人中，6人的毒驾行为发生在机动车驾驶证注销之后，2人的毒驾行为发生在机动车驾驶证注销之前。

根据《机动车驾驶证申领和使用规定》第七十九条第六项“被查获有吸食、注射毒品后驾驶机动车行为，依法被责令社区戒毒、社区康复或者决定强制隔离戒毒，或者长期服用依赖性精神药品成瘾尚未戒除的”，车辆管理所应当注销其机动车驾驶证。有毒驾嫌疑的22人中，除了2人在毒驾行为后机动车驾驶证被注销，有20人未因毒驾或者是吸毒后无证驾驶而被处理，其中驾驶证依然处于正常使用状态的有8人，占比36%。

（二）检察机关通过检察公益诉讼立案督促相关行政机关依法履职情况

经对17件涉毒驾的容留他人吸毒案件全部的案卷材料进行审查，Y区人民检察院认为在欧某文、欧某武容留他人吸毒案中，有刑事判决书认定欧某文、欧某武分别在各自驾驶的货车上容留他人吸毒，有欧某文、欧某武两人的笔录相互证实两人吸毒后驾驶车辆送货，有两天后抓获时的尿液毒品检测甲基安非他明（冰毒、麻古）阳性报告，可以认定欧某文、欧某武有吸毒后驾驶机动车的行为。经查询机动车驾驶证信息：欧某文准驾车型为B1、B2，驾驶证状态为“违法未处理/逾期未审验”，属于未注销的状态；欧某武准驾车型为B2，驾驶证状态为“逾期未审验/注销”，属于已经注销的状态。遂对欧某文吸毒后驾驶机动车、欧某武无机动车驾驶证吸毒后驾驶机动车影响道路交通安全线索，以等外领域公益诉讼立案办理。同时，向×市公安局交通警察支队发出检察建议，建议依法履行职责，对欧某文吸食毒品后驾驶机动车的行为注销机动车驾驶证，并加大对辖区范围内吸毒、注射毒品后驾驶机动车的行为的查处力度，维护道路交通公共安全。另就欧某武无证驾驶机动车的违法行为与该支队形成磋商意见：对欧某武无证驾驶机动车的违法行为启动调查程序，修复受到侵害的社会公共利益。

Y区人民检察院在审查欧某文、欧某武吸毒后驾驶机动车行为中，还发现欧某文、欧某武两人吸毒后驾驶的车辆均为重型自卸货车，均从事经营性道路货物运输，运输的货物为水泥，运输线路一般是从湘潭运送至长沙、株洲等地，但经查询，两人均无经营性道路货物运输从业资格。×区人民检察院遂建议×市交通运输局对欧某文、欧某武无经营性道路货物运输从业资格，吸食毒品后驾驶道路货物运输车辆的行为进行行政处罚，并加大查处力度。

在唐某容留他人吸毒、陈某容留他人吸毒两件案件中，互为吸毒和容留他人吸毒人员的唐某和陈某均驾驶车辆前往吸毒场所，两人的机动车驾驶证一人的被注销，一人的被吊销。Y区人民检察院遂就两人无证驾驶机动车的违法行为与×市公安局交通警察支队形成磋商意见：对唐某、陈某无证驾驶机动车的违法行为启动调查程序，修复受到侵害的社会公共利益。

对于17件涉毒驾的容留他人吸毒案件中的其余14件有毒驾嫌疑的吸毒人员，由于对是否属于毒驾在证据认定上与公安机关存在较大分歧，暂未以检察公益诉讼予以立案。

三、毒驾行为作道路交通安全公益诉讼案件办理存在的困难与问题

检察机关在办理容留他人吸毒案件中发现有毒驾线索的案件，拟以道路交通安全领域公益诉讼案件探索办理，但现实中，该类案件的处理仍存在诸多困难与问题。

（一）吸毒后驾驶机动车的认定标准亟待统一

毒驾是指未戒掉毒瘾的人和正在使用毒品的驾驶员驾驶机动车的行为，但如何认定，不同部门有着不同的观点。在实践中，公安机关交通管理部门对于吸毒人员机动车驾驶证的处理很大一部分是根据吸毒人员被采取社区戒毒、强制戒毒措施或者是被认定为吸毒成瘾人员。公安机关交通管理部门日常开展的道路检查均系排查酒驾，其在办理酒驾案件中，也是以现场检测结果为认定酒驾的标准。因此，交通管理部门对于毒驾案件认定标准的理解也类似于对酒驾的认定，即以汽车在行驶过程中的现场检测结果为依据。在欧某文吸食毒品后违法驾驶机动车的行为存在安全隐患损害社会公共利益一案中，交通管理部门认为，在没有抓到吸毒人员驾驶汽车正在行驶且现场查获尿液毒品检测为阳性结果的情况下，不宜认定为毒驾。然而现实中，交通管理部门仅在道路上排查驾驶人员是否有酒后驾驶的行为，毒驾却因其特殊性、隐蔽性、难以大范围实施排查，而几乎未开展过道路检测。自危险驾驶罪入刑以来，Y区人民检察院尚未办理过毒驾类型的危险驾驶案件。因此吸毒后的驾驶人员只要没有饮酒行为，往往没有驾驶机动车会被追责毒驾的顾虑。若据此标准，毒驾行为被追责的仅是极少数，未被排查是常态。在容留他人吸毒案件中，驾驶机动车是部分吸毒人员吸毒后离开吸毒地点时必然选择的交通方式，特别是容留吸毒场所为机动车的，吸毒者吸食毒品后必然驶离停靠点。从生活常识的角度考虑，有间接证据显示当事人吸食毒品后驾车的，其毒驾行为的实施即具有高度盖然性。因此，根据《机动车驾驶证申领和使

用规定》第七十九条第一款第六项的规定，检察机关认为，有吸毒人员吸毒后驾驶机动车的直接或间接证据时，交通管理部门应当依法履职或者启动调查工作。

（二）容留他人吸毒案件与毒驾证据衔接不畅

在 41 件容留他人吸毒案件中，与毒驾相关的案件约占 41%，但反映毒驾的证据不够全面是普遍现象。大部分案件指向毒驾的证据，仅仅是证人或犯罪嫌疑人在描述案件事实时不经意透露的“我开车回去了”“然后他就载着 xxx 走了”等字眼，所获线索甚少。这主要是由于公安机关讯问、询问的目的着眼于一个或多个法律后果较为严重的行为，往往不以毒驾这种法律后果，而仅将涉行政处罚的行为为侦查重点。毒驾的认定并不容易。认定毒驾的证据的证明力至少应达到：驾驶人员本人承认吸毒后驾驶，有相关证人证明其有毒驾行为，以及检测与鉴定结果显示驾驶人员吸毒的程度。如在张某勇容留他人吸毒案中，刘某在他的证言中提到“吸食完后我们在车上休息了一阵，然后张某勇就驾车把我送回了我家附近”，指出了张某勇吸食毒品后驾车的行为；张某勇本人在他的供述中也陈述“将毒品吸食完后，吸毒工具被我们当场扔掉了。我开车将刘某送回家，我自己也开车回家了”，承认了他有毒驾行为。但因缺乏现场或短时间内的尿液毒品检测报告，对于张某勇是否属于毒驾，交通管理部门认为证据不充分。在司法实践中，大部分案件中指向毒驾行为的证据很少有完备的证据链。

（三）公安机关对毒驾行为的处理与管控要完全到位尚有难度

据上述数据显示，在公安机关有关部门能够推知该 22 人有吸毒后驾驶机动车的嫌疑的情况下，除去毒驾行为发生后因“吸毒成瘾未戒除”致机动车驾驶证被注销的 2 人之外，未因毒驾行为被注销驾驶证或者被处罚的人员约占 91%。究其管控难点，其一，在实践中，因吸毒行为具有其本身的隐蔽性，并且缺乏通用性的现场识别和快速检测手段，毒驾的查处多依赖于执法人员的经验，除非吸毒人员举止异常，要不一般难以从视觉、嗅觉、听觉等直观感受作出准确判断。其二，毒品犯罪案件情节一般较为复杂，涉及上下游违法犯罪行为，侦查机关在完成相关刑事案件取证要求后，对毒驾行为的取证不足，以致难以认定毒驾。其三，毒驾属于复合违法行为，包含吸毒和驾车两种行为。从公安内部来看，主要涉及禁毒和交通管理部门以及基层派出所。部门之间不同程度存在协作、衔接不顺畅的情形，以致难以共同发挥打击毒驾违法行为的作用。

四、预防、控制和打击毒驾行为维护社会公共利益的对策

（一）强化公安机关内部联动，形成打击治理合力

《道路交通安全法》第五条第一款指出："国务院公安部门负责全国道路交通安全管理工作。县级以上地方各级人民政府公安机关交通管理部门负责本行政区域内的道路交通安全管理工作。"公安机关交通管理部门作为控制和打击涉路违法犯罪的主管部门，承担着维护交通秩序、处罚交通违法行为以及驾驶员管理等职责。因此，为了维护交通安全，交通管理部门应当依法能动履职，全面发挥自身职能优势。公安机关禁毒部门负责掌握辖区毒品违法犯罪活动动态、组织、指导涉毒违法犯罪案件的侦查工作等。因此，在毒品犯罪侦查领域有专业优势。治安部门在社会治安管理、前科人员管理、特种行业、危险爆炸物品和公共场所的监管等方面承担相应职责。科信部门可以通过及时通信和科技手段为查处毒驾提供技术支持。禁毒、治安、交通管理等部门以及基层派出所要进一步加强协作，健全内部线索移送机制，实现优势互补、资源共享，推动建立以交通管理部门牵头，禁毒、治安等多部门参与的齐抓共管打击治理毒驾模式。

（二）规范办案取证要求，健全完善处罚标准

本文认为，为严厉打击吸毒后驾驶机动车危害公共安全的行为，公安机关在办理毒品犯罪案件，特别是容留他人吸食毒品案件中，应对吸毒人员如何前往吸毒场所，吸毒后如何离开加强调查取证。如吸毒人员本人自述吸食毒品驾车离开，同行人员或者有证人证实其在吸食毒品后驾车离开，驾驶人员即可被认定有毒驾嫌疑。同时，可以通过调取道路治安监控以确认吸毒人

员吸食毒品后的驾车行为。根据《车辆驾驶人员体内毒品含量阈值与检验》第三条第一款的规定，认定毒驾，还需对血液、唾液中毒品含量达到或超过规定阈值进行检测。因此，一旦查获吸毒后有驾驶行为，应当即时开展体内毒品含量检测，锁定毒驾的违法行为。对于毒驾行为的处罚，除依法注销机动车驾驶证外，目前交通管理部门一般根据《道路交通安全法》第二十二条、第九十条，以服用国家管制的精神药品或者麻醉药品，机动车驾驶人违反道路交通安全法律、法规关于道路通行规定的，给予警告或者二十元以上二百元以下罚款处罚。可见毒驾仅以一般的驾驶违法处罚，而《道路交通安全法》对酒后驾驶进行了专门的规定，且处罚力度远高于毒驾。毒驾的危险性不比酒驾低，但处罚、打击力度却远低于酒驾，亟须规范、完善毒驾违法行为的法律法规，全面规制毒驾行为。

（三）全面开展吸毒成瘾认定，从源头控制驾驶资格准入条件

公安部、卫健委令第 142 号《吸毒成瘾认定办法》第四条指出，公安机关在执法活动中发现吸毒人员，应当进行吸毒成瘾认定。而在 Y 区人民检察院调查所受理的 41 件容留他人吸毒案件的卷宗文书与资料过程中发现，案件所涉吸毒人员 100 余人，案卷中没有公安机关依法对吸毒人员进行吸毒成瘾认定的材料。本文研究的 17 件容留他人吸毒案件的 22 人，也仅有 8 人进行了吸毒成瘾认定且因吸毒成瘾而被注销驾驶证。实际执法活动中，公安机关仅针对符合《吸毒成瘾认定办法》第七条的第一项、第二项以及第三项中“曾经因使用毒品被公安机关查处”的吸毒人员进行吸毒成瘾认定。而未对非“曾经因使用毒品被公安机关查处”的吸毒人员是否符合该条第三项中“有戒断症状或者有证据证明吸毒史，包括曾经进行自愿戒毒、人体毛发样品检测出毒品成分等情形”进行吸毒成瘾认定。《机动车驾驶证申领和使用规定》第七十九条第一款第六项规定，长期服用依赖性精神药品成瘾尚未戒除的，车辆管理所应当注销其机动车驾驶证。因此，规范吸毒成瘾认定工作，对执法活动中发现的吸毒人员全面开展吸毒成瘾认定，能切实实现将部分长期吸毒但之前未被查处的吸毒人员排除在道路驾驶机动车的许可范围，维护道路交通安全。

（四）加强毒驾危害性的宣传和交通运输行业治理，筑牢严密的毒驾防线

欧某文、欧某武容留他人吸毒案中曾提到，为了驾驶货车时保持精力旺盛，欧某文、欧某武靠吸食毒品来提振精神，这是对毒品危害性的错误认识。吸食毒品可以打破人体大脑内神经元递质的基本平衡状态，给人以巨大的精神亢奋。有研究显示，部分毒品的毒副作用可发生于给药期、恢复期和吸食毒品后几天或几周内。尤其是吸食毒品后驾驶机动车行驶在道路上，严重影响驾驶人的判断和控制能力，给道路交通安全带来重大隐患，为恶性交通事故的发生埋下隐患，使人民群众的生命健康受到威胁。因此，为了避免驾驶人员因无知造成危害，加强毒驾危险宣传至关重要。一是加强重点人群的宣传。通过发放宣传资料、发送手机短信等方式，有针对性地加强吸毒人员、社区戒毒、强制戒毒人员等的宣传教育，引导其自觉抵制吸毒后驾驶机动车的行为。二是加强重点行业的宣传。强化在公安机关内部以及交通运输、教育等重点部门的宣传教育，切实加强公安机关内部打击毒驾行为的协作，督促货运、客运、校车等重要领域不定期组织驾驶人员开展毒品毛发检测。三是通过多种形式的宣传教育，让公众深刻认识“毒驾”的严重危害和后果，使其时刻紧绷“毒驾”这根弦，远离毒品，拒绝“毒驾”。

道路交通安全生产领域公益诉讼的探索实践

——以X县人民检察院督促修复破损道路为例

黄　革*

摘　要： 道路交通安全是安全生产的重要组成部分，国务院安全生产委员会也多次以规范性文件的形式明确道路交通安全属于安全生产范围。检察机关以道路破损危害通行安全为切入点，开展安全生产领域公益诉讼工作，通过诉前检察建议等方式督促行政机关及时、高效地完成道路破损修复工作，邀请听证员与质检机构评估整改效果，并总结可供参考的办案经验。为解决线索发现难、制度规范不完善等问题，应当完善安全生产领域公益诉讼检察制度规范，进一步加强与有关部门的协作配合，建立安全生产线索举报奖励机制。

关键词： 检察机关；安全生产；公益诉讼；检察听证

一、案件情况介绍

（一）基本情况

2021年7月，H省X县人民检察院（以下简称X县院）在走访政协委员过程中接到反映：县道X004吴大线易俗河镇上马段路面破损严重，导致交通事故多发且严重堵车，阻碍群众平安出行。上述路段近年来多次进行路面维修养护，但因未能强化路基根本未能根治路面破损问题。

---

* 作者简介：黄革，湘潭县人民检察院第五检察部四级检察官助理。

（二）监督过程

X 县院对线索开展初步调查，发现县道 X004 吴大线是连接 X 县城区与 Z 市区重要路线，途径易俗河镇上马村、麦子石村等多个村落，是数万群众日常出行的必经之路。经向当地群众了解，县道 X004 吴大线上马村上马组路段有百余米深坑密布，晴天扬尘飞舞，雨天泥泞不堪，常有群众骑车摔倒，汽车爆胎、追尾等各类事故发生，节假日堵车长达数公里。经向 X 县交警大队查询，该路段 2018 年至 2021 年分别发生交通事故 16 起、17 起、20 起、26 起。经向道路养护中心负责人询问，县道 X004 于 2017 年进行过整体提质改造，该路段因涉及园区规划建设未能一并重修，加之大货车通行频繁，致使路面破损严重，养护部门虽每年多次维修但无法根本解决问题。

2021 年 8 月 16 日，X 县院对 X 县交通运输局立案，2021 年 11 月 10 日，经 H 省人民检察院批准，X 县院向 X 县交通运输局发出修复县道 X004 吴大线的检察建议，该局收到检察建议后高度重视，多次与园区相关部门进行专题研讨，科学制订施工设计方案，破解重复规划建设问题，积极争取多方资金，解决财政支付困难问题，并按照大修改造的高标准进行施工。2022 年农历年之前，县道 X004 吴大线大修改造完工，恢复正常通行。为确保县道 X004 吴大线大修改造效果，X 县院于工程竣工后召开公开听证会，邀请人大代表、政协委员、人民监督员作为听证员，与第三方专业质检机构现场查看改造情况，分析评估整改效果。听证员经过充分讨论评议，一致认为县道 X004 吴大线整改效果较好，符合工程竣工验收条件。

X 县院在办案过程中，发现 X 县境内公路技术等级普遍偏低，尤以县道、乡道等农村道路破损问题突出。为修复破损道路，消除道路交通安全隐患，X 县院决定开展道路破损整治监督专项活动，已通过监督专项活动督促行政机关修复 1 条国道、4 条县道和多条城市道路。

二、案件难点问题分析

（一）道路交通安全是否属于安全生产公益诉讼领域案件范围

明确“安全生产”的含义是开展公益诉讼安全生产领域的前提条件，但由于“安全生产”的概念范畴十分广泛，加之“安全生产”一词在法律用语与日常用语中存在一定差异，导致理论界和实务界对于“安全生产”的理解存在分歧。“安全生产”一词在使用过程中外延呈不断扩大之势，既包括职业安全，又涵盖职业健康；既指狭义的工作场所劳动者的安全，也包括广大人民群众的安全；既包括人身安全，也包括财产安全；既包括生产过程中的各类事故，也包括经营活动中造成的伤害，安全生产从单纯保护职业劳动者安全向公共安全领域延伸趋势明显。① 而根据《安全生产法》第二条②，该法调整的是生产经营单位的安全生产行为，非生产经营单位的安全生产行为不在这部法律的调整范围之内，故该法第七十四条第二款③所规定的安全生产也应在这一范围内进行理解。

道路交通安全属于安全生产领域可从以下几个方面理解：一是《安全生产法》第二条规定不仅未将道路交通安全排除在安全生产范围之外，而且以列举式的方式特别规定法律、行政法规对道路交通安全另有规定的适用其规定，将道路交通安全囊括在安全生产之内；二是国务院安全生产委员会多次以规范性文件的形式明确道路交通安全属于安全生产范围，如 2020 年 4 月 1 日发布的《全国安全生产专项整治三年计划行动》将道路交通运输安全作为安全生产 9 个专项整治内容之一；三是公民作为生产经营单位的组成人员，其工作出行应当被认定为生产经营行为。X 县院办理的督促修复破损道路一案属于道路交通安全领域，根据上述理解案件理应属于公益诉讼安全生产领域案件范围。

（二）道路交通安全生产领域公益诉讼案件的整改效果评估

在安全生产领域行政公益诉讼案件中，行政机关是否依法履行职责直接

---

① 代海军：《检察机关提起安全生产行政公益诉讼的现实困境与制度建构》，《河南财经政法大学学报》2020 年第 2 期。

② 《安全生产法》第二条：“在中华人民共和国领域内从事生产经营活动的单位（以下统称生产经营单位）的安全生产，适用本法；有关法律、行政法规对消防安全和道路交通安全、铁路交通安全、水上交通安全、民用航空安全以及核与辐射安全、特种设备安全另有规定的，适用其规定。”

③ 《安全生产法》第七十四条第二款：“因安全生产违法行为造成重大事故隐患或者导致重大事故，致使国家利益或者社会公共利益受到侵害的，人民检察院可以根据民事诉讼法、行政诉讼法的相关规定提起公益诉讼。”

关系到案件的整改效果。因此，确定行政机关履职尽责的标准，是公益诉讼检察办案中的难点问题，而判断行政机关是否履职尽责是解决这一问题的关键所在。

根据《人民检察院公益诉讼办案规则》《关于在检察公益诉讼中加强协作配合依法打好污染防治攻坚战的意见》等文件，判断行政机关是否充分履职的标准包括职权要件、行为要件、结果要件三个标准[①]，即目前公认的“三要件”标准。所谓职权要件是指以法律规定的行政执法机关的法定职责为依据；行为要件是指是否采取有效措施制止违法行为，是否全面运用监管手段；结果要件是指国家利益或者社会公共利益是否得到了有效保护。

X 县院在办案过程中发现仅凭检察机关力量难以评估判断行政机关是否履职到位，案件是否达到整改效果。经充分研讨后，X 县院决定召开公开听证会，邀请各界代表作为听证员，与第三方专业质检机构现场查看并评估整改效果，最终一致认为行政机关履职到位，国家利益和社会公共利益得到有效维护。

三、案件办理经验

2021 年 9 月 1 日新修订的《安全生产法》正式施行后，检察机关根据增设的公益诉讼条款开展了一系列安全生产领域公益诉讼工作，2022 年一季度全国检察机关共办理安全生产领域公益诉讼案件 4329 件[②]，各地区检察机关通过案件的办理，积累了丰富的实践办案经验。笔者在参与办理 X 县院督促修复破损道路一案过程中，对案件的办理经验进行了总结，以期为实践办案提供思路和参考。

（一）多元化手段保护道路交通安全

检察机关开展公益诉讼检察监督工作的手段多样，可采用圆桌会议、检察建议、公开听证等方式督促行政机关履行职责。X 县院对发现的容易修复

① 最高人民检察院：《公益诉讼检察业务》，中国检察出版社 2022 年版，第 473 页。

② 《检察机关积极守护群众身边安全一季度办理安全生产领域公益诉讼案件 4329 件》，载最高人民检察院网，最后访问日期：2022 年 8 月 30 日。

的道路破损问题，以圆桌会议等“柔性”方式与行政机关进行磋商，通过该程序降低了司法成本，行政机关也更容易接受，从而推动行政机关积极迅速履职，快速高效消除道路交通安全隐患。对于损毁面积广、修复难度大的道路破损问题，通过更具“刚性”的检察建议督促行政机关及时完成道路修复工作，形成道路养护长效机制，提升监督质效，实现诉源治理。对于检察机关难以判断行政机关是否履职到位的问题，则通过召开听证会，邀请听证员与第三方专业质检机构现场评估整改成效的方式进行认定。

（二）拓宽线索来源，依法调查取证

《人民检察院公益诉讼办案规则》对公益诉讼线索的来源和调查取证等方面均作了详细规定。X县院根据办案规则的规定，一方面动员单位全体人员在日常生活和工作中关注全县道路破损情况，一经发现立即记录位置，拍照固定证据，将线索及证据移交公益诉讼部门核查，符合条件的立案监督。另一方面关注全县道路破损方面的网络舆论、信访举报线索，如抖音短视频、红网百姓呼声、县长信箱等，安排专班实地走访查看全县道路破损情况，借助无人机对破损路面航拍取证，依法询问行政机关、人民群众道路破损和养护情况。

（三）开展监督专项活动督促解决道路交通安全难题

检察机关开展监督专项活动是进行检察监督的重要抓手。安全生产无小事，责任重于泰山，X县院从一起路面破损影响交通安全案件出发，将问题延伸至全县17个乡镇国道、省道、县道、乡道及城区道路，充分挖掘道路破损中具有普遍性的问题，开展道路破损整治监督专项活动，集中力量办理一批群众普遍关注但未及时解决道路交通安全问题。

四、案件启示

我国生产领域公益诉讼仍处于起步阶段，线索发现难、制度规范不完善等一系列的问题是检察机关开展监督工作的障碍，如何解决这些难题是我们需要思考的问题。

（一）完善安全生产领域公益诉讼检察制度规范

新修订的《安全生产法》虽然增加了检察机关提起公益诉讼条款，但是该条款规定简略，导致检察机关在工作过程中出现立案标准不统一等问题。为指引检察机关正确开展安全生产领域公益诉讼工作，最高人民法院、最高人民检察院可出台安全生产领域公益诉讼的司法解释，亦可会同负有安全生产监管职责的部门出台关于相应的工作指导意见，进一步完善安全生产领域公益诉讼检察制度规范。①

（二）进一步加强与相关部门的协作配合

当前仍有部分行政机关不理解检察公益诉讼工作，未树立双赢多赢共赢理念，未与检察机关形成公益保护合力。为进一步加强与安全生产职能部门的协作配合，检察机关可与其建立常态化协作机制，明确落实常态化协作机制的办事机构，共同加强工作会商、信息共享、协调办案、宣传培训。如不少地区检察机关与应急管理部门成立检察联络室，以检察联络室为载体，协同推进安全生产领域治理体系和治理能力现代化建设。

（三）建立安全生产线索举报奖励机制

安全生产事故具有隐蔽性、封闭性等特征，发现事故隐患较为困难②，检察机关发现案件线索并有针对性地进行监督，进而排除事故隐患可谓难上加难，对此，检察机关可与负有安全生产监管职责的部门探索建立线索举报奖励机制，出台线索举报奖励办法，明确举报线索范围、举报途径、奖励条件、奖励金额、举报人保护等内容，鼓励单位、个人积极举报安全生产违法行为。

---

① 《护航安全护航安全生产突出预防性司法——最高检第八检察厅、应急管理部政策法规司负责人就安全生产领域公益诉讼典型案例答记者问》，《检察日报》2022 年 3 月 24 日，第 2 版。

② 刘东斌，史忠辉：《安全生产公益诉讼检察路径探析》，《人民检察》2020 年第 19 期。

L 市人民检察院
关于安全生产公益诉讼检察的调研报告

李俊俊　刘曙光*

一、调研背景

建立检察机关提起公益诉讼制度，是党的十八届四中全会作出的重大部署。2017 年 6 月 27 日，十二届全国人大常委会审议通过修改《民事诉讼法》和《行政诉讼法》的决定，检察机关提起公益诉讼制度正式确立。2017 年 7 月 1 日起，公益诉讼作为检察机关的一项全新监督职能，正式在全国实施。2021 年，第十三届全国人民代表大会常务委员会第二十九次会议决定修改《安全生产法》，其中第七十四条增加了检察机关提起公益诉讼的有关条款。

与此同时，安全生产形势总体形势依然严峻复杂。部分地区和行业领域事故多发。从地域来看，贵州、辽宁、湖南发生重特大事故。2022 年上半年，全国共发生各类生产安全事故 11076 起、死亡 8870 人。

从行业领域来看：一是住建领域非法违法建设问题突出，发生了 G 省 B 市第一人民医院金海湖新区项目工地“1·3”重大滑坡事故和 H 省 C 市 W 区“4·29”特别重大居民自建房倒塌事故；此外，地下施工作业、燃气爆炸事故多发。二是矿山领域非法违法开采问题突出，特别是发生了造成 14 人死亡的 G 省 Q 州三河顺勋煤矿“2·25”重大顶板事故和造成 8 人死亡、13 人受伤的 G 市 Q 市利民煤矿“3·2”瓦斯超限较大事故。三是化工和危险化学品

* 作者简介：李俊俊，娄底市人民检察院第七检察部主任，四级高级检察官；刘曙光，娄底市人民检察院第七检察部二级检察官。

事故上升，产业转移项目和老旧装置屡屡发生事故，一些化工企业违法违规生产经营，动火作业和检维修等环节安全风险突出。四是交通运输业事故多发，民航铁路、水上交通和渔业船舶安全风险突出，道路运输发生多起10人以上的重大涉险事故。五是工贸领域中，冶金、机械等行业生产作业事故多发，钢铁、电力等企业环保设施新风险突出，一些工贸企业火灾事故多发。

二、L市检察机关安全生产领域执法办案的特点和有关情况

L市检察机关深入践行安全发展理念，积极融入全市安全生产大局，以安全生产领域司法保护为重点，积极、审慎、稳妥地推进公益诉讼工作，紧紧围绕矿山生产安全、交通安全、校园安全、消防安全等重点行业和领域，从“避免安全生产事故”和“修复公益损害后果”两方面入手，推动安全生产从“安全管理”向“风险治理”转变，实现公益损害从原因到结果的全过程监督。在促进行政机关依法行政、依法履职，切实维护国家利益和社会公共利益方面发挥了积极作用，取得了良好效果。自2021年以来，共排查发现安全生产领域公益诉讼案件线索242条，立案审查233件。其中，行政公益诉讼案件232件，民事公益诉讼案件1件，履行诉前程序229件。

一是加强组织领导，将公益诉讼工作列为中心工作和“一把手”工程。L市人民检察院党组严格按照习近平总书记关于“检察官是公共利益的代表，肩负着重要责任”的重要指示，把公益诉讼工作作为重要政治任务，科学谋划、扎实推进，多次专题调研公益诉讼工作，组建公益诉讼专业化办案团队，指导出台《公益诉讼案件线索移送机制》《行政公益诉讼诉前检察建议整改落实情况跟进监督实施办法》等工作举措，明确方向、突出重点、长远规划、主动作为。两级人民检察院检察长以上率下，带头研究、部署、协调、办理公益诉讼案件，L市人民检察院、X区人民检察院、J市人民检察院检察长、分管检察长均编入公益诉讼办案组。

二是聚焦企业生产安全，全力护航企业平稳有序发展。围绕全市工作大局，深入开展“四大检察”护航民营企业高质量发展工作，找准L市检察机关服务企业的“作业面”和“着力点”，出台《L市检察机关关于充分发挥检察职能服务保障民营企业发展的实施意见》，市人民检察院检察长多次深入华

菱涟钢、五江高科等企业进行实地走访和调研座谈，既帮助企业解决安全生产的痛点，又不断优化法治营商环境。发出诉前检察建议35件，督促相关部门、企业整改纠正安全生产风险隐患93个，为企业健康发展贡献检察力量。

三是聚焦自建房专项整治，提升市域治理水平。C市“4·29”自建房倒塌事故教训惨痛深刻。为贯彻落实习近平总书记相关批示精神，L市检察机关闻令而动，主动作为，下发了《关于开展自建房安全问题专项监督活动的通知》，两级人民检察院公益诉讼部门全面清查自规、住建、城管、应急等行政部门是否履职到位，协助有关行政机关和主管部门对宾馆、酒吧、影院、教育培训机构或托管机构、旅游民宿等营利性自建房进行安全大排查，检查其经营手续是否齐全，是否具备特殊行业许可证、消防许可证、营业执照、食品卫生许可证等许可执照，以确保将自建房存在的问题分类分级全面整治对账销号，坚决防范遏制重特大事故，切实维护人民群众生命财产安全。目前，全市两级人民检察院在该领域已立案147件，向相关行政职能部门发出诉前检察建议97件。

四是聚焦道路交通安全，全力守护群众出行安全。针对自然灾害导致山体滑坡危害道路交通安全、驾校教练车在未经批准道路培训学员、占用道路施工或者从事其他影响道路交通安全活动开展监督，发出诉前检察建议30件，督促相关部门整改纠正问题36个。L市检察院办理的Y市人民政府对六亩塘路山体滑坡崩塌危害道路交通安全行政公益诉讼一案，通过对L市交通运输局制发检察建议，同时又与Y市人民政府通过诉前磋商，督促多个行政机关在各自职责范围内履行职责，及时有效消除道路交通安全隐患。目前，Y市人民政府正与有关部门一起制订整改修复方案，拟投入800万元对山体滑坡路段进行彻底整治。

五是聚焦消防安全，全力守护公共安全。针对电动车“飞线充电”、加油站消防安全、占用消防通道、消防报警装置未配备齐全等消防安全隐患问题，督促相关行政机关积极履职，确保杜绝消防安全事故发生，发出诉前检察建议21件，督促相关部门整改纠正问题27个。Y市人民检察院针对私家车占用、堵塞消防车通道引发消防安全隐患、影响火灾救援的突出问题，督促市消防救援大队、应急管理局、公安局和街道办事处等多个职能部门联合开展消防监督专项检查，共完善消防警示标牌12处，发出《责令改正通知书》22件，对堵占消防通道的违规停车行为作出行政处罚决定10件。

六是聚焦校园安全，全力守护学生安全。扎实开展校园及周边安全专项整治工作，发出诉前检察建议12件，督促相关部门整改纠正问题14个，全方位守护校园安全。X区人民检察院深入中、小学及幼儿园周边道路交通基础设施进行全面排查，针对校园周边未按规定规范设置红绿灯、减速带、“黑校车”及未成年骑行电动自行车等安全隐患，及时督促相关部门整改纠正。针对城区违法占用人行道和机动车主干道从事经营活动等违法行为，以诉前检察建议依法督促相关行政机关及时履职，共清理商铺、流动摊贩占道经营、机动车违法占道停放等影响交通安全的违法行为59起。

七是聚焦群众关切，切实解决群众“急难愁盼”问题。深入推进“我为群众办实事”实践活动，重点关注“高空抛物”、老旧居民楼外墙脱落、窨井盖“吃人”等人民群众关切的问题，先后召开专项推进会、座谈交流会40余次，建立工作机制、联络机制55项，联合下发规范性文件17件，制发检察建议15件，督促整改问题管井、消除井盖安全隐患52个，安装防坠网、防位移等改进装置25个，切实保护了人民群众“头顶上”和“脚底下”的安全。J市人民检察院深入辖区内公交站台、校园周边、超市、农贸市场、城市主干道、住宅小区等公众集中的重要区域、事故多发地段，针对窨井盖存在的长期缺失、破损、松动等不符合安全标准的情况，向住建等部门发出诉前检察建议后，推动全市存在安全隐患的40块“窨井盖”得以及时更换和维修。

八是凝聚公益保护合力，推动形成完善的安全生产综合治理格局。为压实安全生产责任，助推安全生产溯源治理，L市检察机关充分利用国家法律监督机关和社会公共利益代表的“双重属性”优势，主动加强与应急管理部门的沟通联系，会签《关于加强安全生产领域行政执法与检察监督协作配合的意见（试行）》，以安全生产检察联络室建立为基础，在调查取证、鉴定评估、法律咨询等方面进行双向支持，构建相互配合、联动联办工作机制，及时发现和堵塞安全生产领域存在的管理漏洞，共同筑牢安全生产保护屏障。同时，为贯彻落实新修改的《安全生产法》，协同防范化解安全生产领域风险，开展了安全生产“一法一条例”专项监督活动，注重在监督办案中推进源头治理，帮助堵漏建制，促进相关部门依法履职，排查安全隐患，强化安全意识，最大限度地预防和减少安全生产事故，切实维护人民群众的生命财产安全。

三、存在的主要问题和困难

（一）安全监管机制不够完善

一是综合监管部门与行业监管部门职责不够明晰，存在交叉或脱节现象；二是部门联动监管执法不畅，联动配合不够协调，特别是应急事故的处理有的行业主管部门存在相互推诿扯皮现象；三是属地监管落实还有困难，由于行政隶属关系和企业管理层次等原因，县、市政府对辖区内煤矿、非煤矿山、高速公路、危化企业、油气管道等行业和中央、省属企业实施日常安全监管难以落到实处。

（二）行业监管责任落实不到位

一是部分行业主管部门对落实“三个必须”思想认识不到位，履行监管职责不力，安全监管存在漏洞和盲点，行业监管未形成合力；二是部分行业主管部门监督检查和执法过程中存在执法偏软、措施不力等问题，安全生产联合惩戒、问责曝光、挂牌督办等监管手段相对运用较少，监管执法上存在一定程度的宽、松、软问题；三是部分部门仍然存在对安全生产工作以会议落实会议，以文件落实文件的情况。

（三）安全生产主体责任落实不到位

一是部分企业负责人安全生产主体责任意识不强，存在重效益、轻安全的现象；二是部分企业安全生产管理工作薄弱，安全投入不足，员工培训教育不够，专业安全管理人员缺乏，管理水平低，隐患查纠有走过场的现象，隐患整改不及时、不到位，有的甚至受利益驱动非法违法组织生产。

（四）督促整改不彻底

有些公益诉讼监督案件，督促了但没整治；有些案件整治了，但不彻底。

对自建房违规加建、矿山违法开采等重点领域常发、多发、复发的违法违规情形监督效果不佳，存在治标不治本、“按下葫芦浮起瓢”等现象。对行政机关落实诉前检察建议不及时、不彻底的，检察机关后续跟进监督刚性不足，损害了公益诉讼检察工作的公信力。

四、几点思考和建议

（一）加强宣传教育，增强安全意识

进一步加强安全生产宣传力度，树牢安全生产没有万无一失只有一失万无的思想，继续推进安全知识进企业、进校园、进机关、进社区、进农村、进家庭、进公共场所活动，提高全社会的安全生产法治意识和事故防范能力。加大企业全员安全培训，突出高危行业领域从业人员和特种作业人员的安全教育，将安全生产监督管理纳入各级党政领导干部培训内容，加强安监干部的执法能力提升培训。

（二）完善责任体系，落实安全责任

结合机构改革实际，认真总结实践经验，建立健全安全生产责任体系，进一步理顺监管体制机制，坚持管发展、管项目、管审批与管安全相统一的原则，科学界定综合监管部门、行业监管部门以及县市、乡镇监管主体责任，进一步规范和细化安全生产综合监管部门、各行业监管部门的职责分工，促进各自职责更好地落实。建立监管部门之间的工作协调和信息共享机制，健全联合执法机制，提升执法成效。进一步细化执法过错责任追究体系和优化安全生产考核评价机制。

（三）强化主体责任，提高管理水平

督促企业建立健全岗位安全生产责任制，全面落实领导责任、部门责任和全员责任，实行安全生产“一岗双责”。进一步探索和完善各级政府对企业落实主体责任激励约束工作机制，将企业标准化、诚信建设和主体责任有机统一，在行政许可、项目审批、评优评先等方面对企业进行激励约束。推动

企业树立法治观念，把握法律“底线”，依法取得相关安全生产许可并在许可范围内从事生产经营和建设。引导和鼓励企业加大安全生产投入，不断提升企业安全生产条件。督促企业进一步强化对专业工人的岗前培训和持证考核力度。建立完善的事故救助补偿机制，督促企业认真落实安全生产主体责任。

（四）加大监督力度，提升监管水平

进一步完善线上线下配套监管制度，以企业安全生产自检自查为基础，部门专项检查、专家检查、政府综合督查为推动，建立监管对象目录、一企业一标准对照检查、隐患和问题清单管理、隐患整改责任落实、企业自检自查月度申报等配套机制为保障，深入推进安全生产大检查长效机制建设。进一步推进风险分级管控和隐患排查治理体系建设，制定监督检查规定，规范监督检查工作。

（五）加强公益诉讼工作的履职保障

公益诉讼检察工作是法律赋予检察机关的一项新的职责，调查取证、鉴定评估费用相较于其他办案活动费用较高，建议党委政府将该项工作经费列入年度财政预算，确保公益诉讼检察工作顺利开展。

（六）建立公益诉讼专项基金管理制度

检察机关与财政部门积极探索建立健全公益诉专项基金制度，设置专门公益诉讼基金账户，专款专用。基金主要用于保障 L 市辖区内发生的公益诉讼的大案要案、疑难复杂案件的办案经费、损害赔偿恢复费用等，强化对资金的管理、使用、监督，确保资金用于受损公益的保护、修复工作。

2020—2022年安全生产检察公益诉讼实践观察

刘　娉*

摘　要： 安全生产公益诉讼制度从局部试点到全面铺开，检察机关发挥着至关重要的作用，同时也面临着管辖范围与起诉主体的局限、检察建议的实践劣势、执行监督与效果评估机制的失灵等困境，需要通过加强顶层设计、明晰安全生产检察公益诉讼的管辖边界、优化安全生产公益诉讼的启动程序，进而建立检察建议效果评估、多元化检察监督、构建“检察+”联动协作等机制，推动安全生产检察公益诉讼的智能化与智慧化建设，以防范或化解安全生产领域的安全隐患，为促进更高水平的平安中国作出积极贡献。

关键词： 安全生产；检察公益诉讼；公益诉讼；检察监督

安全生产公益诉讼是我国社会主义法治建设进程的重要组成部分，其意义在于强化对企业安全生产行为的监督和制约，实现对国家安全生产事故的有效防控。回顾2020—2022年安全生产检察公益诉讼相继展开的实践，检察机关在处理安全生产领域案件中表现比较突出，安全公益在司法上受到空前重视，取得良好的社会效果。可以说，安全生产检察公益诉讼案件数量与质量都呈现出逐年增长趋势，有力地推进了国家安全监管体制机制创新，对促进企业落实主体责任、保障劳动者权益起到了积极作用。但也因为安全生产公益诉讼的实践时间稍短，在检察工作的落实上，尚有需要完善之处。尤其是对安全生产领域公益诉讼制度设计与运行模式等方面的认识不足，致使安全生产检察公益起诉率较低，甚至出现“叫好不叫座”的现象。因此，为了

---

* 作者简介：刘娉，湘潭大学博士研究生。

切实发挥检察力量在安全生产的辐射效应，需要在已有安全生产检察公益诉讼实践经验的基础上进行研究，以促进安全治理体系与能力的建设。

一、依法依规办理案件，推动安全生产公益诉讼有序开展

（一）依法发布诉前检察建议

由于安全生产领域公益诉讼处于起步阶段，最高人民检察院也未专门公布安全生产领域公益诉讼诉前程序的数据统计，但根据近三年最高人民检察院发布的工作报告和指导案例来看，仍有一些规律可循。

其一，最高人民检察院2020年对安全生产领域公益诉讼受案件范围进行持续探索，首次公布铁路安全生产领域典型公益诉讼案例，检察公益诉讼在安全生产领域的雏形已基本形成，也为2021年我国将安全生产领域列入检察公益诉讼这一法定领域打下扎实的实践基础。同时，各地检察机关结合自身实际积极探索适合本地特点的检察公益诉讼模式，表现在最高人民检察院最新发布的10例典型案例充分运用“检察建议”，促使行政机关主动履行职责，且收获较好的司法效应。

其二，虽然全国检察机关2021年诉前程序的有关数据尚未披露，但报告中提及“以诉前实现维护公益目的为最佳司法状态，梯次以磋商、诉前检察建议促进源头治理，绝大多数案件在诉前解决了公益损害问题”。这说明，诉前程序已经成为我国检察机关办理安全生产领域公益诉讼案时常用的方法和手段之一。由此可见，诉前程序对于安全生产领域公益诉讼的意义。同时，2021年3月最高人民检察院和应急管理部首次联合公布安全生产领域专项公益诉讼案件，其中，除1例安全生产领域涉民事公益诉讼案件，其余8例均以利用制发的检察建议，实现了对安全生产公共利益保护。

其三，2022年1—10月，全国检察机关针对安全生产领域公益诉讼共发出诉前检察建议14878件。[①] 其中，最高人民检察院发布的2022年度安全生

① 《最高检发布安全生产领域检察公益诉讼典型案例强化法律监督守住安全底线》，载最高人民检察院网，最后访问日期：2023年6月2日。

产领域公益诉讼典型案例中，仅有 1 例案例通过民事调解的方式消除重大事故隐患，其余 10 例案例皆先采用了制发检察建议的前置程序对安全生产领域存在的风险进行防范。

综合来看，制发检察建议在安全生产领域检察公益诉讼的运用较多，就是检察机关依法行使诉前程序监督职责、参与社会治理工作、维护国家利益与社会公共利益的一个重要途径。当前，各地检察院均已开展此项工作，并取得较好成效。从检察建议被广泛运用的典型案例可以看出，我国各级检察机关通过不断强化和规范制发检察建议这项检察权的行使，适时敦促行政机关主动履行职能，让更多安全生产领域的问题实现源头治理核心目的，对检察机关受理安全生产公益诉讼案件提供诸多帮助。

（二）依法审理安全生产公益诉讼案件

最高人民检察院与中国国家铁路集团有限公司联合发布的 2020 年度铁路安全生产公益诉讼典型案例，对各地检察机关规范办案起到引导作用，还率先埋下将安全生产领域列入检察公益诉讼法定受理范围的伏笔。新修改的《安全生产法》于 2021 年 9 月份正式施行，规定将安全生产领域作为检察公益诉讼法定办案领域。法律层面，对安全生产领域提起公益诉讼是为了保护人民群众生命财产安全和社会稳定发展。实践层面，在《安全生产法》颁布之前，各地前期对安全生产公益诉讼的探索也属于安全生产领域范围的公益诉讼。

据统计，2021 年检察机关办理安全生产领域公益诉讼共计 1.4 万件[①]，平均每季度办理 3500 件。同时，根据 2022 年度检察业务数据显示，第一季度办理安全生产领域公益诉讼案件高达 4329 件。该项数据表明，2022 年第一季度安全生产公益诉讼的案件数量比 2021 年季度平均办理 3500 件的案件数量还要多。并且，检察业务数据还显示 2022 年 1—10 月，全国检察机关立案办理安全生产领域公益诉讼案件共计 20356 件，其中行政公益诉讼案件 19997

① 截至 2022 年 3 月，在过去的一年，检察院全年立案办理公益诉讼 16.9 万件，其中民事公益诉讼 2 万件、行政公益诉讼 14.9 万件，比 2018 年分别上升 50%、3.6 倍和 37.3%。《最高人民检察院工作报告（第十三届全国人民代表大会第五次会议）》，载最高人民检察院网，最后访问日期：2023 年 6 月 2 日。

件，民事公益诉讼案件 359 件，行政公益诉讼 32 件。① 侧面反映出新领域立案数量及占比大幅上涨，安全生产领域的社会保护意识得到大幅提升。

（三）依规发布指导案例

近年来，最高人民检察院相继根据安全生产公益诉讼的类型、安全生产检察公益诉讼的执行程序两个方面，发布了若干批官方指导案例，既对全国检察机关办理安全生产公益诉讼案件起到积极的示范作用，提供富有价值的实践经验，也彰显最高人民检察院在安全生产领域扩大公益诉讼案件处理范围的重视。

第一，按照安全生产检察公益诉讼的类型作为划分条件，可以分为民事公益诉讼、刑事附带民事公益诉讼、行政公益诉讼三种类型的诉前程序。一是民事公益诉讼的诉前程序。针对事故暴露相关单位的安全管理漏洞和监管问题，及时展开民事调解，监督行为人及时采取措施消除重大事故隐患。② 二是刑事附带民事公益诉讼的诉前程序，行为人既得到应有的刑事惩罚，又依法承担生态环境修复责任，切实维护了国家利益和社会公共利益。如“河北省邢台市非法采砂危害高铁大桥运输安全公益诉讼系列案”。三是行政公益诉讼的诉前程序。通过制发检察建议、举行圆桌会议，公开听证和现场调查、移送违法线索及其他诉前程序，从点到面展开系列专项行动，促进安全生产领域类似问题联动整治。比如，最高人民检察院 2020 年发布的 10 个关于铁路安全生产领域公益诉讼典型案例中，有 9 个案例涉及行政公益诉讼诉前程序；③ 2021 年发布的 9 个安全生产领域检察公益诉讼典型案例中，也有 8 个案

---

① 《最高检发布安全生产领域检察公益诉讼典型案例强化法律监督守住安全底线》，载最高人民检察院网，最后访问日期：2023 年 6 月 2 日。

② 江苏省扬州市人民检察院诉高邮市某水产品加工厂拒不整改重大事故隐患民事公益诉讼案。

③ 最高人民检察院 2020 年 12 月 24 日发布的“铁路安全生产领域公益诉讼典型案例”：1. 广西壮族自治区永福县公路上跨铁路立交桥危害铁路运行安全行政公益诉讼案；2. 湖北省孝感市违规建设工程规划许可危害高铁运行安全行政公益诉讼案；3. 宁夏回族自治区中宁县禁牧区违规放养马匹危害沙漠铁路运行安全行政公益诉讼案；4. 江苏省南京市小区树木侵入架空电力线路安全保护区危害铁路运行安全行政公益诉讼案；5. 浙江省杭州市砂石料场违章作业侵入架空电力线路安全保护区危害铁路运行安全行政公益诉讼案；6. 重庆市垫江县天然气管道违规下穿铁路危害高铁运行安全行政公益诉讼案；7. 山西省大西高铁沿线地下水禁采区违法取水危害高铁运行安全行政公益诉讼系列案；8. 湖北省阳新县违规养殖畜禽危害铁路运行安全行政公益诉讼案；9. 内蒙古自治区乌海市违法建设堵塞河道危害铁路泄洪桥运输安全行政公益诉讼案。载最高人民检察院网，最后访问日期：2023 年 6 月 2 日。

例通过行政公益诉讼的诉前程序消除安全生产的隐患达到预防风险的目的。① 2022年发布的11个安全生产领域检察公益诉讼典型案例，有9个案例通过诉前程序督促行政机关迅速整改，从源头上切断安全隐患，切实维护社会公共利益。②

第二，按照安全生产检察公益诉讼的执行程序，可将其划分为民事公益诉讼和行政公益诉讼的执行监督。一是民事公益诉讼的执行监督。比如，最高人民检察院发布的“安徽省蚌埠市禹会区人民检察院诉安徽省裕翔矿业商贸有限责任公司违规采矿民事公益诉讼案”。③ 二是行政公益诉讼的执行监督。目前检察机关还未发布相关的典型实例。

由最高人民检察院发布的一系列指导案例可知，安全生产公益诉讼表现出以下显著特征：一是安全生产领域诉讼愈趋公益化。随着国家治理体系和治理能力现代化进程加快，我国社会管理进入新常态，安全生产问题愈发受到社会关注。近年来，我国检察机关积极推动并开展安全生产领域公益诉讼

① 最高人民检察院、应急管理部2021年3月23日联合发布的“安全生产领域公益诉讼典型案例”：1. 陕西省略阳县人民检察院督促整治尾矿库安全隐患行政公益诉讼案；2. 浙江省衢州市衢江区人民检察院督促整治自备储油加油设施安全隐患行政公益诉讼案；3. 黑龙江省七台河市检察机关督促整治燃气安全隐患行政公益诉讼系列案；4. 江苏省泰州市人民检察院督促整治违法建设安全隐患行政公益诉讼案；5. 浙江省海宁市人民检察院督促整治加油站扫码支付安全隐患行政公益诉讼案；6. 山西省晋中市榆次区人民检察院督促整治违法施工安全隐患行政公益诉讼案；7. 江西省贵溪市人民检察院督促整治危险化学品安全隐患行政公益诉讼案；8. 黑龙江省检察机关督促整治小煤矿安全隐患行政公益诉讼系列案。载最高人民检察院网，最后访问日期：2023年6月2日。

② 最高人民检察院2022年12月16日发布的“安全生产领域公益诉讼典型案例”：1. 山东省人民检察院督促监管赤泥堆场闭库工程行政公益诉讼案；2. 湖北省人民检察院督促整治互联网小微型客车租赁行业安全隐患行政公益诉讼案；3. 海南省人民检察院督促整治液化天然气安全隐患行政公益诉讼案；4. 陕西省人民检察院西安铁路运输分院督促整治尾矿库安全隐患行政公益诉讼案；5. 上海市崇明区人民检察院督促农家乐安装可燃气体报警装置行政公益诉讼案；6. 浙江省平湖市人民检察院督促整治涉海涉渔安全隐患行政公益诉讼案；7. 湖北省天门市人民检察院督促整治非法加油站行政公益诉讼案；8. 河南省人民检察院郑州铁路运输分院督促整治高铁运营安全重大隐患行政公益诉讼案；9. 四川省成都市龙泉驿区人民检察院督促整治电动自行车锂电池智能换电柜消防安全隐患行政公益诉讼案；10. 浙江省宁波市鄞州区人民检察院督促整治天童禅寺消防安全行政公益诉讼案；11. 江苏省扬州市人民检察院诉高邮市某水产品加工厂拒不整改重大事故隐患民事公益诉讼案。载最高人民检察院网，最后访问日期：2023年6月2日。

③ 检察机关针对违规采矿破坏生态环境资源并具有严重安全隐患等问题，发挥一体化办案优势，推动行政机关加强安全生产监管执法，及时介入事故调查处理，聘请专家勘查评估，并依法提起民事公益诉讼，推动涉案企业接受调解，并自愿开展治理修复工作，消除地质灾害隐患。

工作，取得初步成效。无论是十九大的精神内涵，还是二十大的主题报告，安全生产领域一直以来都是党和国家热切关注的问题。特别是安全生产领域检察公益诉讼制度的确立，全面展示国家灵活适用检察公益诉讼制度，为安全生产领域持续注入法治的力量。

二是安全生产公益诉讼辐射范围、监督主体的多元化。在安全生产公益诉讼的辐射范围上，既有铁路，煤矿，加油站、违法建设等其他生产领域，还涉及易燃易爆物品、危险化学用品和其他对安全有害的领域，今后安全生产公益受到威胁的地区也会得到更多探讨。在安全生产公益诉讼的监督主体上，以应急管理部门为主，其次是检察机关、公安部门、消防救援部门、市场监管部门、工业园区管委会、乡镇政府等其他部门。由若干部门构成的若干主体，在安全生产方面联合进行前期监管，为检察机关审理安全生产公益诉讼案件提供助力。

三是安全生产领域鲜明的预防性。在我国法律体系中，对安全生产领域的相关规定并不全面。安全生产关涉公益侵害的焦点问题，指安全生产领域产生的重大危险与隐患，而非已发生的安全事故与实然侵害。主要体现在立法与实践两方面：立法方面，《安全生产法》第三条、《山东省安全生产条例》第三条、《北京市安全生产条例》第三条等，皆明确围绕安全生产领域“预防性”问题作出规定。实践层面，检察机关通过发挥安全生产公益诉讼的制度价值，深挖源头治理、一案双查的办案模式等，从“治已病”到“治未病”，全面把安全生产风险防患于未然、把安全生产预防理念落到实处。

四是诉前程序的关键作用更为凸显。根据最高人民检察院发布的指导案例，检察机关运用诉前程序办理安全生产公益诉讼案件占比一半以上。特别是利用诉前磋商的使用、制发检察建议的两种方式，对相关问题进行分析论证并提出相应对策，使许多安全生产领域案件在诉前阶段获得有效化解，既提升检察机关办案效率，也节省了司法资源。

五是注重与其他部门的协作与配合。在安全生产领域提起公益诉讼，离不开检察机关等部门的通力合作。主体方面，不仅表现在检察机关和法院之间的合作、检察机关和行政监管部门合作，还表现在上下级检察机关之间的交流和协调上。内容方面，既体现在诉讼办案机制合作，比如线索移送，信息共享等，还体现为执行程序的动态追踪和监督等，促进安全生产领域监管协同。

二、加强检察监督职能，形成安全生产公益诉讼特色

安全生产事关人民福祉、经济发展、社会稳定。检察机关作为国家监督机关，应当积极响应国家号召、能动履行检察职能，保障公共利益、维护国家安全和社会稳定，筑牢安全生产防线，不断增强人民群众的获得感、幸福感和安全感。

（一）安全生产治理体系和治理能力现代化的重要内容

安全生产责任重于泰山。在我国“一法两制”背景下，构建检察机关与安全生产监管部门之间良性互动机制是十分必要且迫切的。安全生产检察公益诉讼是法治国家实施社会治理的重要制度，并非孤立无援，但却处于多元主体参与中。在具体案件中，检察机关还可以通过提起公益诉讼对有关单位进行有效制约，使其自觉承担安全生产的政治责任与经济责任。一方面，公益诉讼是安全生产行政监管法治保障，检察机关可以作为监督者，促使有关部门能动依法履行职责，推动有关主体严格按照安全生产规范办事，把安全生产事故的风险降到最低。另一方面，检察机关作为公益代表人参与诉讼、行使法律监督职责，能有效破解公益保护这一民生难题，为公众生命健康、财产安全护航，为安全生产治理体系与治理能力现代化的推进提供检察力量。

（二）防患“安全生产”于“未然”的集中体现

防之于未萌，治之于未乱。当前，我国经济发展进入新时代，各类生产安全事故频发。《安全生产法》第三条①将预防性理念贯彻至安全生产领域，深化了预防性司法的内涵与底色，是前移预防关口、牢牢把握安全生产司法

① 《安全生产法》第三条：“坚持安全第一、预防为主、综合治理的方针，从源头上防范化解重大安全风险。”

主动权的重要举措，也是对预防性安全生产作出更深层次的立法回应。诸如“4·29长沙自建房倒塌事故”等重大安全事故，使生产绷紧安全弦。显然，不能在安全事故和实然侵害结果发生后再启动专项行动予以排查，而是应当将常态化排查取代专项行动，将安全生产事故扼杀在摇篮。

（三）形成各主体同监督、共参与的协作格局

由于安全生产隐患具备次生性和再次性，使安全生产领域公益诉讼需要持续性的监督。不仅要发挥检察机关的司法监督作用，还要争取各地方人大、党委的支持，其中，主要涉及应急管理部门、生态环境保护部门、消防和公安部门以及市县乡政府等不同层级的行政部门。不管是何种类型的监督，重点应当落实在整改效果上。为顺利推行安全生产公益诉讼、促进多元主体共同协作，全国已有多个省（区、市）展开地方探索：一是地方政府牵头组织的能动协作。如浙江省安委办与省人民检察院联合出台《关于加强安全生产领域公益诉讼工作协作的意见》等，推动了地方各级与安全生产领域负有监督职责部门之间更进一步的能动协作。二是地方检察院开展的联动协作。诸多检察院与应急管理部门建立安全生产领域协作配合机制，积极构建齐抓共管的格局。如福建省人民检察院与应急管理厅会签《关于建立安全生产领域协作配合工作机制的意见》，鄂伦春旗检察院与旗应急管理局、旗公安局等六个部门联合制定《关于加强安全生产领域公益诉讼工作协作的意见》，为安全生产公益诉讼的开展提供具体协作配合的方案和机制。

总而言之，国内的地方性探索具备相似之处，大多呈专项行动为主、多方联动为辅的格局，形成了精准监督与监管合力。因此，安全生产有关的一系列问题应通过各部门的协作与配合，尤其是安全生产事故涉及生态环境污染等公益损害的，需要刑事检察部门与公益诉讼检察部门联合协作，督促行政监管部门履行职责。比如，最高人民检察院发布的第二十五批指导性案例（检例第96号）。[①]

① 黄某某等人重大责任事故、谎报安全事故案。

三、优化案件管辖与启动程序，维护社会公共利益安全

（一）加强顶层设计

法律是治国之重器，良法是善治之前提。安全生产领域的良法善治离不开较为完备的顶层设计。从司法实践来看，检察机关提起安全生产行政公益诉讼具有可行性，其法律依据也比较充分。虽然检察公益诉讼在立法技术上长期存在“等内”和“等外”的争论和弊端，但梳理我国的现行法律，立法机关越来越多地使用“等外”来概括无法详细列举的行为。因此，在安全生产检察公益诉讼的程序上，应当在《安全生产法》的司法解释中增加一些程序性规定，进一步界定安全生产检察公益诉讼的适用范围，将更多与安全生产领域有关的行为纳入专法的保护。同时，由于《安全生产法》第二条对特殊领域的适用规则作出规定，因而还要推动安全生产领域的配套立法，持续推进《危险化学品安全法》《矿山安全法》《煤矿安全条例》等法律法规修订工作，做好与安全生产相关法律的衔接。

（二）明晰管辖边界

管辖是诉权的客观维度与边界标识。由于安全生产检察公益诉讼的受案范围受到《安全生产法》第七十四条第二款①的限制，且根据最高人民检察院在实施安全生产公益诉讼制度以来发布的典型案例，所涉的案件类型不仅定位于铁路安全领域，也逐步波及消防安全、交通安全、危险化学品、易燃易爆物品、采矿安全以及加油站等领域，并且呈现范围陆续扩大的发展态势。那么，安全生产公益诉讼的管辖边界应当如何设定，需分情况对安全生产违法行为的“重大隐患”进行讨论。

即安全生产的隐患等级不同，将会产生不同的办案效果，宜将安全生产“重大隐患”按照等级划分成特别重大、一般重大两种类别：对与安全

① 《安全生产法》第七十四条第二款规定：“因安全生产违法行为造成重大事故隐患或者导致重大事故，致使国家利益或者社会公共利益受到侵害的，人民检察院可以根据民事诉讼法、行政诉讼法的相关规定提起公益诉讼。”

生产相关的特别重大隐患公益诉讼案件，如有需要，简化立案程序，加速控制隐患继续扩散，或采用提办、交办、督办等方式处理，发挥检察机关一体化案件办理优势；对于涉及安全生产一般重大隐患的民事和行政公诉案件，由检察机关或委托有关部门进行调查取证，在查清事实真相之后再予以起诉。

习近平总书记提出，要针对安全生产事故主要特点和突出问题，层层压实责任，狠抓整改落实，强化风险防控，从根本上消除事故隐患，有效遏制重特大事故发生。[①] 因此，安全生产检察公益诉讼不仅需要完善安全生产领域有关的立法，精准安全生产领域的监管，还需要强化各个相关主体的责任，将安全生产的任务摆在关键位置，牢牢守住安全生产的底线和红线。

（三）优化启动程序

“点”“线”“面”之间的关系亦折射出安全生产公益诉讼主体局限这一最鲜明的表征。从法律属性上来看，安全生产公益诉讼属于行政权范畴。所谓“点”，就是在安全生产领域产生的损害和间接的隐患；“线”就是安全生产领域的线索和依据；“面”是指安全生产领域存在安全隐患的主体与范围。发现安全隐患是开展安全生产领域公益诉讼的前提，但又不同于环境公益诉讼制度，因为《安全生产法》未授予社会组织的安全生产公益诉讼权，仅规定了人民检察机关可提起民事、行政公益诉讼，故有权提起安全生产公益诉讼的机关只能是人民检察院。且因检察机关身担诉讼主体之责，再加上安全生产牵涉行业众多，领域广阔、专业性需求较高，检察机关的工作人员很难短期内把握安全生产各个行业特点，纯粹靠自己的力量找到案件线索，还不足以充分发挥检察公益诉讼护航安全生产的检察职能。此外，检察机关对安全生产诉讼参与不够充分和积极，导致部分安全生产事故发生后无法及时获得法院救济。

可行之举在于优化安全生产诉讼启动流程，赋予工会在安全生产公益诉

① 闫静：《强化风险防控从根本上消除事故隐患》，《中国应急管理报》2020 年 4 月 15 日，第 1 版。

讼案件中提起诉讼的主体地位，并探索检察机关对起诉制度的支持。赋予工会起诉主体的地位，并非全然取代或者削弱检察机关提起安全生产公益诉讼的权利，而是弥补检察机关作为唯一主体提起安全生产公益诉讼的不足，以更好地为安全生产案件提供司法保护。因此，为形成风险防控第一道关卡，调动职工积极性，《安全生产法》第七条规定："工会依法对安全生产工作进行监督"。该项规定既充分发挥工会监督企业安全生产的作用，还能够通过利用工会的专业优势和获取信息优势，当作检察机关提起安全生产公益诉讼的有益补充。同时，在工会提起公益诉讼后，检察机关也可以扮演支持工会起诉的角色。[①] 对安全生产公益诉讼的启动程序作出赋予工会起诉主体的地位、检察机关扮演支持起诉角色的双向优化，是积极回应安全生产检察公益诉讼的立法需求和社会关切的重要举措，也是以一种多方利益的博弈与平衡来实现立法目的的方式。

四、坚持体制机制革新，助推安全生产领域公益诉讼走向深水区

充分发挥检察机关在安全生产领域的监督地位，需要通过建立检察建议效果评估机制、建立多元化的监督检察机制、建立"检察+"的联动协作机制、推动智能化与智慧化建设等，提升检察公益诉讼办案的整体质效，助推安全生产领域公益诉讼的革新走向深水区。

（一）建立检察建议效果评估机制

安全生产监管部门履行职责的情况，关键在于判断"行政机关是否通过其行政行为及时制止损害的发生，国家和社会公共利益仍然处于受到侵害状态或者处于受侵害的潜在威胁状态"。检察机关作为法律监督机关，具有维护公平正义、实现人民权益的职责使命。但在安全生产领域公益诉讼案件中，其成效存在着不能定量的现象，安全隐患能否完全消除，有必要在第三方的帮助下进行评价和判断。根据检察机关制发的诉前检察建议材料，检察建议

① 唐张：《公益诉讼"等外"领域探索——以安全生产领域为视角》，《人民检察》2020年第7期。

制发前、中、后的比较和评价，是检验检察机关检察监督权行使情况的一项重要指标。检察机关在办理该类案件时，可以利用检察建议制发后产生的实际效果来衡量是否符合法律规定以及能否达到预期目标。这一体系是检察机关针对安全生产犯罪或安全生产行为中存在隐患，制发检察建议前后纠正情况的比较分析。

对检察机关提出检察建议之后的执行成效进行评价时，不能再简单地以被建议单位规章制度的完善与否、被推荐单位是否再无犯罪行为发生等根据作为纠正后的唯一判断，有必要建立一套更为科学的评估机制，对检察建议制发效果进行全面检验。在此基础上，根据不同类型案件的特点，选择合适的方法进行综合考察。具体来说，可以从如下几个方面来考虑：一是通过对安全生产落实主体整改前与整改后的实际状况进行比较，分析是否仍存在损害公共利益或影响社会风气的可能性，并进行综合性考量，得出制发检察建议之后的评价结果。必要时，也可以引进第三方机构进行强化评价，以提高评价的客观性和真实性。此外，对于涉及国家利益、社会稳定及公众健康等重大问题制发的检察建议，可以采取专家咨询方式进行评估。二是制作一套覆盖加分和减分项目评分规则作为参考标准。该评分规则既可以反映检察机关对企业安全生产管理监督检查过程中发现的问题，又能够体现该行为所带来的社会负面影响，具有较强的可操作性。通过对照评分标准，给予评价分数，该分数能够客观反映被监督对象对所提问题处理的态度，体现制发措施实施后是否达到预期目标，一定程度反馈了检察机关制发检察建议的真实品质与落实效果，为下一步检察工作的开展指明了方向。同时，针对案件办理过程查出安全生产领域存在的制度漏洞和治理短板，在磋商程序中已形成整改方案但尚未启动，抑或开始整改但未整改到位，检察机关应合理运用“检察建议”这一特定手段，通过向地方政府或行政机关制发类案检察建议提升检察监督职能。

总之，检察机关制发的检察建议采取“事前＋事后”对比评价模式，能够切实把握安全生产违法主体检察建议执行情况的成效，呈现检察建议制发前与制发后的不同特征，某种程度上可以成为检验检察建议成效的关键依据，以期对检察建议制发工作的深入优化起借鉴作用。

（二）建立多元化的检察监督机制

检察监督不是零和博弈，而是保持监督与被监督的目标一致，践行以人民为中心，努力让人民群众在每一个司法案件中感受到公平正义。具体可从以下两个方面展开：一是建立安全生产领域案件的线索研判制度。可通过成立安全生产案件研判专项小组，将已办的安全生产刑事案件、民事案件，通过一案双查的手段对安全生产公益诉讼作出趋势性研判，为地方政府把好“预防”与“质量”的双重关口。同时，检察机关应积极发挥法律保障职能，通过开展专项调研、建立案卷档案及案例指导工作等方式，及时掌握各地落实国家安全生产法律法规情况。在安全生产隐患排查、事故溯源追踪等制度中加入检察力量，即检察监督的内容应当涵盖安全生产有关制度的落实情况。必要时，还可采用居民走访、问卷调查的形式，对落实情况进行评估与验收。二是提升“回头看”专项行动的开展频率，利用“回头看”实现源头监督。通过分析发现，“回头看”是一种有效的事前预防机制和事后纠正措施。尽管当前“回头看”已相继成为检察机关工作常态，但对于“回头看”这一定义，还需进一步拓展以强化实效性。安全生产案件具有破坏性和不可挽回性等特点，使检察机关在处理安全生产案件时，需充分发挥“回头看”这一优势，挖掘潜在的安全隐患，确保安全生产检察公益诉讼的运行初衷。

（三）建立“检察 +”的联动协作机制

检察机关作为安全生产公益诉讼的起诉部门，既是独立第三方监督政府的主体，也是维护安全生产领域的多方主体之一。安全生产检察公益诉讼并不依赖检察机关这一单一的主体，而是应树立自上而下的原则、从内部与外部协调联动，建立常态化协作机制。可从以下角度斟酌：一是推进“人民监管员 + 检察官”协作机制。安全生产方面的监督，以应急管理部门为主，该部门设有专门的人民监管室、配备人民监管员，其配合检察官对辖区安全生产情况进行监督，可以切实保障这项民生工程在安全生产领域得到强有力的监督，为安全生产“源头治理”提供监管力量和检察力量。二是鼓励检察机关组织开展安全生产责任单位的联席会议。开展联席会议的目的，不仅是集合各责任单位对安全生产领域综合管理形成共识，而是应从对内和对外两个角度加强责任单位之间的沟通与联系：对内加强检察机关与刑事检察部门、技术部门的协作配合；对外鼓励“地方政府 + 行政机关”与“检察官”的联合执法，形成凝聚执法主体之间的合力，并加强检察机关与各部门在线索移送、信息共享、专家咨询等方面的协作①，达到“检察”和“行政”双重监督的效果，为安全生产检察公益诉讼提供智力团队。②

（四）推动智能化与智慧化建设

1. 安全生产检察公益诉讼的智能化建设

推进检察智能辅助办案系统与安全生产数据跨部门办案平台的深度融合，成为衔接检察机关与行政机关办理安全生产公益诉讼案件的关键举措。具体而言：一是需要推进安全生产检察公益诉讼的技术支持体系，进一步扩大“智能检务”范围，借助大数据，无人机、卫星遥感和其他智能技术，赋能检察权实现检察机关办案和科技应用的深度结合。例如，通过大数据的匹配和分析，增强发现问题的准确能力、提高检察办案效率、推进办案风险防控等，为安全生产公益诉讼提供技术支撑。二是在安全生产检察公益诉讼中渗透智能化手段。基于大数据应用，践行最高人民检察院倡导“案件处理—监督—落实”一体化智能的整体理念，充分运用信息化、科技化手段，全力推进检察队伍智能化建设，加快推进办理期限的智能化建设，通过科学加压，提升检察机关公益诉讼案件的处置能力与水平。

2. 安全生产检察公益诉讼的智慧化建设

公益诉讼需要的大数据，有的藏在已经办理的刑事案件、民事案件里，需要深度挖掘；有的在行政部门的数据库或者相关行业的管理库里，需要与政府机关实现数据共享。③ 因此，安全生产检察公益诉讼的智慧化建设应当借

---

① 刘东斌，史忠辉：《安全生产公益诉讼检察路径探析》，《人民检察》2020 年第 19 期。

② 程长进：《利用专家资源精准消除事故隐患》，《中国应急管理报》2020 年 6 月 11 日，第 4 版。

③ 张雪樵：《公益诉讼要深挖大数据助力填补社会治理漏洞》，载最高人民检察院网，最后访问日期：2023 年 6 月 2 日。

助智慧法院的思路：一是建立安全生产案件重大线索信息共享机制。以智慧检察院为核心，进行“智慧检察，网络检察，融合检察”的信息化建设，将智慧化手段应用至安全生产检察公益诉讼的办案过程。主要表现为构建线上线索举报与评估、专业建言等平台，还要建立配套的线索举报和激励制度。二是建立追责体系，实现安全生产案件信息数据共享。既需要强化对安全生产信息数据的常态化监测，形成异常数据“发现—审查—更正”的阶段串，又要保证共享平台收集安全生产数据的真实性和可靠性，并及时针对不合格的资料进行调查，发现捏造数据、隐瞒数据等非法行为，进行依法追责，促使信息共享体系的信息数据成为安全生产检察公益诉讼的“晴雨表”。三是以安全生产公益诉讼为载体，创建法治教育基地，安全生产领域的相关单位应定期对宣传内容进行更新，做好安全生产领域范围的宣传服务，切实肩负安全生产公益诉讼的普法宣传任务。进一步增进社会各界对检察公益诉讼工作的理解，拓宽检察机关与社会公众的关系，助推安全生产检察公益诉讼取得新的进展。

第三部分　韶峰公益诉讼论坛篇

“安全生产领域公益诉讼检察的理论与实践”韶峰公益诉讼论坛记录*

一、开幕式

【主持人吴建雄发言】

公益诉讼检察制度是国家治理体系和治理能力现代化的一项重要的制度设计，是我国司法制度的一大创举。在以习近平同志为核心的党中央坚强领导下，公益诉讼检察制度从顶层设计到实践落地，从局部试点到全面推开，形成了公益司法保护的中国方案，受到广泛关注。

今天我们在这里隆重举行由最高人民检察院第八检察厅与湖南省人民检察院共同主办，湘潭大学公益诉讼检察理论研究中心、湘潭市人民检察院、湘潭大学法学院承办的2023年韶峰公益诉讼论坛，共同为推进检察公益诉讼理论与实践的持续快速发展作出积极贡献。

出席此次论坛的领导和嘉宾有：最高人民检察院第八检察厅副厅长徐全兵同志；最高人民检察院第八检察厅第二办案组主办检察官、湘潭大学公益诉讼检察理论研究中心联系主任刘东斌同志；应急管理部政策法规司副司长一级巡视员邬燕云同志；住房和城乡建设部工程质量安全监督管理司二级巡

* 2023年4月11日，由最高人民检察院第八厅、湖南省人民检察院主办，湘潭大学法学院、湘潭大学公益诉讼检察理论研究中心、湘潭市人民检察院承办的韶峰公益诉讼论坛“安全生产领域公益诉讼检察的理论与实践”在湘潭召开。本记录是对会议的实录，未经本人审阅，同时因录音设备临时出问题，第三单元主题研讨中刘东斌和邬燕云的录音不是很清楚，整理出来的内容可能有些错漏。本记录由程柏瑞整理，蒋泓、于美洋、刘欣琦校对。

视员王天祥同志；交通运输部安全与质量监督管理司二级巡视员陈萍同志；公安部道路交通安全研究中心副研究员、法规部负责人、副主任黄金晶同志；国家市场监督管理总局特种设备安全监察局、二级主任科员侯文焘同志；国家矿山安全监察局政策法规和科技装备司法规标准处处长黄体伟同志；中国安全生产科学研究院技术开发部副主任周建新同志；湖南省人民检察院专职委员罗青同志；湘潭大学党委副书记廖永安教授；国家矿山安全监察局湖南局党组成员、副局长刘永明同志；湖南省交通运输厅党组成员、总工程师任成志同志；湖南省市场监督管理局特种设备局一级调研员潘志刚同志；湖南省住房和城乡建设厅建筑管理处副处长汪加武同志；湖南省公安厅交警总队副队长王波同志；湖南省应急管理厅政策法规处副处长杨志文同志；陕西省检察院三级高级检察官张蕾同志；山西省检察院八部检察官助理杨立韬同志；江苏省扬州市检察院六部主任李志强同志等实务界专家，以及来自中国政法大学的刘艺教授；中国政法大学林鸿潮教授；西北政法大学王周户教授；广东财经大学颜运秋教授；湖南师范大学李爱年教授；南京信息工程大学梁鸿飞教授；应急管理部信息研究院法律研究所副所长代海军所长；郑州大学邢昕博士等专家；专门从事安全生产领域公共诉讼领域的权威学者，以及应急管理部政策法规司，公安部道路交通安全中心，交通运输部安全与质量监督管理室，中国安全生产科学研究院，国家矿山安全监察局，湖南矿山安全监察局，湖南省公安厅交警总队、执法支队等部门的其他领导和专家，湖南省人民检察院第八检察部相关领导，湖南省地市州检察院的代表，湘潭大学公益诉讼检察理论研究中心的研究团队等。因嘉宾较多，这里就不再一一介绍了，请各位谅解。

在此我谨代表湘潭大学公益诉讼检察理论研究中心，湘潭大学法学院向各位领导和专家的到来表示热烈的祝贺，向长期致力于公益诉讼实践理论研究的同志们表示衷心的感谢。

这次活动分为两个单元，第一个单元是开幕式，第二个单元是主题研讨。下面进行第一单元的活动，共有四项议程，第一项，请湘潭大学党委副书记廖永安教授致欢迎词，大家欢迎。

【廖永安致辞】

尊敬的全兵厅长，各位领导，各位专家，老师们，同学们，大家上午好。春日佳期共襄盛举，今天很荣幸邀请到大家相聚伟人故里，共同出席由最高人民检察院第八检察厅与湖南省人民检察院主办，湘潭大学和湘潭市人民检察院承办的2023年峰会公益论坛。首先我谨代表湘潭大学向出席论坛的各位领导专家和来宾表示热烈的欢迎。

湘潭大学是1958年由毛泽东同志亲自创办，亲笔题写校名，并亲切嘱托一定要办好的大学。在60余年的建设发展历程中，一直得到党中央、国务院的亲切关怀。特别是2018年9月6日，习近平总书记在我校60周年前夕作出重要批示，希望湘潭大学不忘初心、牢记使命，扎根伟人故里，弘扬优良传统，坚持立德树人，勇于改革创新，努力把学校办得更好更有特色。自习近平总书记作出重要批示以来，学校发展进入了快车道，成功入选国家双一流建设高校，开启了高质量发展的新征程。作为承载着毛泽东同志殷切嘱托和习近平总书记殷切期望的大学，湘潭大学始终将培育一流人才，产出一流成果，服务党和国家事业发展作为义不容辞的责任。

在法学领域，我校法学院是湖南省师资力量最强，学科门类最全，招生规模最大，教育层次最齐全的法律院系之一，是湖南省唯一的国家级法学专业综合改革试点单位，全国法律专业硕士学位研究生教育综合科学的试点单位，国家级法学人才培养模式创新实验区，法学类国家级实验教学示范中心，特别是作为较早启动公益诉讼检察理论研究的高校，我校同最高人民检察院理论研究所共建了检察公益诉讼理论研究中心，并被最高人民检察院批准为检察公益诉讼研究基地。

党的十九大报告提出要进一步完善公益诉讼制度，进一步加强公益诉讼研究，这是贯彻落实党的二十大精神，完善公益诉讼制度，推动公益诉讼工作向纵深发展的重要要求，也是成立检察公益诉讼理论研究中心的初衷。

我们衷心期待并坚信在最高人民检察院理论研究所等上级单位的大力支持和学界同仁的倾心相助下，以本次论坛的召开为新的契机，携手推动公益诉讼研究取得更务实、更有效的成果。最后衷心地祝愿论坛取得圆满成功，祝各位领导和专家身体健康、万事如意，祝同学们学习愉快、学业有成。谢谢大家。

【主持人吴建雄】

谢谢永安书记。第二项，请湖南省人民检察院专职委员罗青同志致辞，大家欢迎。

【罗青致辞】

尊敬的全兵厅长，各位专家，各位领导，各位来宾，大家上午好。非常荣幸有机会参加这次韶峰公益诉讼论坛。首先我谨代表湖南省检察机关对会议的召开表示热烈的祝贺，向远道而来的各位领导、各位来宾表示诚挚的欢迎。

近年来国内安全生产事故频发，给广大人民群众的安全健康以及国家财产造成了严重影响。习近平总书记在党的二十大报告中强调，要推进安全生产风险专项整治，加强重点行业领域安全监管。在这种形势下，各位领导、各位专家齐聚伟人故里，深入研讨安全生产领域公益诉讼检察理论与实践问题，交流安全生产事故处理经验，具有十分重要的现实意义，必将进一步深化安全生产理论研究与实践。

2021 年 9 月 1 日，修改后的《安全生产法》正式实施，安全生产随之成为检察公益诉讼的法定监督范围。2022 年 2 月，最高人民检察院向应急管理部制发了安全生产溯源治理方面的“八号检察建议”。湖南省检察机关深入学习贯彻习近平总书记关于安全生产的重要论述，认真落实“八号检察建议”，坚持“人民至上，生命至上”的安全发展理念和“安全第一、预防为主、综合治理”的工作方针，狠抓安全生产领域，重视安全管理，推动安全生产社会治理、系统治理、源头治理。

2022 年以来，全省检察机关共立案办理安全生产领域公益诉讼案件 1676 件，发出诉前检察建议 1609 件，发出社会治理检察建议 30 万条，通过开展系列专项监督活动、信息环境工作机制，并加强与行政机关协作配合，推动解决了例如危险驾驶、飞线充电、电梯伤人、拒检、违建安全等突出问题。

安全无小事，随着经济社会持续发展，安全生产工作面临的形势日益严峻，遇到的问题比较复杂，如何有效推动全社会树立安全生产意识，督促安全生产制度严格落实，以及有效堵塞安全生产事故漏洞，需要学术界和实务界从体制机制上共同研究解决方案，本次论坛设置的主题和议题，具有很强的指导性和针对性。

各位行业领导和资深专家都在安全生产领域潜心耕耘多年，有着广阔的视野和精心的研究，必将进一步深化安全生产工作经验交流，推动理论界和实务界良性互动、同频共振，取得丰硕的理念和实践成果。最后预祝此次韶峰论坛取得圆满成功。祝各位领导、各位专家学者、各位来宾，工作顺利、万事胜意，谢谢大家。

【主持人吴建雄】

谢谢罗青专委，下面进行第三项，请最高人民检察院第八检察厅徐全兵副厅长致词。

【徐全兵致辞】

尊敬的廖书记，罗检，各位领导，各位专家，大家上午好。今年是贯彻党的二十大精神的开局之年，公益诉讼检察工作走过全面推开五周年的节点，迈入了转型升级，实现高质量发展的新阶段。今天我们齐聚伟人故里，湘江河畔，韶峰脚下，召开这次研讨会，对于在新的发展阶段深化公益诉讼领域的研究，推动安全生产公益诉讼检察高质量发展具有重要意义。首先我代表第八检察厅对大家长期以来对公益诉讼检察工作的关心、支持表示衷心的感谢，对会议的召开表示热烈的祝贺。

党的二十大报告第一次专项部署全面依法治国工作，第一次提出“加强检察机关法律监督工作”“完善公益诉讼制度”。2021 年党中央印发《中共中央关于加强新时代检察机关法律监督工作的意见》，在百年党史上也是第一次，这些“第一次”充分体现了以习近平同志为核心的党中央对公益诉讼检察改革的认可，对公益诉讼检察实践的肯定，是完善公益诉讼制度、更加充分地发挥公益诉讼检察职能作用的基础。检察公益诉讼制度是习近平总书记亲自部署推动的重大司法改革，是习近平法治思想的原创性成果。从 2017 年全面开展以来，办案数量稳步增长，办案质效持续提升，案件范围不断拓展。从 2017 年 7 月，全国检察机关共立案 76 万余件，其中民事公益诉讼 7.5 万件，行政公益诉讼 69 万多件。在案件范围方面，也从民事诉讼法、行政诉讼法确定了四个领域，拓展到了包括安全生产在内的“4 + 9”，形成了“4 + n”

的格局。

安全生产领域是公益诉讼检察新增的法定领域，2021 年公益诉讼条款写入《安全生产法》以来，我们秉持“双赢、多赢、共赢”的理念，和各相关的行政机关协同发挥职能作用，不断优化协作配合机制，共同织密安全生产的保护网，形成了既依法督促又协同履职的监督协作关系。

安全生产检察实践虽然开展时间短，但是发展非常快，2021 年办案 2 万余件，这样一个办案规模也比较充分地暴露了实践当中的突出问题。我们研讨的一些重点，也就是这一些问题。比如说：怎么样把握安全生产公益诉讼的案件范围和办案重点，如何处理好安全生产行政公益诉讼和民事公益诉讼的关系，怎么来确定安全生产民事公益诉讼的诉讼请求等，这些问题，都亟待理论界各位专家的指导与回应。

最高人民检察院一直以来高度重视检察工作研究，始终坚持用实践创新来推动理论创新。在创新理论的指引下，实现制度创新。2019 年 8 月，最高人民检察院在湘潭大学、中国政法大学、西北政法大学、郑州大学四所高校专门设立了检察公益诉讼研究基地，推动公益诉讼检察实践和理论研究的深度融合。从我们厅的角度也是安排厅里骨干担任基地的联系主任，也开展了一系列的活动，确实还是取得了丰硕的成果。

下一步我们也将在最高人民检察院检察理论研究所的支持下，继续加强同各个基地的协作配合，充分发挥好各个基地的优势，通过专项委托课题、联合发布案例、联合调研、挂职锻炼、设置实务前沿课程等方式，推进公益活动课程教材的研发、人才培养、学科建设，共同把习近平法治思想的公益诉讼检察实践转化为立足中国大地的主体性、原创性的理论成果，推动构建具有中国特色的公益诉讼制度。

公益诉讼检察实践的高质量发展，离不开学术界的关注和支持，也离不开行政机关的理解和配合，同样离不开科研机构的添智和赋能，期待通过这次研讨会法学理论和实务专家能够发表真知灼见，碰撞思想火花，凝聚广泛共识，以更大的努力、更实的措施落实好二十大部署的完善公益诉讼制度的任务。

最后预祝本次研讨会取得圆满成功，谢谢大家！

【主持人吴建雄】

谢谢徐厅长。2023年我们韶峰公益诉讼论坛的召开，对于公益诉讼检察理论和制度完善而言是一件幸事，对我们湖南省和湘潭大学而言更是一件幸事，让我们再次以热烈的掌声庆祝论坛的胜利召开。

现在进行第四项，集体合影，请各位领导、各位嘉宾移步大会堂的一楼前庭合影留念。

稍后将进行嘉宾主题研讨。

二、主题研讨

（一）安全生产领域公益诉讼范围的确定

【主持人李爱年】

感谢主办方的邀请，这是个很好的学习机会。从议程来看，我们这次论坛规格高，主题鲜明，是一次理论与实践相结合，高校与实务部门无缝对接的高峰论坛。我也非常高兴能够与湖南省检察院第八检察部姚红副主任共同来主持第一组：安全生产领域公益诉讼范围的确定。

刚才我和姚副主任做了分工，我们两个主持人的定位是这样，把专家学者邀过来，我刚才看了发言人和与谈人都到了，请大家在规定的时间完成规定的任务。

我们第一组的发言人有两位，一位是陈忠主任，一位是林鸿潮教授。与谈人有三位：刘艺教授、王波副总队长，还有赵雯教授，因为特殊情况没有来，所以按照原来的发言和与谈人的时间，原来发言人每位是8分钟，与谈人每位发言的时间是6分钟，因为有一位教授没来，所以我们发言人的时间每人10分钟，与谈人的时间每人7分钟，我们要严格执行，否则下一阶段的时间就会延后，所以我跟姚副主任做了分工，还剩一分钟的时候，我们用这个杯子盖提醒。

下面就有请我们第一位发言人，湖南省检察院第八检察部陈忠主任，大家欢迎。

【发言人陈忠】安全生产公益诉讼制度的治理功能与法治实践

各位领导，各位专家，各位参会的嘉宾，大家上午好。我是湖南省人民检察院第八检察部主任陈忠，非常感谢会务组给我发言的机会，我发言的题目是《安全生产公益诉讼制度的治理功能与法治实践》。之所以讲这个题目，是因为在实践中检察机关跟行政机关对《安全生产法》第七十四条第二款有疑惑，检察机关到底在什么范围内可以提起公益诉讼，启动公益诉讼是否受到重大事故隐患或者导致重大事故和国家利益、社会公共利益受到侵害的限制，这一规定是不是意味着检察机关应当谨慎进入安全生产领域？

其实产生这些疑惑的根源，我认为是误解了公益诉讼制度的功能定位，为此我将结合近五年的法治实践，分四个部分来说明，第一部分是公益诉讼的目的，第二部分是安全生产公益诉讼的意义，第三部分是我们湖南省开展安全生产公益诉讼的实践探索，第四部分是亟需理清的几个理论问题。

第一部分是公益诉讼的目的。检察公益诉讼是以法治思维和法治方式推进国家治理体系和治理能力现代化的重要制度设置，弥补了传统诉讼的不足，解决了公地悲剧，彰显了其高度契合国家治理要求的独特优势。习近平总书记在十八届四中全会就决定起草情况做专门说明的时候，深刻解读了检察公益诉讼的追求。习近平总书记指出，探索建立检察机关公益诉讼制度，目的是使检察机关对在执法办案中发现的行政机关及其工作人员的违法行为及时提出建议督促及纠正。

建立公益诉讼制度实质上是找一个适格的主体，利用司法介入的手段，堵塞原来制度中司法手段无法作用的漏洞。通过有效司法监督促进依法行政，概言之，赋予检察机关提起公益诉讼的职能，就是弥补行政违法侵害公共利益的司法监管的治理漏洞，有效发挥司法在监督行政、维护公益方面的治理效能。本质就是助力依法行政，维护人民利益，推进国家治理体系和治理能力现代化。

第二部分是安全生产公益诉讼制度的意义。为什么要建立安全生产公益诉讼制度？安全生产事关人民福祉，事关经济社会与发展大局，涉及重大国家利益和社会公共利益。2021 年 6 月，全国人大修改的《安全生产法》增设了公益诉讼的条款，这个意义有三个，第一是贯彻落实习近平法治思想和党中央国务院关于安全生产决策部署的客观要求，也是对检察机关三年多来探索开展安全生产领域丰富实践和良好成效的充分肯定。第二是贯彻统筹关系和发展的实践，有利于检察机关进一步发挥公益诉讼职能，着力提升安全生产领域应急管理治理水平，最大限度地预防和减少安全生产隐患，维护人民群众利益，保障经济和社会发展。第三是拓展公益诉讼的范围，特别是在二十大报告中，习近平总书记专门要求提高公共安全治理水平，强调推进安全生产风险专项整治，建立大安全大应急框架，完善公共安全体系，推动公共安全治理模式向事前预防转型。概言之，赋予检察机关提起公益诉讼的职权，就是为了弥补缺失行政违法侵害公共利益的司法监管的治理漏洞，有效地发挥司法在监督行政、维护公益方面的治理效能，“促进依法行政，推进法治政府建设”是公益诉讼制度设计的出发点。公益诉讼的本质是助力依法行政，共同维护人民的根本利益，其实质就是推进国家治理体系和治理能力的现代化。

第三部分，公益诉讼部门在安全生产公益诉讼的实践探索。公益诉讼制度作为维护公众利益的重要法律手段，近年来被广泛用于处置各类涉及不特定多数人利益的重大事件，在化解矛盾风险、强化利益救济、完善制度方面发挥了不可替代的作用。之前的公益诉讼多是在事后的法律救济，在诉讼程序中碰到的比较多，但是我们在办理安全生产公益诉讼案件的司法实践中，延伸了公益诉讼的链条，将事前事后进一步结合起来，形成了全链条式的制度体系，为检察机关强化法律监督，完善安全生产监管体系，维护人民群众生命财产安全提供了较好的司法样板，取得了一些成效。第一是落实了制度的要求。2016 年国务院提出“研究建立安全生产民事和行政公益诉讼制度”，2019 年又提出来了“拓展公益诉讼范围”。2020 年以来，全国检察机关都坚持“人民至上、生命至上”的原则，办理了一批安全生产领域的公益诉讼案件，比如说自建房、小区“飞线充电”，火灾安全隐患和电梯失灵，特种设备维护监管，还有处置危化品、道路交通安全，等等，都取得了一定成效。第二是办了一批典型案子，最高人民检察院 2020 年、2021 年、2022 年先后三次跟铁路总公司、应急管理部发布了 30 起典型案例。2022 年湖南省检察院根据省委的要求，开展了花垣县“锰三角”矿业污染专项整治，其重要内容涉及 98 个尾矿库，1454 个采空区，13 个地质灾害点的安全生产领域的公益诉讼的办理。第三是办案重点不断涌现。特别是围绕党委政府关注人民群众的难点问题，突出了预防性的司法体验，扎实推进了危化品、矿山、交通运输、城市建设、特种设备等安全整治，从源头上防范风险。第四是办案规模不断扩大，据不完全统计，2021 年修法之前，15 个月全国办了 14125 件案子，修法后的 2022 年的前 10 个月，我们办理了 20356 个案子，是前面 15 个月的两倍，充分说明修法对检察机关维护人民生命财产安全起到了很好的作用。

在实践探索中，我们认为针对安全生产涉及的公益侵害，现在关注的重点不是已经发生了安全事故和实然侵害，而是重大风险和隐患。一方面，检察机关在办理公益诉讼案件中突出预防性司法理念，重点关注安全生产隐患的排查整治，通过行政公益诉讼职能向行政机关发出诉前检察建议或者磋商，确保行政机关或者助力行政机关依法监管到位。另一方面，在民事公益诉讼中，检察机关通过向安全生产负有主体责任的生产经营单位，提起消除事故隐患、消除因事故而造成的损失等，依法追究违约责任、公益生态责任，切实保护了人民的生命财产安全。我们在实践中还办理了四类形态的案件，第一类是行政公益诉讼，最高人民检察院发的 30 例案子里面大部分是行政公益诉讼案件。第二类是民事公益诉讼案件。我们通过对安全生产负主体责任的生产经营者提起消除侵害、消除事故隐患和围绕事故损失的诉求提起民事公益诉讼。第三类是刑事附带民事公益诉讼。第四类是探索行政附带民事公益诉讼。

第四部分亟需厘清的几个问题。第一是因为事故处理引发公益侵害，比如说生态环境损害和国有财产保护，是不是服务于安全生产领域的公益诉讼。第二是行政公益诉讼的立案标准与诉讼标准的问题。我的发言完毕，谢谢。

【主持人李爱年】

非常感谢陈主任，时间控制得很好，也感谢陈主任结合典型案例阐述了安全生产领域对于诉讼制度的治理功能，尤其是一些理论问题，非常感谢。下面有请第二位发言人，中国政法大学林鸿潮教授，大家欢迎。

【发言人林鸿潮】安全生产概念的理解

感谢论坛的邀请、感谢主持人。刚才陈主任从事前事后的角度谈了安全生产公益诉讼范围的确定，这一组的主题，我觉得很有意思，非常好。我从另外一个角度做补充，就是怎么理解安全生产的概念。

邬司长在这，我是班门弄斧。这个概念我不把它扩大，不把它缩小，实际上是不容易的，这里面有两个问题。第一就是《安全生产法》对安全生产的概念的界定，它并没有作出过于详细的定义，只是说在生产经营活动当中发生的，那什么是生产经营活动，实践当中的把握理解还是比较粗暴，这个粗暴不是我们开展公益诉讼之后把它变粗暴了，而是原来安全生产执法就执行得很粗暴，他们把生产一般都理解为是增值性的，把经营就理解为是营利性的，就是你挣钱了。

这个标准还会得出一些非常有意思的荒谬的推论，举几个例子，比如说农业生产，一个农民拿着一把锄头去种地，这是不是生产？那肯定是农业生产，那为什么一个农业公司用农业机械去作业的时候，它就要被监管呢？再比如说网红直播带货，他挣不挣钱？为什么不对他进行安全生产监管？但如果是在一个商场里面卖东西，为什么就要去监管呢？所以仅仅以是否增值，是否挣钱来作为标准，这是不准确的，这里还有一个实质性的因素需要考虑，这些增值的或者是营利的活动是不是带来了显著高于日常生活的风险？如果它带有这样的风险，那么就要纳入监管范围。有些生产经营活动的风险和日常生活风险基本相同，那就不应纳入安全生产监管的范围。仅仅以能不能挣钱为标准，在实践当中又带来一些荒谬结果，比如我参加讨论过一些案子，小区里面火灾是不是生产安全事故？小区是居民住宅，不是经营性的，但有人说物业公司收费，是挣钱的，所以要按照安全生产来办。还有些单位，它是有生产经营的功能，但是它发生了别的安全问题，也把它按照安全生产来办。比如说2021年我参加了河南郑州“7·20”案件调查的时候，当中有一件事就是国家水库，由于河南五建公司在南四环快速路施工的时候，往水库里面丢弃渣土等导致水库库容缩小和泄洪道被堵塞，所以在7月20日晚上发生了漫坝事故。后来在认定水库管理方和河南五建公司责任的时候，有的同志就提出来要定为生产安全事故，他说因为这个水库有发电功能，是要挣钱的，所以它是生产经营单位。我当时提出反对意见，我说这个水库它至少有两个功能，首先它是防洪蓄水减灾的设施，然后才有经营功能，比如说灌溉甚至开发旅游，或者是发电，那么发生事故，它是因为溢洪道被堵塞、库容被占用，导致了漫坝，是它作为防洪减灾设施的安全出了问题，应当适用防洪法和防汛条例来追究责任，不是它的经营功能出了问题，因此不能作为生产安全事故来认定责任。所以不能够简单以挣钱不挣钱、是不是增值性的活动来作为判断的标准。这是我谈的第一个问题。

第二个问题就是生产安全和别的安全的关系，因为《安全生产法》对于生产安全和别的安全还是作了区分。特别是有些有交叉的地方，像道路交通安全、消防安全、特种设备安全，这里面最头疼的又是特种设备安全。道路交通安全、消防安全跟安全生产在安全生产法意义上有区别，但这个比较容易处理，比如道路交通安全就以车辆是不是营运区分，消防安全以是不是发生在生产经营单位区分，唯独特种设备安全，本质上多数情况下是特种设备有质量缺陷导致的安全事故，不是特种设备在使用、生产的过程当中发生的，所以它作了区分。在检察公益诉讼的实践当中，一般是从广义上，就不从《安全生产法》第二条安全生产和别的安全的区别的意义上去理解安全生产，而是广义上泛化地理解安全生产的，但是我们要注意到，就我们现在多次谈到的第七十四条第二款，它是在《安全生产法》里面规定的，规定的这个安全生产是《安全生产法》意义上的安全生产，也就是说它是跟别的安全区别了之后的小安全生产，但这也不意味着大安全生产就不能够去介入公益诉讼，但就会产生依据上的差别问题。比如说如果介入的是《安全生产法》意义上的这个小安全生产，那么去提起安全生产公益诉讼，我们也就接受了直接作为依据。那么如果介入的是别的安全，比如说是特种设备安全，还有其他的一些包括像小区里面飞线充电这样一些事情，那么就只能够引用民事诉讼法或者行政诉讼法，就是现在大家普遍赞同的“等外”理解来作为它的依据。在《安全生产法》意义上对这几种安全是作了区别的，所以就这个主题，我就谈这么两点意见，谢谢大家。

【主持人李爱年】

非常感谢林教授，安全生产公益诉讼与其他公益诉讼应该也有不同，所以怎么样理解安全生产，这是我们进行理性思考和理论研究的基础。林教授对安全生产的定义和特点进行了全面的解释，非常感谢。

好，下面有请两位与谈人，先请中国政法大学法治政府研究院刘艺教授，大家欢迎。

【与谈人刘艺】安全生产公益诉讼的范围

《安全生产法》对公益诉讼制度开了一个新的领域，我记得 2015 年的时候，我们提交全国人大行政法室和民法室修法议案的时候，行政法室明确表示说，检察机关提起行政公益诉讼只针对已经作出来的行政行为而不进行风险防范的监督。而民法室的观点是认为侵权法里面本身造成的损害，除了实质性损害以外，也包括侵权的风险、隐患，所以在 2017 年修改《民事诉讼法》和《行政诉讼法》的时候，我们受立法机关的影响，认为行政公益诉讼领域里面不会对风险进行防范，而只会对实质的行为进行监督。而民事领域里面既可以对实质行为进行监督，也可以对风险进行防范。

所以在长时间的实践中，特别是应急管理部，包括中央的一些文件，积极的检察机关介入安全生产领域里面开展公益诉讼工作的时候，我自己是一直有非常大的疑惑的。随着实践的不断推进，特别是对风险社会的一些相关理论进行研究后，我有一些观念上的变化。现代社会，特别是安全领域、健康领域、环境领域，都是高风险领域，而这些领域里面法律对他们的应对采取了两种机制，一种机制是从侵权法、保险法、合同法角度出发，建构了监管领域里面的肇事者原则。另外一个机制就是监管提前介入，然后以预防性原则设定所有的主体责任的方式，或者是以行为规范的方式来进行风险监管。那么从这个角度来讲，无论是在环境领域、健康领域，还是安全领域（当然这个安全是大安全领域），基本上已经有了相应的风险监管，已经建构起了风险监管的监管模式。

那这个风险监管的监管模式落实到具体的责任上，就是《安全生产法》在 2021 年建构起来的两套机制，一方面强化了生产经营单位的责任，就是肇事者原则。另一方面就是要加强政府的监管责任，就是政府通过预防性的风险监管来完善对风险领域不确定性的化解。那也就是说在安全的防护上面，它一直对应的一个原则是在风险的防护上，尽量多地减少不确定性，但是这个不确定性化解制度虽然在立法上建立起来了，但是在具体执法过程中，我们还是认为监管机构有非常强的裁量空间，因为安全责任的落实，它很大程度上跟效益是紧密相关的。为什么落实了生产经营者责任，生产经营者还是会在安全的资金、安全的配套设施方面去走一些偏锋，走一些灰色地带？就是因为风险里面蕴含的收益，风险具有不确定性，同时从效益的角度来看，它会带来收益。

所以即便立法上确定了，我们执法机关在具体执法的过程中，也会根据经济社会环境，包括企业的具体运营状况来调整执法标准。

从这样的角度来讲，检察机关这样对安全领域的监督，即便《安全生产法》第七十四条允许他开拓了检察机关可以对重大事故隐患的行政监管的监督，但是它仍然会落实到安全监管具体的监管行为的监督中，所以它本身并非是预防性的监督。但是从它的介入时机和它的介入方式来说，不具有预防性诉讼的基本特征，因为预防的特点是要对风险进行分析、评估，要对风险进行管理，这是决策权力，这个决策权力立法机关给了行政机关，而没有让检察机关在提起公益诉讼的时候有很明确的介入时机。

因此，《安全生产法》第七十四条这个范围很有趣，其实它重点分成两块，第一块，导致了重大事故的时候，就已经是构成了刑事犯罪，那么办理的案件就是刑事附带民事讼诉的案件，而重大事故隐患案件重点是落实在行政监管部门的安全生产的监管行为是不是过失，法律和执法是否保持一致，而在法律和执法是否保障一致的方面，检察机关的裁量权相对来说是比较小的。因为行政监管部门基于风险本身的大量的经济收益，且它会有经济社会其他因素的考量，行政机关的裁量权是非常大的，检察机关的监督权仍然还是要依法来开展。从这个角度，我觉得第七十四条第二款，某种程度上把检察权和行政权的关系，在风险领域的监管方式之间的检察权和行政关系进行了一个重新划界。

里面的划界我觉得其实是很有趣的，它虽然朝前进了一步，2017 年《刑事诉讼法》第二十五条第四款的规定是超前性维护，但是如果严格遵循法律，检察机关是一个法律监督机关的定位的话，那么它的定性仍然还是在传统的行政公益诉讼的监督模式下开展，这是我第一点想说的一个范围问题。

第二点，大安全格局，在安全领域包括安全生产领域，健康领域和公共卫生领域也有安全问题，还包括刚才讲到的燃气类的案件。《安全生产法》第二条里面列举的道路交通安全、水上安全、民航等这些也都是安全领域。那么如果是从大安全的建构来说，检察机关办理安全类的案件，其实都是有制度的正当性的，但是如果从案件类别来讲，它就不应该叫作安全生产领域的公益诉讼案件，它应该叫作安全领域的公益诉讼案件。而依据第七十四条第二款的规定，那就是安全生产领域的公益诉讼案件。安全领域的公益诉讼案件，它从安全构造来说是必需的，政策上是允许的，也是倡导的，但是如果是依据《安全生产法》第七十二条第二款规定，那么它限定在安全生产领域的公益诉讼案件，这一点我觉得是要区分开来的。

最后是就是检察机关一对多的问题，因为大安全所涉及的行政机关特别多，而且安全问题具有很大的不确定性，很多安全隐患其实涉及多个行政主管部门之间的职权划分等问题。所以我个人觉得《安全生产法》仅仅是开个头，在下一步包括健康领域、生活安全领域等都要考虑检察机关该如何介入，如何推进相应修法的问题。但是可能要注意一个限度，就是健康领域和生活安全领域，涉及的是经济社会文化权，那经济社会文化权利的保障，政府的义务是积极义务，就是政府积极去推进就行了，他没有即时强制性义务，它跟公民基本的政治权利的政府保障的责任不一样，所以立法本身会授予多大的政府责任，以及检察机关可以监督到什么范围，这也是要进一步进行深入研究的问题。

好了，我的发言就到这里，谢谢大家。

【主持人李爱年】

非常感谢刘教授，我正准备提醒。时间正好，非常感谢刘教授从《安全生产法》第七十四条公益诉讼的范围进行了分析，我的理解是：因为第七十四条涉及的是重大事故，这个公益诉讼比较好理解，还有一个是涉及风险防范的问题，按照刘教授的理解，讲到了风险防范的效果，但是时间有不确定性，效果也有不确定性，所以风险防范应该是行政机关，但是公益诉讼实际上是生产安全领域才能够涉及的。刘教授讲到了大安全领域的范围和概念的问题，非常感谢。下面有请湖南省公安厅交警总队副总队长王波发言，大家欢迎。

【与谈人王波】持续推进道路交通安全领域公益诉讼的重要性

各位领导，各位专家，我发言的主题是《持续推进道路交通安全的公益诉讼》。首先开展道路交通安全领域公益诉讼，是实现道路交通管理综合治理的现实需要。据统计，在安全生产领域，交通事故起数和死亡人数占事故总量的2/3以上。道路交通是安全生产的重点领域，且事故隐患量多面广，治理难度大。

一是道路风险隐患治理难以到位，主要体现在相关职能部门和企业排查治理道路安全隐患不及时、不到位，致使部分道路安全隐患长时间存在，且迟迟得不到解决，是导致交通事故，尤其是重大事故的重要原因。

近年来，我省每年排查事故风险路段多达7000余处，相当一部分事故隐患路段整改不到位，难以得到有效的治理，导致事故发生风险持续高位。2019年至2022年，我省发生翻坠等形态的亡人事故1213起，死亡1316人，尤其是多起较大以上事故，均与道路防护设施不齐全或者达不到安全防护标准等道路交通安全隐患处理不到位有直接关系。

二是部分部门监管、企业主体责任落实不到位。从今年我省道路交通安全管理情况来看，部分道路运输企业主体责任不落实，安全管理制度不健全，少数职能部门监管不到位，存在失管漏管的现象，是道路交通安全风险急剧增加的重要原因。

比如当前超限超载违法屡禁不止的一个重要原因，就是一些货物运输企业为了牟利，放任甚至纵容超限超载运输车流向路面。再比如满街可见的超标电动自行车、老年代步车等。一方面，部分企业无视国家行业标准，为了谋利，大肆违规生产销售；另一方面，行业主管部门对企业的违规行为视而不见，不主动履职，所以道路交通安全风险隐患治理不到位，企业和部门责任不落实，都会给道路交通安全带来巨大隐患，甚至给生命安全造成严重影响。而无论是对道路安全隐患进行排查治理，还是压实企业和职能部门的责任，都需要检察机关通过公益诉讼来加大督促治理的力度。

公益诉讼能很好地帮助解决道路交通安全源头治理中的突出问题。公益诉讼既有民事公益诉讼，也有行政公益诉讼。道路交通源头治理既存在企业违规违法的问题，也存在有关职能部门不依法履职尽责的问题。因此无论从公益诉讼的理念，还是公益诉讼的具体职能设计领域等各个层面来看，公益诉讼能很好地参与帮助和解决当前道路交通管理源头治理所面临的突出问题。

在道路交通管理领域，公益诉讼已经起到了很好的社会治理效果。2022年为了推动城市道路交通安全公益诉讼工作，湖南省人民检察院与湖南省公安厅专门召开了联席会议，确定进一步加大城市道路交通管理源头治理公益诉讼力度，两家通过研究推动形成了道路交通管理、源头治理、公益诉讼协作机制，指导地方加强道路交通管理、行政执法与检察公益诉讼的衔接等。

2022年，我省交通管理部门通过加强道路交通行政执法与检察公益诉讼工作衔接，有效推动了13个有影响的道路交通安全领域源头性问题的解决。通过公益诉讼有效震慑了一些企业和部门，推动企业严格按照要求完善了道路运输安全管理制度。行业主管部门落实了监管责任，一些严重道路交通安全隐患得到了有效的治理，取得了很好的社会效果和法治效果。虽然《安全生产法》没有具体明确安全生产公益诉讼的范围，但结合安全生产的管理实际，将道路交通安全领域划入安全生产公益诉讼范畴，进一步维护《安全生产法》，维护国家和社会公益，既符合立法本意，又能推动安全生产管理工作，有效地维护人民群众的生命财产安全，发言完毕，谢谢。

【主持人李爱年】

好，非常感谢王队长，根据实证研究的方法，分析了道路交通安全治理当中存在的一些安全隐患的问题，以及公益诉讼怎么样参与和进行反哺，非常感谢，这一阶段在各位发言人、与谈人和各位专家学者的大力支持下，我和姚红副主任准时完成了这一阶段应该完成的任务，非常感谢大家。

（二）安全生产领域公益诉讼预防性措施的类型与正当性

【主持人姚红】

第二个阶段，我们探讨安全生产领域公益诉讼预防性措施的类型和正当性的问题。在第一个阶段里面，关于道路领域，我觉得各位专家和实务部门的同志，都是从理论和实务的角度去探讨，安全生产旦面包括很多学者提出的大安全生产观，包括监督范围的问题。

那么对于我们开展这个领域的公益诉讼的案件里面，到底是不是一个预防性的监督，到底有哪些类型，然后在什么正当性的情况下可以介入监督，各位专家学者和实务部门也有话要说。首先我们请发言人，郑州大学法学院邢昕博士发言，大家欢迎。

【发言人邢昕】关于安全生产领域诉讼预防性措施的类型和正当性

尊敬的各位领导，各位专家，大家上午好，我是来自郑州大学法学院的邢昕，今天要向各位汇报的主题是《关于安全生产领域诉讼预防性措施的类型和正当性》。我将主要从三个方面来汇报，分别是安全生产领域预防的正当性、安全生产领域预防性措施以及预防性措施的正当性保障。

第一是安全生产领域预防的正当性，刚才陈忠主任他说我们现在在执法的过程中，一个难点就是如何去理解《安全生产法》第七十四条第二款的规定，那我们如何理解呢？可以从合法性和有效性两个方面上去理解预防，但也是从另外一个角度去证成了安全隐患的正当性。

那我们从规范主义的视角去证成预防的合法性，可以通过对《安全生产法》第一条和第三条的文意解释以及体系解释来证成。《安全生产法》第三条第二款提到了在安全生产领域要以预防为主。那预防如何来理解？立法目的条款之中，已经为我们进行了阐释，它提出在安全生产领域，我们要加强安全生产工作，减少和防止安全生产事故的发生。

从法条的规范角度来讲，可以从两个维度进行阐释预防，在损害未发生的时候，我们实际上是防止其发生，那在损害已经发生的时候，是减少其发生、防止危害后果的升级。

从有效性功能主义的视角来看预防的有效性和正当性的时候，可以从外部视角和内部视角两个方面去证成。首先是从外部视角来看，我非常同意刚才林鸿潮教授他的观点，就是在不同的领域有不同的安全，那在不同的领域实际上也是有不同的风险。那安全领域的风险以及损害之间，它们是一个什么样的关系？我在这里帮大家画了一个简图，能够帮我们来证成一下在这个领域去理解这个问题的时候，需要从哪个角度去理解。

如果是从大安全的角度去理解损害风险和剩余风险它们之间的关系的时候，实际上可能要将损害和风险进行扩大解释，但如果说是从小安全的角度去进行解释的时候，那剩余风险可能就包含在大安全生产领域的风险，所以剩余风险和损害之间实际上是在不同的领域存在着一种相互转换的可能性，这也是我们从外部视角理解损害和预防并存的原则，从事前预防转换到事后救济的时候需要关注的。

从内部视角来看，国家保护义务告诉我们在对公民的基本权利进行保护的时候，国家是拥有保护的义务。那在不同时期，国家保护义务的大小也是不同的，特别是像现在这样的一个社会，我们是心怀国之大者，我们希望人民群众的美好生活的向往就是我们的奋斗目标。那我们从能动检察的视角，也是希望更多地去保护国家和社会公共利益。我非常喜欢最高人民检察院在发布指导性案例的时候，它经常会提到的一句话“用公益诉讼去守护美好生活”，那在这样的一个维度，国家保护义务是否可以扩大，能动检察是否可以变得更积极，更加主动地去履职。

第二是安全生产领域诉讼预防性措施。我们来看一下安全生产领域诉讼预防性措施主要的类型有哪些，比较法的维度为我们提供了借鉴。我国诉讼预防性措施，实际上可以从两个大的方面进行分析，如果我们把救济诉讼和预防性诉讼分开来看的话，那预防性诉讼本身也就是诉讼预防性措施保障措施的一个重要的维度。

在诉讼的过程中，暂时性的保护或者是预防性的措施可以主要分为两大类，一类是执行类，另一类是保全类。我将从典型案例来看一下安全生产领域诉讼预防性措施的优化是什么？我统计了从2019年到2023年3月，最高人民检察院发布的不同领域的公益诉讼的典型案例的数量，可以看到安全生产领域诉讼的典型案例的数量是仅次于生态安全领域的，可以说是占据了相当大的比重。

我选取了几个典型的案例，第一个案例是江苏省扬州市人民检察院办理的案例，在这个案例之中生产经营企业拒不履行行政机关已经作出的行政处罚的决定，我们可以看到提炼出的一种关系是行政机关已经介入了，重大风险已经确定了法律关系以及法律责任。第二个案例是江西省贵溪市人民检察院督办的案例，这个案件具有极强的现实紧迫性，重大的风险已经证成。从这两个典型案例的视角，我就想到了最高人民法院在2021年的时候颁布了生态环境领域的生态环境禁止令，那在安全生产领域是否可以有安全生产禁止令？

昨天晚上我在阅读这个会议材料的时候，发现在材料的第五页也提到这样的一个观点，也就是说我们可以再往前推一步，在已经进行了诉讼预防性措施的时候，特别是在行政机关已经介入，权利义务关系相对明确，法律后果非常明确的时候，介入安全生产领域的保护禁令。

在江苏省泰兴市的案例中，能够提炼出来的观点是拆除行为非常明确，只是观点在于是谁先拆除，也就是说在行政机关的职权进行交叉的时候，是否能从行政利己主义的视角，从限制性的角度进行探讨。

第三就是我们在进行正当性保障的时候，主要需要从风险的判断、时机的把握以及实施的特质三个方面进行探讨。以上就是我的汇报，请各位批评指正，谢谢。

【主持人姚红】

感谢邢博士的发言，做了很多实证分析，结合典型案例，内容非常丰富，那么下面主讲的是应急管理部信息研究所法律研究所代海军副所长，大家欢迎。

【发言人代海军】安全生产公益诉讼制度的正当性与实践适用

感谢主办方的邀请，给我提供了这样一个机会参与公益诉讼的相关制度的研究和交流。刚才前面的相关专家谈了很多的意见，实践当中我也注意到这项制度自从2021年写进《安全生产法》之后，有些地方也有一些探索，有一些公益诉讼的典型案例，但是同时我也注意到有的地方可能对《安全生产法》第七十四条第二款的理解，包括制度、安全生产领域的相关标准的把握，还是有一些分歧。关于《安全生产法》安全生产相关的问题，对这些问题进行梳理，对已经写入立法的公益诉讼制度进行重新认识，我觉得非常有必要，借助今天的会，我想谈两点学习体会。

第一点就是为什么要把握安全生产公益诉讼制度，实际上也是切合我们的单元主题，就是所谓的正当性。当然我想从另外一个角度去谈谈正当性的理解问题。首先是我觉得正当性取决于这项制度的合目的性或者是目的正当性，现在的法律体系是以权利保障为基本价值，所以说某项制度的正当性可能主要取决于它以特定权利价值为基础。保护公民生命和财产安全这样一个需求，是推动安全生产公益诉讼发展的真正动力。实际上《安全生产法》第七十四条第二款，也是这样一个目的，就是安全生产公益诉讼，它旨在解决维护国家利益和公共利益受损的问题，如何跟《安全生产法》的立法目的能结合起来。我们国家《安全生产法》跟国外不太一样，实际上《安全生产法》之前是要制定一部劳动保护法，大部分学者之前可能从劳动安全基准的角度去把握或理解这部法律，但实际上《安全生产法》的第一条立法目的兼具了从业人员保护角度的职业安全，同时也还兼具了一部分公共安全的法律保护，特别是从2021年《安全生产法》的修改也可以看出，增加了生产经营单位使用燃气要加装报警设施，包括对平台的一些规制，实际上这里面它保护的不单单是传统意义上的劳动者安全，而是涉及不特定多数人的生命财产安全。实际上是跟《安全生产法》所强调的保护人民群众的生命财产安全的目的是一致的。

因为安全生产风险它具有外溢性，现在重点是传统安全和非传统安全交织，安全问题早已不是局限在之前的某一个封闭的传统空间或传统厂房企业单位，比方说运输问题，包括燃气安全的问题，它可能会涉及不特定多数人，不单是劳动者，这可能是我们公益诉讼介入安全生产领域的正当性的基础。

另外我觉得正当性的政策还有赖于它的合法性。实际上我们今天讨论的安全生产领域的公益诉讼的问题，我们应该把它做一个区分，就是《安全生产法》第七十四条第二款讲到安全生产公益诉讼，跟我们现在有些案例可能讲到的公益诉讼实际上是有一些交叉和区别的。《安全生产法》里面规定的安全生产是一个特定的概念，它调整生产经营单位的生产经营活动，我们不能把安全生产泛化为公共安全的概念，所以说这里面涉及一些关键的问题，包括安全生产违法行为的问题、重大事故隐患的问题，不能把它等同于重大风险。现在《安全生产法》里面引用了几个概念，一个是风险的概念，一个是隐患的概念，还有一个事故的概念，而这里面是有不同的界定的。

我也注意到我们之前有的地方的一些公益诉讼案例，把所谓的消防安全直接作为安全生产领域公益诉讼的内容，用《安全生产法》所谓这一条公益诉讼制度去推进，是不是符合《安全生产法》意义上的公益诉讼，我觉得可能还值得进一步研究探讨。《安全生产法》跟《道路交通安全法》《消防法》里面关于安全的界定，调整范围是不一样的。《消防法》《道路交通安全法》里面可能还没写到相应的公益诉讼条款，但是用《安全生产法》第七十四条第二款去套这个问题可能还是有一定的合法性的风险。

第二个问题就是怎么干？干什么？所以我注意到公益诉讼写入《安全生产法》之后，当然有的地方可能比较积极，搞了很多的案例，但是我始终觉得公益诉讼的建构，包括它的运行，应该始终不能脱离现在安全生产的治理体系的框架。一方面第七十四条第二款里面讲到了，实际上可以分为两类隐患，一类是事故类的，一类是风险类的。实际上事故类的我们事故调查也比较健全，而且现在国务院正在推进跨部门的综合监管，实际上他所要解决的问题恰恰是我们公益诉讼可以介入的一个非常好的着力点，所以这是我的一些看法。

【主持人姚红】

谢谢代所长，代所长从两个方面来阐述他的观点，第一个是安全生产、公益诉讼正当性的问题，他用的是目的解释法正当性的理解，而对于《安全生产法》第七十四条第二款的解释和理解，是我们实务部门当前最困惑的。您刚刚提到的包括今天我们自己发布的9个典型案例中，其实交通安全，这是我们在监督的过程当中，确实是合法性的问题。第二个还谈到了公益诉讼怎么办？对于框架包括风险类别、怎么去做？未来我们要共同去探讨这个问题。

下面我们有三位与谈人，首先我们请西北政法大学法学院王周户教授。

【与谈人王周户】关于安全生产领域预防性公益诉讼的思考

谢谢会议的邀请，首先谈一下咱们两位发言人的发言给我的启示和学习感受。

邢博士这边，她的信息量很大，语速也很快、很年轻、很有朝气，所以我有好多东西根本跟不上，但是我觉得围绕生产领域，从预防措施的类型和它的正当性，她在这两个方面既用实例，也用理论去解读对法条的理解和把握。从我的角度来讲，至少从她的研究角度做得很精细，也应该说是做了很充分的论证。

代海军所长从法律的应用角度，对它的精细化、准确化、泛化之间到底怎么去把握，怎样在实践中推动这个工作做了探讨。

在这样一个基础上，我的一个总的感觉，我们现在围绕这个问题是三个环节在一起去融合。第一个是现在的法律制度的规定，第二个是实践的探索，第三个是理论上应当如何分析和把握，如何准确地去推动、稳步地推进我们国家在这个领域里面公益诉讼的工作进程。

所以现在要回过来讲，公益诉讼是检察机关在履行自己法律监督职能的时候所运用的一种机制和方法，但是它在能纳入公益诉讼机制和平台去动用它的时候，它的限制条件又是什么？

在安全生产领域，今天重点的问题涉及预防性，刚才刘艺教授也谈到了，对《安全生产法》第七十四条，尤其第二款的理解是不是含有预防性，他觉得从中好像还看不出预防性。我们又从另一个方面来看，进行专业化、精细化研究是为了科学推进，但是任何专业科学推进又必须回到常识，回归社会的常理。社会常识和常理就是说，从大的判断来讲，生产安全这个问题要不要预防？从常识上讲，当然是要预防的。但是这种预防不能泛化，什么情况下去预防，它必须具有科学性的和精准性的操作。安全生产领域的预防性，这是一个很大的概念，当涉及生产经营单位，它的预防职责是什么？又涉及行政监管部门，能监管的领域和职权职责又是什么？再又回到检察机关，通过公益诉讼这种方式介入的依据和范围又是什么？这三个之间是有联系的，但我觉得可能不是完全画等号的，这是我们首先要从方法思路上去明确的一个问题。哪些预防性的东西是在生产企业里边、企业法律和社会责任里边？承担到什么程度，触及了什么样的边缘？这个问题可能涉及公共利益、国家利益。

接下来就涉及安全生产行为，接着后面造成重大事故隐患，这是后面才带来的可能性。但这个可能性是以前面已经发生的违法行为为基础的，而不是说违法行为没有发生。

在今后我们就可能会知道，在安全违法行为情况下，检察机关现在的公益诉讼里面，一个是民事公益诉讼，一个是行政公益诉讼。行政公益诉讼要面对行政机关，民事公益诉讼直接面对的是生产经营单位。在这种情况下，安全生产和违法行为所达到的标准化程度，使得我们进入了检察机关才能开始动用民事公益诉讼、行政公益诉讼，但我觉得在这里面可能还有一个问题要研究，不是说民事公益诉讼我也可以动用，行政公益诉讼我也可以动用。我觉得不能这么简单理解，尽管我们现在对这个问题的把握还是有限的。要在一个什么条件下是民事公益诉讼，什么条件下是行政公益诉讼。而且我个人还有一个认识，检察机关进行检察公益诉讼，它是基于法律监督职能运用的一种平台和机制去实现它的监督职能。

【主持人姚红】

感谢王教授。王教授回应了前面两个发言人的观点，而且是很好地从理论和实务的角度，尤其是从常识常理的角度去谈预防性的措施，包括预防我们要做但不能泛化，怎么去认识？我觉得在对民事公益诉讼和行政公益诉讼的选择上要明确，生产经营什么时候选择民事公益诉讼介入，什么时候选择行政公益诉讼介入。

下一个与谈人是湖南省住建厅建筑管理处副处长汪加武。

【与谈人汪加武】安全生产领域公益诉讼的必要性

今天看到发言领导谈的这些内容，包括以下关键词：安全生产和预防。安全生产可以说从中央到地方，所有的尤其是工程这一块，大企业都非常重视，但是这些问题还是存在一些困难。

目前的安全生产形势实际上是并不乐观的，这里面有几个方面，一个是具体从事生产的存在不懂技术蛮干的情形；一个是安全生产企业资金问题，比如说企业舍不得出钱，安全生产的条件没办法落实；还有一个是我们政府监管没跟上。所以目前这个状况，对公益诉讼来讲，是一个很好的课题。

下一步我觉得推动安全生产条件进一步落实很重要。公益诉讼，也并不是说越多越好，要有一个度。假如这些搞得越多越好的话，肯定就反映出当前的安全生产和这些治理体制是有问题的。我们也需要厘清问题，因为这里面就牵扯到预防，有些安全生产的工作牵扯的是多个部门，有些甚至是安全生产监管边界不清楚的，因为大家很敏感，都不愿意牵头，有时候偶尔检察部门介入一下，我看也不失为一个好的机制。

我希望能够借助公益诉讼起到呼吁作用。现在监管部门，像住建部门是负重前行，我们有大量的安全生产责任，过去大家都不知道，这些年突然海量地展现在面前，建筑达到几十年之后会老化，这些安全问题过去是大家都不重视的。还有我们的城镇燃气，过去只是在一些大城市用燃气，现在我们可以说，管道铺到哪里，我们的安全隐患就会到哪里。

我想通过开展这样一个公益诉讼论坛，把它剖析清楚，告诉所有的人，大家共同来努力，这些监管方面该加钱要加钱，需要配合的好好配合，经费需要保障的提供保障，否则监管是落不了地的，好多问题都会反映到这里，这样公益诉讼也会越来越多，我们真正通过公益诉讼典型案例，能够让相关部门都配合共同做，就达到了真正预防的目的，我就说这么多，谢谢大家。

【主持人姚红】

王处长是从安全生产和公益诉讼安全生产对公益诉讼安全治理的监督的必要性，着重强调安全生产的必要性。在住建部门现在暴露出的建筑质量问题里面，确实也存在有很多的相关的问题需要我们共同去探讨解决，尤其涉及多部门职责的问题。

下面我们有请国家矿山安全监察局湖南局政策法规处的处长黄桂权来发言。

【与谈人黄桂权】矿山安全工作面临的问题

各位领导，各位专家，我的发言是从工作的角度，还有我对《安全生产法》的理解来进行的，第一是矿山事故的数据，第二是《安全生产法》第七十四条的漏洞，第三是《安全生产法》对政府的硬约束，第四是《安全生产法》对企业的要求，第五是工作的理解和遇到的大问题。

2002 年全国的煤矿产量是 100 亿吨，死亡人数是 7800 余人，百万吨煤矿产量死亡率达到了 10%，2022 年全国煤矿产量是 41 亿吨，死亡 245 人，没有发生重大以上事故。非煤矿难是 199 起，死亡 273 人，什么意思？从这个数据来看，我们是不是很惊讶，这与我们平常的认识不一样，平常我们认为事故越来越多了，其实并不是这样。我们矿山安全可以说从现在开始，未来一个很短的时间内又会迈上一个大台阶，这是第一。

第二，《安全生产法》第七十四条里有两个漏洞。《安全生产法》第七十四条的前提是违法行为，然后是有重大事故隐患或者重大事故，注意：重大事故隐患以及重大事故，在我们规章里面是有明确的定义的，没有重大事故，或有违法行为，但不是重大事故隐患或者说不是重大事故，没有造成重大事故，这个时候能不能提起公益诉讼，这里是有一个漏洞的，为什么我这么说？现在矿山的职业健康这一块，从矿山局已经移交到卫健委了，矿山粉尘比较多，尘肺病发病率应该说还是很高的，这个时候矿山的尘肺病监管实质上已经出现了漏洞或者真空，尘肺病发展有一个过程，严格来讲不属于重大事故隐患，同时它也不属于重大事故，这个时候能不能够从安全的角度去提起公益诉讼？

第三，《安全生产法》对政府的硬约束，我是从五个方面来理解。一是安全生产规划。安全生产规划是政府的重要职责，但是我们现在存在一个问题，就是谈矿色变。二是监管能力建设。我所看到的就是我们整个部门有的矿山安全原来是傻大黑粗，现在不是了，现在高科技已经介入了，要求也比较高了，但是监管专业方面，有的监管部门就没有专业技术人员，有的有一两个，但是远远不能满足矿山监管的需求。三是生产安全生产的联动，我所到的那个企业给我统计了一下，一个机构 112 次抽到各个部门去检查，这个是不能动的，我们联动机制怎么办？四是执行国家标准。现在矿山信息飞速发展，但是矿山的发展和规范标准的滞后，这个矛盾越来越突出了。我们也遇到这样的问题，比如说煤矿的瓦斯监测系统在很久以前，好多用户进来了，进来以后要全部联网，联网的事怎么办？标准不统一，全部推倒重来。未来矿山要坚持智慧矿山、数字矿山。如果说我们的标准不统一，未来这件事会重演。五是监管综合的难题。有一个问题是一松就死，一放就乱，确确实实也存在监管综合在中间机构怎么监管的问题。假报告假评估多的是，挂靠什么的多的是。

第四，安全生产管理企业的硬要求。一是危险源的管理，相对来说大中型企业做得好一点，小型企业做得差一点。二是工业发展风险管控，企业的风险管控我要多说几句，首先就是物流机制不清楚；其次是思想观念没有改变，当然以前确确实实法律也跟不上，思想观念也跟不上，一堆的问题；再次就是法律法规不健全；最后是投入不到位。

第五，空间妨害的问题，这个我就不说了。再就是对公益诉讼的理解，我现在就讲一句，防事故是硬道理，是硬工作，保健康是硬要求，汇报完毕。谢谢。

【主持人姚红】

黄处长做的准备非常多，数据量也非常大，这里面对于矿山的安全问题，我觉得要引起我们的高度关注，尤其我国很多是无序开采的，引发的安全问题也是非常大的。像内蒙古在2023年2月22日发生的事件就属于地区的相关的问题，湖南今年也开展了矿山综合整治，其中安全生产就是一个重要的安全问题。

其实今天我们第一个主题和第二个主题谈到的关于范围和预防性措施的类型和重要性的问题，我觉得都离不开检察公益诉讼，我觉得各位学者和我们所有部门都达成一个共识，无论是不是适用《安全生产法》第七十四条第二款，不是要不要监督的问题，而是要怎么去监督的问题，以及监督中如何以法治的方式、法治思维来推进。

我觉得，《安全生产法》跟《环保法》是相通的，它包括安全生产领域的应急管理部门，它和生态环境主管部门是一样的，有统一监管和综合监管的执行职责。

所以在安全生产里面，湖南安全生产委员会的会员成员单位里面，刚刚各位专家提到的，不是属于《安全生产法》里面的其他的安全里面，它都是属于安全生产委员会的会员工作单位，而且涉及相关的内容。我们工作要坚持一个观点，要秉承习近平总书记提出的两个至上：人民至上，生命至上，我们的方针理念要做的就是要做到生命第一和安全第一。

对于公益诉讼，尤其是安全生产的公益诉讼，可能更多的是我们高检提出的，我们既要专抓末端治已病，更要抓前端治未病。主题论坛就到此结束，下面是茶歇时间。

（三）安全生产领域公益诉讼协作机制的运行与保障

【发言人刘东斌】安全生产领域公益诉讼的重要性

各位专家学者、领导同志，湘潭大学的老师同学们，刚才徐全兵副厅长说到公益诉讼检察工作走过全面推开五周年的节点，迈入了转型升级，这一年是实现高质量发展的重要一年。我们最高人民检察院领导对公益诉讼检察工作提出了一个新的提法，就是公益诉讼审查制度是习近平法治思想原创性成果，要发掘出其各方面的制度价值。2021年安全生产领域的公益诉讼进入法定领域，《安全生产法》写入了检察公益诉讼条款。这一年来发展得很快，

2022年我和郑州大学的邢昕讲师，详细分析大量有关数据，安全生产领域报告数量仅次于生态环境，与食品药品问题大致相当。2022年一年报告总量是22081件，行政公益诉讼是21616件，民事公益诉讼465件，这部分数据只是安全生产领域的案件，还有一些包括像公共安全的案例，发展得很快。但是在整个安全生产，整个公益诉讼蓬勃发展的时期，新一届最高人民检察院党组最近提出了明确的要求，要高质效地办好每一个案件，案件质量、效果、效率各方面都要有机统一起来，给我们提出更高的要求。

我作为湘潭大学安全生产和公益诉讼研究基地的联系主任，我们2022年就和基地的吴勇教授策划检校协作的活动。实际上今天的研讨会原计划在2022年召开，因疫情推迟，对论坛的名称，我们也是费尽脑筋，湘潭大学提供了很好的创意。韶峰论坛，韶山的最高峰，今年又是毛主席诞辰130周年，本次论坛于今年在湘潭召开，有着特殊的意义。

我们研讨会的初衷是想邀请中央几个与安全生产相关的部门推动会签一个安全生产协作意见。各位看到的这个稿子是2022年6月8日的征求意见稿，2022年已经起草好了。目前的稿子仅征求过应急部法规司的意见，后来通过法规司分发给几个相关部门，但考虑到安全生产领域的特殊性，推动相关部门会签，难度还是比较大的。它不同于生态环境领域的一呼百应，大家都很乐意会签，包括食品药品也有一些座谈纪要，安全生产领域有着它的特殊性。这个特殊性体现在，我陪同邬司长、最高人民法院和国家铁路集团的有关人员，在修法之前前往湖南、湖北、河南调研，我深切感受到地方应急部门同志表示反对意见，不记得哪位同志讲了一句话，是挺形象的："我们安全生产部门监管事故比较多，受追责的人也多，监管力量明显不足。"刚才湖南住建部门的同志也讲了："我们脖子上有好几根绳索，检察监督再介入，等于在脖子上又套了一根绳索，勒得更紧了"，我对此印象非常深刻，所以我们一直在强调我们是不诉之诉，检察公益诉讼是协同之诉，不是追责之诉。特别是安全生产，我们注重的是预防性的理念。

所以经过我们多次沟通，特别是跟应急管理部法规司邬司长反复沟通，达成了共识，我想通过研讨的形式来增进共识，增进与中央相关部门的共识，原来想将安全生产相关的十三个中央部门都邀请来，但是规模太大了，就邀请了我们在办案中密切相关的几个部门，通过研讨，通过加深对一些基本问题的认识，最终形成共识，这是我们研讨会的初衷。

今天湘潭大学邀请了很多学界大咖，对《安全生产法》中的一些理论的问题，刚才那几位都讲得非常深刻，有些问题我以前没有意识到那么深刻，我稍后总结的时候再概括，这也非常有意义，对推动我的思路、推动我们协作起到很大的作用。

我就简单介绍这样的一个背景情况，接下来有请我们嘉宾发言，这几个部委的同志都有很多的想法，也有很好的意见建议。

【与谈人邬燕云】《安全生产法》第七十四条立法背景、适用范围与文义理解

各位领导，各位专家学者，大家上午好。今天很荣幸参加公益诉讼研讨会，我是公益诉讼的坚定支持者，为什么我这么支持？因为我们能指导安全生产，减少生产安全事故，我们国家发生生产安全事故最多的年份是 2002 年，一共 107 万余起、死亡 13 万余人。因为当时要起草《安全生产法》，所以我的印象非常深刻。经过多年努力以后，我们的事故发生率下降了很多，2022 年死亡人数降到了 20963 人。当然这个工作成绩来自很多方面，政府层面、企业层面。但是，为什么我们还要讲公益诉讼这一块？因为我们发觉很多事故是隐患导致的，这一次法律已经看到隐患的风险非常大，风险客观存在，它的发生是可能的危险性，我们接受就可以。我们运用法律消除、规避隐患，避免危害到我们的生命。因此我们可以看到由于企业不落实，包括很多矿山企业由于不落实安全责任，导致很多矿山坍塌。很多政府不作为、乱作为，懒政、怠政，很多隐患长期存在。我跟刘东斌跑了两个市调研，对此有深刻的体会，因为涉及多个部门，大家推来推去，应急部门说我们不干，公安、质监部门也不干，这是我们急需解决的问题。因此，在 2016 年中共中央《关于推进安全生产领域改革发展的意见》中明确提出来探讨安全生产领域的公益诉讼问题。这也可以看到十八大以来习近平总书记对安全生产高度关注，国家安全生产的很多问题都在这个文件中明确提出来探讨。因此，2018 年在原来的安全生产监督管理总局改为应急管理部以后，我们就开始共同研究。所以说我一直感谢，因为安全生产实际情况就这么做，这么多年来起了很大的作用。

在公益诉讼出来以后，很多领导非常关注，案件很多，其实都知道安全生产公益诉讼，还有一个就是《刑法修正案（十一）》增加了危险作业罪，根据法院和人大的统计，危险作业罪可能仅次于危险驾驶罪。目的是什么？落实中央要求，把安全关口前移来解决安全生产领域难点问题。因为老百姓安全第一，我经常讲，市场经济发展，除了教育、就业问题以外，老百姓关心的就两个问题，一个是稳定的问题，一个是长寿的问题。安全生产人命关天，所以为什么习近平总书记高度重视？第一个安全解决环保和安全问题。总体来讲，虽然我们说事故率下降了，但是很多还没扼制住，跟我们现在大国地位是不相适应的，阿拉善煤矿事故大家都知道，53 人失联。更不要说交通事故了，这不是一个概念。

很多学者讨论安全生产的概念，争议很大。我们从一个概念可以看到，立法是当时环境决定的。因为我们国家除了生产领域事故以外，当时最大的困惑，是我们大的公共安全。河南洛阳火灾 309 人死亡，要不要管？所以我们立法加进去了。因此，《安全生产法》比较强硬。我们国家的安全概念其实很大部分是公共安全的一部分，习近平总书记重要讲话里面非常清楚，公共安全与老百姓生活息息相关，非常重要。我们关于安全生产的概念，要跟国外的安全法相区分，我们知道美国有监管法，南非有两部法，英国有劳动保护法，我们的劳动法概念也不一样，安全生产这个大概念用了 1952 年毛主席的讲话。

我们的安全生产，不要说交通领域不适用。我们可以看《安全生产法》第二条第二句，本来立法当中可以删除的，为什么保留呢？其实是解决特殊法和一般法的关系，最大的问题就是解决特殊领域，如消防领域的法规授权的问题。它不是不适用，而是兜底适用。安全生产有两块，一块是安全的问题，一块是老百姓的问题。我们研讨《安全生产法》第七十四条里提到的隐患，2022 年最高人民法院和最高人民检察院出台了《关于办理危害生产安全刑事案件适用法律若干问题的解释（二）》规定，“重大事故隐患”，依照法律、行政法规、部门规章、强制性标准以及有关行政规范性文件进行认定。希望大家在公益诉讼有深入探讨、深入研究，把这方面做实、做强、做好。

我们下一步将和最高人民检察院密切配合，把协同机制做起来。最终目的是使我们的安全工作再上一个台阶，我就讲这么多。

【主持人肖峰】

谢谢邬司长精炼地给我们分享了立法背景、适用范围及《安全生产法》第七十四条第二款的文义。

下面我们有请公安部道路交通安全研究中心副研究员，法规部副主任黄金晶来发表讲话，有请。

【与谈人黄金晶】交通行政领域安全生产公益诉讼面临的问题

各位领导、专家好，我是代表交管局来的，本来局长要来，但临时有紧急公务，所以我也是前天才接到了通知，但是我也很关注事故的处理与防范领域。听了这么多，收获很大，第一，我是检察院的家属，我爱人、我父亲都是检察院的，很亲切。第二，我是政法大学毕业的，看到我们母校老师了，我也很亲切。第三，我是学刑事诉讼法的，更亲切。国家的总体态度很明确，因为法律已经规定，所以这项制度我们肯定是要配合的。但是在实践当中，我们还是面临着很多实务上的问题，需要很多的部门在一块商量解决。

总体上，我们交警部门是非常羡慕公益诉讼制度的，因为在整个道路交通安全领域，交警部门是末端，车、人、路、交通标志、标线，大量的我们是不管的，但是发生了交通事故，我们要管。所以我们就看到一个数据，因为重大安全事故被追责的人里头，交警一定是最多的，所以我们 26 万交警都有话要说。其实 2017 年开始我们就很头疼，因为我们被追责的问题太多，压力太大了，我们就在内部开展一项工作——交通事故的深度调查，传统的交通事故是路上几个人，我们把事故定责定好了，那么从 2017 年开始，我们开始把事故的侦查往后延伸，来找企业的责任和我们主管部门是否有渎职不作为的嫌疑，并且再去移交，当时还是移交检察院。但是实事求是地说，工作开展到现在，我们工作遇到了瓶颈，为什么呢？我们毕竟是形成工作习惯了。

在具体的意见建议上，我们有四点，第一是在范围的确定上，安全生产领域按照《安全生产法》，没有任何异议，然后关于什么是安全生产领域，不管是大概念还是小概念，对我们交警部门来说，定下来就行，让我们在实践中的调查取证工作有方向就行，哪怕是程序上定下来都行。因为在我们工作当中，特别是在刑事领域，在深入调查之后，我们发现有很多犯罪企业的负责人涉及公共安全责任事故罪，但是我们在和检察院、法院沟通的过程中，他们经常会要求我们找能够证明是安全生产安全事故的证据，没有一个部门愿意出具这个，当然我们应急内部也没有形成这样的制度，导致大量的案件就搁置了。所以不管是实体上还是程序上，如果这次能定下来，我们是非常欢迎的。第二是在实体上，关于隐患的问题。《安全生产法》第七十四条讲的，我觉得不管是行政法还是刑法可能都还比较好，其实难的是实体上如何界定重大事故，重大事故的界定给我们交警的困惑是非常大的，为什么呢？2007 年国务院出台了《生产安全事故报告和调查处理条例》，它把事故做了等级划分，但是《刑法》第一百三十三条上也规定了一个重大事故，两个重大事故概念不一样，一个是 10 人，一个是重伤 3 人以上或者死亡以上事故。但是《道路交通安全法》2003 年出来的时候，还没有 2007 年的规定，《道路交通安全法》也有重大事故的规定，这个概念应该是沿用了《刑法》的规定。结果到现在有很多法院的同志，在吊销机动车驾驶证的时候，与交通肇事罪中对重大事故的理解产生了严重的偏差，所以这次我就特别希望能定下来就好。在范围上把它明确好、控制好就行，但是我们的报告上交通事故的总量是比较惊人的。我们在确定范围时，还要考虑到司法成本问题，包括行政管理的成本问题，我们建议还是做相对的限缩谨慎的规定，例如控制在 3 人以及死亡 3 人以上，这个明确就好，但确实要考虑到司法成本。

第三是对象的问题，公益诉讼的对象涉及交管领域就特别复杂了，车辆的生产、销售，驾驶员的培训，交通运输部考试，公安交管部门，城市道路和高速公路、农村道路都是不同的，包括我们的标志标线、信号灯配置全国都不统一。但是不管怎么样，对象也是要明确的，明确之后，我们特别希望通过公益诉讼能解决一些源头的、深层次的问题。因为对于我们交警来说虽然能多安排警务，但警务能解决多大问题？26 万民警需要监管 4 亿驾驶员、3 亿机动车，没办法，所以我们是比谁都迫切希望能够在源头上解决问题，比如说老年代步车，工信部很头疼，为什么呢？大量的老年代步车是按照特种设备规定生产出来的，偏偏在路上行驶了，因为有人售卖，卖出来之后市场监管说我也没有办法让他不卖，你看他什么证件都有，最后到路面上这么多车，交警查，全是社会矛盾，这是一个结构性的问题，我特别希望公益诉讼来解决这个问题。

第四是衔接。在衔接问题上，交通安全领域公益诉讼的一个最大特点，就是跨区域的东西特别多，经常会有长途运输的车辆，在管辖上是非常头疼的。关于衔接上还有最大的问题，从2017年我们开展深度调查工作以来，我们掌握了大量的涉及地方某些部门的不作为或者没有依法履职的线索，数量非常惊人，那么我们怎么和检察院衔接好，在哪些条件下把什么样的证据提供过去？我们双方的对接项目也是个大问题，我举个非常简单的例子，2019年9月28日有一起36人的交通事故，我当时也是国务院调查组成员，这个车登记在河南，从浙江往安徽开，结果在江苏出了事故。所以我们发现在郑州这个地方有大量的客运车辆，它在公安机关登记成客运了，但是它没有在交通运输部门取得营运的资格，这是利用了制度不同的短板。我们交警不断地抄告给交通运输部门让其注意此类车，交通运输部门很头疼，但也没在乎怎么管诸如此类的问题。所以我们手上有大量这样的线索，涉及的体量非常大，怎么去衔接好消化我们的存量，这也是个现实问题。

那我大概就介绍这么多，请大家指正，谢谢大家。

【主持人肖峰】

谢谢黄主任带来了26万交警同志的心声，在衔接程序的明确性、源头治理和衔接规则上面给我们的非常多的启示。下面我们有请住建部工程质量安全监督管理室二级巡视员王天祥发表他的意见，有请。

【与谈人王天祥】关于安全生产领域协同预防机制的思考

各位领导，各位专家上午好，非常荣幸参加这次论坛探讨这个问题，谈一下个人的想法和见解。公益诉讼的这项制度，我觉得是非常好的制度，本身《安全生产法》已经确定，下一步肯定是全面实施。

我们这组谈的是协同机制，我觉得公益诉讼制度需要共同参与，因为安全生产工作有的时候是很难做的，包括我们建筑施工这一块，比如有的违法建筑它往往只是违法地进行施工，可能前期土地规划等很多程序都出了问题，然后才变成违法建设。所以有时它实际需要多个部门来共同治理。我们觉得检察部门介入安全生产工作对于安全生产管理的下一步是非常有利的，这是第一个方面。

第二个方面，也符合习近平总书记在二十大报告里面所提到的推动公共安全治理模式向事前预防转型。现在很多事故实际上都是因为前期隐患没有治理导致事故发生。如果把关口前移，在发现隐患的时候，采取强有力的手段去把这些隐患解决掉，实际上就没有后面的问题了。具体来说，《安全生产法》第七十四条里面提到了因安全生产违法行为造成重大事故隐患，但是造成事故隐患还没有形成最后的危害结果，可如果不去治理就很有可能形成危害结果。

另外，我们提到协同预防机制，对于事故已经形成相对来说要简单一些，因为最后事故经过调查形成调查报告，会形成对于相关单位、相关人员的责任，那么下一步，按程序来处理，提起公益诉讼，这个相对来说简单一些，但是还提一个建议，在事故的调查过程当中，检察部门一定要提前介入，进入调查组里面，有助于提高效率。

对于事故隐患，刘教授也提过，行政权和检察权的问题，我觉得两者的关系是否应该是这么一种关系呢？就是各个部门有隐患治理的责任，那么对于这些重大的隐患，不管本部门发现了，还是说其他部门或者通过社会举报等各个途径来发现的，首先是不是应该先行使行政执法权，如果行政执法权能解决，当然这是最好的结果。但如果有一些行政执法权解决不了，那么下一步是不是就是请检察部门介入行使检察权？因为检察部门影响力要比行政部门大，处理好两者的关系，也有利于下一步提高执法检察的效果。

主要就是提这么一点建议，谢谢。

【主持人肖峰】

感谢王巡视员从《安全生产法》第七十四条两个方面隐患和事故，分别提出了自己对行政和检察协同的思考和介入的一些建议。

下面我们有请交通运输部安全与质量监督管理司二级巡视员陈萍发表他的意见，有请。

【与谈人陈萍】关于在检察公益诉讼中加强协作配合依法保障安全生产的建议

各位领导、专家、同学们，非常高兴有机会来参加本次论坛，我是代表我们司的丁副司长来的，因为他临时有一些工作走不开。听到这个论坛的主题，我觉得非常的超前和新颖，因为我们是做行政工作的，一直以来都非常规规矩矩地依法抓安全工作，但我觉得这是一个很好的契机。很高兴聆听了各位领导，特别是徐厅长对这个工作的全面介绍，包括刘东斌处长对这次论坛的背景介绍，使我对这项工作的重要意义有了很深刻的理解，还有各位法律大咖给我们广开了思路，很受启发，受益匪浅。

这次围绕的主题是公益诉讼的协作机制，我们也看了最高人民检察院给我们的征求意见，那么结合我们交通运输的实际，谈两方面的意见。第一是加强公益诉讼协作机制的建设，第二是公益诉讼工作有效开展的重要保障。

大家对安全工作的性质、范围、边界都有很多的理解，我以前听过邬司长讲课，安全工作既是经济法也是社会法的领域，它是需要群防群治的，需要各方面全社会协同来抓的。那么鉴于我们的国情，完全依靠企业主体的自觉抓安全工作，显然还不够，所以需要监管部门齐抓共管，多措并举，特别是检察部门，还有法制部门提前介入。我刚才深受启发，这是习近平法治思想在安全生产领域的具体的生动实践，也是我非常认可的一种原创性的制度，我稍微查询了一下，国际上好像没有这方面的案例。我认为它的理念是"双赢多赢共赢"，刚才听各位介绍安全生产开展公益诉讼，它的法理是相对充分的，而且大家从正当性和目的性角度讲，是现实的、非常需要的，我个人是非常支持的，也很期待和最高人民检察院的深度合作。

公益诉讼本质上是检察机关和行政机关，还有相关职能部门和有关主体之间的协同合作，其实也是一种监管和被监管的对象，同时也是一种合作关系，最终形成的是对社会公益的保护合力。

那么这个征求意见稿，对协同机制是做了系统的谋划，对下一步工作有重要的指导意义。根据刚才大家的演讲，我个人觉得，从 2015 年开始试点的四个领域取得了非常积极有效的经验。从 2020 年开始到现在扩展到"4 + 9"领域，把安全生产工作按照新《安全生产法》的要求纳进来，我觉得这个时点非常好。因为刚才介绍是现在的公益诉讼案件已经上升到第三位了，说明了这项工作的及时性，但是从安全生产，或者社会生活各个方面，都要求依法治国。刚才王巡视员也介绍了，安全生产要按党的二十大布置要向事前预防转型，这是全社会的责任和义务。

但是从我们现在的探索来讲，我个人觉得安全生产的公益诉讼的法理的充分性还需要进一步细化和完善，特别是诉讼的范围必须明确。在座的专家、学者、领导可能意识会比较统一，但是我们国家幅员辽阔，层级比较多，在实施当中可能会出现一些泛化。我认为检察权也是一个公共利益，那么这个权力可能就会过度使用。还有我们刚才专家也提到了诉讼的启动的标准，这个也必须明确。

还有就是民事和行政的这种两个公益诉讼之间的关系应该也优先考虑民事公益诉讼，因为企业不落实责任是更为突出的问题。另外，我们前期五年的实践，延伸到公共安全生产领域我觉得有一个可能跟前期试点不一样，就是安全生产的公共利益是什么？这个也要进一步研究，公共利益决定了公益诉讼的范围。我个人深受教育，但是有些概念还是要进一步进行梳理。

我结合我们部里面有关司局，还有一些单位和我们的行业专家的意见，提四方面完善公益诉讼协作机制的意见。一是积极稳妥地推进公益诉讼协作机制建设。我们建议先易后难，先点及面，分步推进，采用先试点再推广的方式。在这个指导意见里，我建议把这方面的建议纳进去，因地制宜，因时制宜，稳步有序推进。二是充分结合各领域安全生产工作的实际情况，充分利用各领域现有的基础和条件，注重推动解决各领域的突出问题，避免给各领域特别是基层单位增加过多的负担。比如说指导意见提到了要建信息共享平台，我们建议先建立信息共享机制，可能比信息共享平台来得快，见效也快。那么条件成熟的时候，我们再建共享平台。针对企业安全生产主体不落实这个突出的问题，我刚才也说希望能够更加注重发挥民事公益诉讼的作用。三是协作机制程序设计要兼顾灵活和规范，对日常的工作流程可追求便捷高效，但对于一些重点环节、关键步骤，应力求规范严谨和合理可行。因为安全工作涉及群众方方面面的切身利益，刚才邬司长说了首先是生命权，其次是合法权益，那么还有涉及第三方的安全的权益。那么在实践中我们希望通过探索和积累完善机制，优化程序的经验，特别是符合基层一线的实际需求，有效解决与民生密切相关的重大安全问题，这方面我们很愿意和最高人民检察院及相关的部门来共同配合，我们希望形成的最大合力，来让社会和人民群众有真正的获得感、幸福感，还有最重要的安全感。充分吸纳各方参与公益诉讼和协作机制的建设，建议广泛邀请各领域的安全生产行政管理部门和专家的参与，充分听取各方意见和建议，确保对策措施符合实际予以执行。

最后恳切地建议征求意见稿，在条件成熟的时候正式书面征求我部意见，那么由于个人的学习时间不长，可能我们的观点不一定正确，我们希望后面能够加强共同的调研，进一步合作，我们非常迫切地需要你们友谊的手。因为司法在我个人理解是法律体系的最重要的、最后的保障，你们能提前介入，帮助我们解决事中的监管，甚至于事前的预防，我们是本着欢迎的态度的，最后预祝本次论坛取得圆满成功，谢谢大家。

【主持人肖峰】

好的，感谢陈巡视员。从合作和监督两个角度提出了明确的关键词，以及稳妥推进的四步走的建议，非常富有启发。下面我们有请国家市场监督管理总局特种设备安全监察局二级主任科员侯文焘同志谈发表他的与谈意见，有请。

【与谈人侯文焘】特种设备安全工作与公益诉讼

各位领导专家，很高兴有机会能和大家一起学习交流，我从特种设备安全工作方面谈三个方面的内容。

第一，介绍一下各种设备的基本情况。特种设备主要是根据国务院目录确定的八大类设备，它分为承压和机电两类。承压类设备主要包括锅炉、压力容器、压力管道，机电类设备主要包括起重机械、电梯、索道、大型游乐设施，以及工厂内专用机动车（主要是工厂车和旅游观光车辆这两种）。

我国已经是全世界特种设备的生产和使用第一大国，到 2023 年 3 月底，特种设备有 1990 多万台，其中主要是电梯，随着城镇化的高速发展，电梯达到 980 多万台，占到将近一半，目前主要增量也是在电梯这一块。

特种设备既是生产过程中的重要的装备，也是与人民群众日常生活息息相关的基本设施。同时一些设备是在高温高压下运行的，有的是要高空高速运行，这种潜在危险性比较大，这是总体情况。

第二，今天参加这个公益诉讼研讨会，也为我们做好特种设备安全工作提供一些新的思路。比如说：在住宅电梯领域，住宅电梯原则上来说是所有业主公有的，在这种多因素共有的情况下，安全责任主体不明晰，加上一些老旧电梯的维修改造资金得不到保障，所以一些电梯是长期带病运行的。

按照法律规定，对于检验不合格或者存在严重事故隐患的电梯，监管部门是可以封停或者责令停止运行的，但是如果封停的话，这直接影响到群众的日常出行，极易引发群体性事件，仅靠基层市场监管部门，很难推动这个问题从根源上得到解决。

如果通过公益诉讼制度能够提供一个解决这类问题的一种新思路，我认为是一个非常好的探索。那这也涉及之前李教授和刘教授等专家学者提到的小安全和大安全的概念，就是生产安全和人民群众生活安全的概念。

第三，谈一下自己的一些体会，首先今后还是要进一步加强和检察部门，法学界专家学者的沟通交流。作为专业监管部门，我们也是积极理解、支持、配合公益诉讼工作，同时也希望用好这个机制和平台，解决一些我们面临的实际问题。其次是希望能够进一步完善协作机制，要明确范围、标准等问题，对我们的大安全，提供检察的支撑。同时要细化协作的程序，以及畅通一些信息通报、交流的渠道，就是相互配合，推动协调这个监管合力。最后也希望大家对特种设备安全工作给予更多的关心和支持，谢谢大家。

【主持人肖峰】

好的，感谢侯文焘同志，他从特种设备的目录给我们介绍了，以电梯为例，阐述了传统的监管和我们公益诉讼介入以后，会带来一些什么样的制度增量，富有非常大的启示。下面我们有请国家矿山安全监察局政策法规和科技装备司法规标准处处长黄体伟发表他的与谈意见，有请。

【与谈人黄体伟】安全生产的相关概念界定及矿山领域公益诉讼面临的问题

今天这个研讨会开得非常好，因为在安全生产领域有一个特点，其他的很多领域是理论研究走在实践的前面，而安全生产领域，我认为是实践走在了理论研究的前面。在安全生产研究领域，有很多的难点、痛点、堵点，比如说什么叫安全生产？什么叫作生产经营单位？包括安全生产和职业安全与健康的关系？什么叫事故？什么叫作企业的主要负责人？主要负责人里面的实际控制人如何界定？什么叫重大隐患？什么叫风险？重大隐患风险和违法行为的区分等。

这些问题最基本的一些概念在安全生产领域都存在着短板和缺陷，大家以后研究这个领域可以不仅仅局限于公益诉讼，可以进一步扩展，扩展到整个安全生产领域，我对此非常欢迎。就我刚才说的这些问题，如果基本的概念还不清楚，那么下一步的体制、机制、制度，在完善、健全上可能就缺乏理论支撑，这是第一点。

第二点我想给大家汇报一下矿山安全工作的特点。我们全称叫国家矿山安全监察局，是应急部管理的一个国家局，但是它和铁路局、特种设备局有一定的区别。我们矿山安全工作，有十二字方针：“国家监察、地方监管、企业负责”，怎么解释呢？分为三个层次，第一个企业主体责任，这和所有的安全生产都一样，没有问题；第二个地方监管，什么叫地方监管呢？我们在每个地方的矿山领域，31 个省市自治区都有监管部门，这个监管部门就是监管企业的；第三个国家监察，也就是我所在的这个单位，我们叫国家矿产监察局，同时我们在全国有 25 个省级的矿山监察，我们是代表国家对地方的监管部门的监管工作进行监察的。

像刚才黄处长的单位，它不是湖南省的矿山局，他是国家矿山安全监察局湖南局，所以这个体制和其他的部门不同，我们这个矿山监察是行政权内部的一种行政监管。

第三点介绍一种情况，也是提醒检察公益诉讼，在我们这个领域是否要区分公益诉讼的对象，也就是对象的识别。因为检察权本质上是司法权，是司法权对行政权的一种监督，所以我可以理解为检察公益诉讼是矿山安全安全领域内对地方监管的监督，所以说是有区分的，它的具体责任划分也是不一样的，比如说对矿山监管部门提起诉讼，那肯定是其没有履行好职责对企业进行监督，如果对矿山监察局提起诉讼，应该诉其没有对地方监管部门履行监察职责。

在民事的领域，包括整个安全生产领域可能都要区分．安全隐患和风险是不一样的，什么是风险？什么是隐患？什么时候介入？这可能需要我们专业的部门，包括我们专家来进行界定，单靠检察机关可能难以准确地界定风险隐患。我想这也就是我们建立协作机制的原因。

国家矿山安全监察局全力支持配合改革检察公益诉讼工作，下一步不管是联席会还是共享机制，我们都按照要求配合，谢谢。

【主持人肖峰】

感谢黄处长，他从不同概念的厘清，为我们介绍了矿山安全监察局的一个非常特殊的体制，并且在责任形式上的区分，为我们做了很好的讲解。我们这个阶段就进行到此，下面我们请下一阶段的主持人开始。

（四）安全生产领域民事公益诉讼诉讼请求的内容与适当性

【主持人刘拥】

我和刘局长刚才商量了一下，刘局长属于执法专家，所以我们的分工是刘局长负责执法，把控时间，我来负责链接一下。

第四组的主题就是安全生产领域民事公益诉讼诉讼请求的内容与适当性。首先我们请湘潭大学法学院讲师张彬发言，大家欢迎。

【发言人张彬】关于安全生产领域民事公益诉讼诉讼请求的思考

因为时间原因，我今天仅对与主题相关的民事公益诉讼的诉讼请求这一块跟各位专家汇报一下，我的汇报主要集中于三点。

第一就是安全生产民事公益诉讼我们从法律上到底可以提哪些诉讼请求？根据《人民检察院公益诉讼办案规则》第九十八条第一款的规定，检察院可以向法院提出要求被告停止侵害、排除妨碍、消除危险、恢复原状、赔偿损失的诉讼请求，这其实是一个基本的或者是概括性的规定。在不同领域的民事公益诉讼中，对诉讼请求是有特殊要求的，例如在环境民事公益诉讼，它就侧重于生态环境的修复，所以它的诉讼请求比较多的就是替代性的支付，生态损害费、修复费以及惩罚性赔偿。而在食药领域它侧重于生命健康安全，因此要召回，依法处置食品药品以及惩罚性赔偿也是主流。而在英雄烈士权益保护这方面，它主要是围绕名誉权和荣誉权的问题，所以他的诉讼请求主要是请求什么呢？赔礼道歉，消除影响。

回到安全生产领域这个特殊的领域，民事公益诉讼的诉讼请求该怎么去提出才更具有针对性，那要解决这个问题，我觉得首先还要解决另外一个问题。也就是我的第二点内容，安全生产民事公益诉讼制度在哪些范围内或者针对哪些情形可以提出，也就是说《安全生产法》第七十四条第二款，它规定的实际是有两个方面，即重大事故隐患或者重大事故，那这两个方面我觉得在民事公益诉讼中和在行政公益诉讼中是不一样的。

对于行政公益诉讼而言，我的观点是：重大也好，包括公益侵害、国家利益侵害，它不是一个立案标准，而是一个起诉标准。因为党的十八届四中全会是从依法行政的角度，督促行政机关从依法行政角度去提出探索建立公益诉讼制度的。而且从检察机关的宪法职能定位而言，监督行政机关依法行政本身就是职责所在，所以如果要去启动它，发出诉前检察建议，我觉得是无需受到这种重大或者公益侵害、国家利益侵害的限制的，可以直接启动。那我们说的这个重大以及国家利益或者公利受损，我觉得应该是一种起诉的标准，这对于行政公益诉讼而言，无需多说。回到民事公益诉讼领域，那我觉得它的侧重点应该在于赔偿损失，主要针对重大事故提起诉讼，而重大损失，刚才各位老师也说了，如果已经发生重大事故，几乎都达到了刑法里面的危害公共安全罪的一个入罪标准。所以关于检察机关监督民事领域这一块，主要的形成方式就是刑事附带民事公益诉讼，一方面追究这些涉案的违法企业或者责任主体的刑事责任，另一方面提起附带的民事诉讼请求，我认为比较适合的诉讼请求方式就是赔偿损失。

那这里面要注意的就是因重大事故造成的公益损失，我觉得有两种情形要区分，第一种是事故处置中动用的公共资源的一种补偿，因为我们刚刚讲了很多生产安全事故，它会引发一系列的损害，对于自然界的损害也好，事故处置中利用了公共资源的补偿也好，我们有一些应急处置费用是行政机关垫付的，是要追回来的，避免个人违法却由政府和社会买单的情况发生。

结合现在刑事领域政策而言，如果违法企业在民事领域积极去赔偿了，积极去配合事故的处置，或者积极去修复受损的公益，我觉得这个在刑事追究时是应当被考虑的，这是公益损失的第一种情形。第二种情形是特定事故处置后所引发的，我称之为溢出的公共利益，对这种溢出的公共利益，刚刚陈主任其实也举了例子，在最高人民检察院发布的典型案例中就有几例是这样子的，比如说探井泄露导致了海洋资源的损失，这种环境破坏是因安全生产违法行为所引发的在生态环境和自然保护领域的，就也应当安全生产公益诉讼的范围之内。为此我们适用了《民法典》第一千二百三十五条以及民事诉讼法的规定进行生态损害的赔偿，这是关于民事公益诉讼在针对重大事故情形所提出的诉讼请求，主要是一种赔偿损失。

但我们刚刚讲它是侧重于重大事故，并不意味着它不能对重大安全隐患进行提醒。在重大安全隐患方面，合适的诉讼请求应该是消除危险以及消除重大的安全隐患。在2021年最高人民检察院与应急管理部联合发布的关于安全生产领域公益诉讼典型案例中的案例二，也就是安徽省禹会区违规采矿民事公益诉讼案中就是这个例子，它就是对重大安全隐患所提的民事公益诉讼。但是要注意的是隐患的排查，刚刚各位领导也说了，隐患的排查和处理，我们觉得本身应该是行政机关的监管职责。林鸿潮老师也提出来了，对于启动民事公益诉权的问题，应当尊重行政机关的专业判断和首次处理权，所以在决定对重大安全隐患是否启动的时候，应当要视行政机关的履职空间和已经处理的情况而定，在接到这种安全隐患的报案线索时，最理想的情况应当是行政部门依法先履职，在诉前甚至是检察建议，把主管部门的专业能力进行有效的排查，只有在穷尽行政手段，仍无法处置重大隐患，或者具有应急性、紧迫性时方能启动民事公益诉讼，这是我的基本观点，可能有很多不足的地方，请各位专家、各位老师批评指正，我的发言完毕，谢谢大家。

【主持人刘拥】

张彬博士的发言，我认为主要是三个方面，第一是提起民事公益诉讼请求的内容，第二是以什么形式提起公益诉讼请求，第三是行政权与司法权的关系，对我们很有启发，下面请株洲市攸县检察院第五检察部副主任汪添吉发言，大家欢迎。

【发言人汪添吉】关于安全生产领域民事公益诉讼实务工作与诉讼请求的思考

各位领导、各位专家、各位老师同学，大家上午好，我是株洲市攸县人民检察院的一名公益诉讼办案干警，所谓“上面千条线下面一根针”，我下面作为“一根针”进行发言。

围绕研讨的主题，我的发言分为三个部分，第一是安全生产领域民事公益诉讼工作情况的介绍。第二是实务中这项工作面临的主要问题。第三是诉讼请求的内容和示范性、我个人的相关思考。

安全生产领域成为检察公益诉讼的法定领域，距今未满两年，目前还处于一个初步建立的阶段，法律规定比较粗略，司法解释也很少。

从最高人民检察院发布的典型案例来看，安全生产领域的公益诉讼案件总共有19件，而这19件中有17件是行政公益诉讼，一件是刑事附带民事诉讼，一件是民事公益诉讼；湖南省人民检察院发布的酒店安全生产领域的9件典型案例均为行政公益诉讼案例；从基层人民检察院的办案情况来看，攸县人民检察院在2022年办理了8件安全生产领域的案件，也均是行政公益诉讼案件。

通过行政公益诉讼案件可以督促相关职能部门依法全面履行职责，实现高效修复社会公益的目标。因此在安全生产领域通常会优先选择行政公益诉讼，但是行政公益诉讼也并非可以覆盖安全生产公益保护的全部角落，需要通过民事公益诉讼加以补偿。比如行政机关在履职之后，即使作出了行政处罚，穷尽了监管手段，但仍然难以及时制止公益损害风险的持续扩大，进而产生了更高的治理成本，造成不可逆的损害。

既然法律有规定，现实有需要，为什么安全生产领域民事公益诉讼的案件量会偏少？现阶段实务中主要面临的问题有三点，一是安全生产领域的界定不清，如刚刚各位专家所言，根据《安全生产法》的规定，适用《安全生产法》的领域可以归纳为从事生产经营活动的单位。通过梳理现阶段已经办理的安全生产领域的公益诉讼案件，不难发现安全生产领域的涵盖范围非常广，不仅包括安全生产的安全生产法的适用领域，还涉及公共安全领域，甚至可以和突发事件应对法中所规定的突发事件范围相对应，还包括加油站手机扫码支付等新领域带来的安全隐患问题。一方面这说明安全生产领域有巨大的发展潜力和良好治理效果的前景。另一方面由于具体的安全生产领域的公益诉讼范围还没有详细规定，检察机关的权力范围和精力都是有限的，不是对所有损害社会公益的行为都能伸手管辖。所以案件线索的筛选很重要，公益诉讼介入安全生产领域的前提条件是因安全生产违法行为导致重大事故或者造成重大事故隐患。重大事故是指已经发生的事件，这个概念不存在理解上的争议，而对重大事故隐患的界定，公益诉讼预防是监督启动的界限，以及安全生产领域可以提起民事公益诉讼的具体标准都需要进一步明确。二是公共利益损害的标准不清，公益损害包括实然损害和损害风险，和其他领域相比，安全生产涉及的行业技术法律法规都更为广泛和专业，比如如何评价和判断有害因素、危险因素和事故隐患的类型，如果缺乏相关专业人员的支持，检察人员其实难以作出科学判断。因此除了根据日常生活经验判断存在明显安全生产的安全隐患的案件之外，其他案件可能需要全过程引入第三方的专业知识，以便认定公共利益损害的基本事实，进而依法对民事侵权主体、侵权后果、连带责任等作出分析和判断。最后确定提起民事公益诉讼的诉讼请求。三是行政处罚和民事公益诉讼请求之间有一个平衡问题，根据《民法典》第一百八十七条的规定，行为人根据同一违法行为应当承担民事责任、行政责任的，承担行政责任不影响承担民事责任，行为人的财产不足以支付的，优先承担民事责任。所以从理论上来说，在安全生产领域，行政机关对违法行为人作出了行政处罚之后，检察机关依然可以对违法行为人提起民事公益诉讼，追究其民事责任。

如果行政处罚和民事诉讼请求都涉及金钱罚的时候，对违法行为人而言，这就意味着不同的公权力机关对同一个行为进行了多次的金钱罚。实践中一般会采用折抵的原则进行处理，避免惩罚过度，但是金钱罚竞合成的折抵规则具体应如何把握？检察机关在提起诉讼请求时，如何平衡行政处罚和民事公益诉讼请求之间的关系，各地标准不一，可能会造成同案不同判，一定程度上会降低法律的权威性。

关于安全生产领域民事诉讼请求的内容和示范性，安全生产领域公益诉讼承担民事责任的方式可以归纳为三类：一是预防式的诉讼请求，包括停止侵害、排除妨害、消除危险和赔礼道歉四种；二是恢复性的诉讼请求，就是恢复原状；三是惩罚性赔偿，目前还处于探索阶段。在这些诉讼请求中，除了停止侵害和赔礼道歉是即时的、纯粹的行为请求之外，排除妨害、消除危险和恢复原状都是由行为加效果构成。所以在后续的跟进监督过程中，不仅需要考察违法行为人是否及时正确地履行，还要考量所达到的效果，这就类似于在生态环境领域中对非法占用林地的违法行为人要求他补植复绿，不仅要求他把树种下去了，还要让他把树给种活了，保证复绿的质量。

关于惩罚性赔偿，从关于惩罚性赔偿的法律规定中可以看到，要适用惩罚性赔偿，需要满足两个方面的要求，一是考察行为人主观上的恶意程度，二是考察行为所造成的后果的严重性，所以在安全生产领域中是否要适用惩罚性赔偿，也要从这两个方面进行考量，从而更好地发挥制度功能具体惩罚性赔偿的金额。

现行法主要采用的是多倍赔偿的方式，但是法律只对计算的倍数进行鉴定，而具体的计算方式以及如何实现损害程度和诊断性赔偿金额相适应，都需要进一步探讨。我的发言完毕。

【主持人刘拥】

汪添吉主任在公益诉讼办案第一线，根据自己办案实践，提出安全生产民事公益诉讼少的原因，对我们来说很有启发。下面进入与谈环节，现在请最高人民检察院理论研究所助理检察员邵俊发言，大家欢迎。

【与谈人邵俊】安全生产领域民事公益诉讼

感谢主持人，感谢主办方的邀请，让我有一次这样的学习机会，我是来自最高人民检察院检察理论研究所的邵俊，时间已经中午了，我就直奔主题，分享自己关于刚才的发言的三点学习体会。

第一，安全生产领域的民事公益诉讼是具有相当的正当性和必要性的，因为在规范层面，《安全生产法》和《民事诉讼法》都提供了相应的直接的依据，尤其是刚才汪添吉主任提到的《民法典》第一百八十七条，关于民事责任、行政责任、刑事责任可以并行不悖，尤其是在民事责任具有优先受偿性的背景下，其实我们在安全生产领域提倡推进民事公益诉讼是具有相当的价值的。在实践层面，安全生产领域它不仅仅是行政监管不全面的问题，同时更多会存在一些企业主体责任落实不到位，还有从业者和用户的安全意识不够，这是相当明显的。

马克思曾经在资本论中引用过一个非常有名的言论，资本如果有 50% 的利润，它就会铤而走险。如果有 100% 的利润，他可能就会践踏一切法律，更何况现实中可能会存在 300% 的利润，所以说安全风险的和效益相伴，因此以民事责任直接倒逼推进安全生产，我觉得他们是有优势的，同时也可以避免安全生产领域多部门之间协作的问题。

第二，客观上，目前就全国或者湖南省而言，安全生产领域的民事公益诉讼是比较少的，与行政公益诉讼相比，它在数量上甚至存在一个比较大的数量级的差异。所以说客观上有民事公益诉讼的物质性，还有安全生产违法性的，需要由行政机关进行前置审批审查或者前置认定。但是不管怎么说，我觉得在未来推进行刑衔接，看似与民事公益诉讼不相关，但是我觉得是完善的一个重要方向。因为对于检察官而言，他在各个领域包括矿山安全、道路安全等，对于这些安全问题都是相当专业的。作为一个检察官他可能很难去一一把握，所以说加强检察机关和行政机关的多部门的衔接沟通是非常有必要的。

第三，是跟单元的主题密切相关的，就是诉讼请求应该适当。《人民检察院公益诉讼办案规则》的第九十八条其实已经为我们设定了基本的诉讼请求，包括停止侵害、排除妨碍、消除危险、恢复原状、赔偿损失等诉讼请求。这些诉讼请求背后蕴含着预防性、恢复性、救济性、惩罚性四大价值理念，所以在安全生产民事公益诉讼诉讼请求里面，我觉得需要考虑以下几个方面，其一，需要考虑场景，之前的与会代表也提到，但是在刑事附带民事公益诉讼中，可能更多的是需要考虑到具体性诉讼请求。在一般性的、独立的或者说独立的民事公益诉讼诉讼请求中，我们可以做更多的探索，比如说一些机关也正在做的处罚性赔偿，我觉得是一个非常好的尝试。

我认为民事公益诉讼本质是一个民事诉讼，在一般的民事诉讼中执行难是一个非常严峻的问题，而在安全生产领域民事公益诉讼的执行难，我觉得也存在问题，因为目前出现了在一些典型案例中，大多数都是一部分因为前置行政机关已经监管到位，但是企业拒不履行，后续的才是民事公益诉讼，所以说怎么去持续地监督企业责任主体，履行好诉讼请求，是一个非常值得关注的问题。

最后我想谈一谈关于安全生产领域民事诉讼请求，还是不能笼统地讲消除危险，我觉得必须还是要因案而异，必须具体，这样也方便后续执行。以上是我三点的学习心得。

【主持人刘拥】

邵俊的发言，我印象特别深刻的一点是，他对安全生产领域的专业性，对检察官的专业知识结构提出了很大的挑战。作为检察机关来说，确实有一个知识补充的问题。

下面请中国安全生产科学研究院高级工程师马良俊发言，大家欢迎。

【与谈人马良俊】安全工程理论角度下的安全生产公益诉讼

各位领导、各位专家、各位同学，大家上午好。今天很高兴来参加研讨会，我本身不是研究法规和政策方面的，我是做安全生产整个安全工程理论方面的研究，我从我自己的专业上来谈一下咱们安全生产公益诉讼的相关问题。

结合咱们两位发言人的发言，其实安全生产公益诉讼，我觉得有一部分是法律问题，还有很大一部分是科学问题，尤其是会议全程提到了一个风险隐患，事故的整体的法律理论体系。从风险角度来说，它实际上是指特定危害事件的可能性和后果的组合，具有不确定性。

从隐患角度来说，它是指生产经营活动中的一些违法行为，包括人的不安全行为，物的不安全状态，包括组织和制度以及管理的缺陷，包括它属于人为划定的危险界限，事故实际上是物质和能量的剧烈释放，实际上它们是有关联性的，但是事实上不是有风险就必然会导致隐患、事故。所以说在做安全生产公益诉讼的过程中，我假定它不管是事前还是事后，是假定或者已经发生了事故之后，它造成了人身伤害和财产损失，我们要对这些公共利益进行保护。

刚才汪主任提到，包括张老师也提到了多倍赔偿，我不太懂法律方面的业务，事实上我们事故包括危险的发生，实际上它不是单独的缺陷和单独的隐患导致的事故，或者说隐患本身也不一定会导致事故发生，是多个屏障被穿透之后，导致了事故。尤其是从人的不安全行为，包括组织和管理，还有一些物的不安全状态，如果说民事诉讼涉及惩罚性赔偿的方面，我们肯定要给被惩罚的对象一个定量化的解释。所以说我们在可能发生事故和事故已经发生后，只能算出来一个数值，即概率，死亡概率和财产损失的概率怎么来确定，怎样计算惩罚性赔偿，我觉得可能是我们要研究的一个课题。

另外咱们之前也提到安全生产的公益诉讼介入的时间节点，我也简单汇报一下我们安科院和最高检包括检察信息中心也做了一些支撑性的工作，也提出了一些研究性的课题，当然还没有最后立项，包括我们也在考虑几个方面，主要是针对检察机关面向安全生产领域公益诉讼存在案源渠道狭窄、线索隐蔽、立案相关条件标准难以确定、取证步骤手段不足、潜在工艺损害难以判断等问题。我们现在提出几个研究方向，一是从安全生产整个危险源的预防控制理论体系上研究，从大数据的角度，从知识支撑的角度怎么来支撑安全生产公益诉讼。二是包括线索发现和案源甄别技术，尤其可能对检察介入和退出的节点，从科学角度上来说，可能要提出一些标准，很多安全生产事故本身涉及一些工艺和过程安全工程的内容，从科学的角度去设定标准，包括办案的相关证据，还有物证的问题。我们经常提到的风险，它实际上是包括固有风险和现有风险，现有风险也就是所谓的残余风险。固有风险，安全生产都存在着能量和物质，它肯定是有一定风险的，我们一直说构成隐患的这一部分事实上是现有风险。比如说做了安全生产的防护措施，为什么还存在重大风险？我们无论怎么做，它在某一方面可能存在缺陷，这个部分就是重大风险。但是重大风险包括其他一些风险，它只是在企业内，是一段时间存在的，它的证据是很容易灭失的。因为检察院没有行政执法权，没有办法深入企业进行安全检查，它的证据、隐患风险只是在一段时间内存在的，所以说取证和固定证据可能也是一个难点。另外就是多元的管理损害，包括损害的量化评估，我们现在从安全生产的角度来说，风险事故很多都是概率的问题，什么样的概率推导出多大的惩罚性赔偿或者损害，可能需要我们去研究。因为安全生产应急管理部的执法活动，有相关的执法规定，罚款都是有依据的，惩罚性赔偿的依据我们要继续研究，我主要就是谈一谈安全生产角度上的一些想法，谢谢大家。

【主持人刘拥】

马高工对隐患风险事故的关系提出了怎样确定政法系统介入时机以及线索的很重要的问题。下面请山西省人民检察院三级高级检察官张蕾发言，大家欢迎。

【与谈人张蕾】安全生产领域行政公益诉讼和民事公益诉讼的关系

大家好，我是山西省人民检察院检察官张蕾。检察公益诉讼是我们检察机关的本职业务，同时也是需要多元主体充分参与的一项工作，否则凭借检察机关一家是孤掌难鸣的。今天在座的各位学者专家，行政机关的领导和同志们，在百忙之中参加本次论坛，对检察公益诉讼给予了高度的关切和支持，由衷感谢最高检八厅不遗余力地创造研讨机会，给我们提供工作指导。感谢专家教授为检察公益诉讼提供源源不断的智力支持，更感谢行政机关领导和同志虚怀若谷，积极协作配合，为检察公益诉讼的成熟定型奠定了良好的基础。

下面我结合本次研讨主题——安全生产领域民事公益诉讼，和大家分享以下几点认识。

刚才张老师提到了在安全生产领域民事公益诉讼的诉讼请求，提到了赔偿损失，我个人对此持保留意见，但是对她提到的启动民事公益诉讼的条件，我是赞同的。最高检与应急管理部在2021年3月23号联合发布的9件典型案例中，其中有一件是民事公益诉讼案，2022年的12月16日，最高检发布的11件安全生产领域检察公益诉讼典型案例中，也有一件民事公益诉讼案，这两件案件，一件是针对违规开采矿山造成的采空区塌陷治理，一件是针对水产品加工厂拒不整改，氨制冷设施设备设施存在氨泄漏事故隐患等。这两件案件的诉讼请求分别是消除危险、恢复原状、消除危险、公开赔礼道歉，都是根据案情的非常有针对性的要求，生产经营主体承担民事责任，这些民事责任也是很典型的民事责任方式。

值得我们注意的是在第二个典型案例中，提起民事公益诉讼有一个非常明确的前提，就是行政决定非诉强制执行，难以有效消除和防范事故隐患，这就提醒我们需要注意行政公益诉讼和民事公益诉讼的关系，虽然这两个是被写入不同的法，一个是在民事诉讼法，一个是在行政诉讼法，但是两个关系并不是分立割裂的，包括刚才基层检察院的同志也提到了，到底什么是社会公共利益，我觉得这是检察公益诉讼的一个一般性的问题，不是说安全生产领域或者生态环境哪一个领域面临着独特的问题，也是咱们检察公益诉讼现在立法迫切需要解决的一个问题，是不能回避的一个问题。

这方面我认为通过细心的研究《宪法》还有《民法典》，包括《行政处罚法》里面关于公共利益以及社会公共利益的规定，对其进行文义解释和体系解释就会很容易发现，其实检察公益诉讼所针对的国家利益或社会公共利益就是行政管理秩序，我不知道刘教授还有王教授能不能接受这种观点，以

《安全生产法》为例，在《安全生产法》增加公益诉讼条款之前，它存在的这些隐患，之前就是社会公共利益，只不过是增加了公益诉讼条款。所以我个人感觉在检察公益诉讼里面，我们面对“为什么”讨论来讨论去却讨论不出结果，是因为把事实和价值混为一谈，比如说国家利益和社会公共利益就是一个价值评价，而不是一个事实状态，什么是社会公共利益，这才是事实状态，它就是行政管理秩序。一般认为行政公益诉讼对应的是国家利益和社会公共利益，民事公益诉讼对应的是社会公共利益，这样把方法和目的混为一谈的认识是非常混乱的。我认为以行政公益诉讼和民事公益诉讼关系来说，有三点非常值得注意。

一是行政监管的效率优先；二是民事公益诉讼是一个真正的诉讼，但是行政公益诉讼它虽然叫作诉讼，但它99%的案件不是通过诉讼来解决的，而是在诉前都已经实现了公益保护，所以行政公益诉讼和民事公益诉讼是有非常根本的区别的；三是刚才湖南省人民检察院的主任也提到了，检察公益诉讼制度设计的目的就是促进依法行政，行政公益诉讼是检察公益诉讼的题中应有之义，因为行政公益诉讼天然具有诉源治理的优势，所以我们在提起民事公益诉讼的时候，一定要保持一种非常谨慎的态度，我个人理解民事公益诉讼其实是兜底行政公益诉讼的，除非是有法律明确的授予。由于时间原因我就不多说了，请大家批评指正。

【主持人刘拥】

张检就是讨论行政公益诉讼和民事公益诉讼的关系，她的观点应该是民事公益诉讼应该保持谦抑性。

（五）安全生产领域疑难案件的难点

【主持人刘拥】

下面请进入第五组，研讨主题是安全生产领域疑难案件的难点，疑难案件肯定有难点，发言的两位都是检察实务方面的专家，第一个是湖南省湘潭市人民检察院七部主任余向阳，大家欢迎。

【发言人余向阳】安全生产领域公益诉讼的难点问题与建议

很荣幸能借此机会和各位领导、专家学者以及同仁一起探讨安全生产领域公益诉讼中的难点问题。2020年至2022年，湘潭市检察机关共立案办理安全生产领域案件47件，总体办案数量逐年增加，尤其是《安全生产法》新修订以来，案件数量增长比较明显，主要涉及道路交通、消防、房屋建筑、危化品、易燃易爆物品等安全隐患，尚未涉及矿山和尾矿工业园区的生产经营单位，这些均为行政公益诉讼，全部以行政机关诉前程序整改而结案。

办理过程中我们发现以下难点问题，一是对安全生产领域公益诉讼监督的对象范围，纳入《安全生产法》和“十四五”国家安全生产规划的生产领域范围较广，不仅包括各种产品生产加工的活动，也包括工程建设、商务、娱乐、服务业等经营活动，还包括许多具有安全风险的场所管理问题。公益诉讼工作的开展既要以担任对象具备安全性质，又要符合生产这一范畴的限定。如瓶装燃气供应站未落实分区存放，餐饮场所未安装燃气泄漏报警器，校园周边食品小摊贩使用废弃瓶等的安全风险易于识别，但住宅小区内电动自行车违规飞线充电，学校实验室存放教学遗留的过期危险废物等情况中，安全隐患虽然存在，但是否属于生产的范围存在模糊性，并且安全生产事故和隐患可能损害生态环境，造成国有财产损失。如湖南省人民检察院、湘西土家族苗族自治州人民检察院办理的锰三角专案，反映出深化安全隐患，况且安全生产等其他领域公益诉讼间存在复杂的交叉关系．安全生产领域公益诉讼监督的是本领域的特殊性公共利益还是由不安全的生产经营行为造成的一系列公益损害有待明确。

二是检察机关介入的实际问题。《安全生产法》第七十四条第二款规定，事故已发生处于重大隐患状态，两种公益诉讼介入条件，对于已经发生的安全事故，作为社会治安综合治理和党政同责的重要考核点，地方党委政府高度重视，往往成立了专门的工作专班，对安全生产事故进行处理，处理的过程也会按照突发事件应对的按预案规范进行，检察机关介入的制度空间较小。

实践中湘潭市主要借助于与应急管理局共建的安全生产公益诉讼检察室为载体，参与事故的调查，对行政机关已在积极履职的检察机关一般不做立案处理，而在重大事故隐患情形下，根据突发事件应对法等制度规定的重大事故的标准，但对隐患的重大性既缺乏清晰的标准，检察机关自身又缺乏权威的技术判断能力，导致预防性公益诉讼在安全生产领域推行困难。

三是检察机关面临举证难题，在安全生产行政公益诉讼中，行政机关的职权范围和履职情况、安全隐患情况、国家利益或社会公共利益受到侵害的现状等事项，均由检察机关承担举证责任，这给安全生产行政公益诉讼的待遇带来了实际困难。在安全生产行政公益诉讼中，由于公共利益受损的结果尚未实际发生，无法以实际损害后果作为衡量判断标准。因此关于安全隐患的现实性、危害性的证明，是检察机关诉前阶段调查履职的重点难点之一，对隐患相关情况的证明，难免涉及专业知识，导致检察机关面临举证困境。

几点建议：一是高位推进检法与安全生产主管部门达成共识。推行安全生产领域公益诉讼，有助于为安全生产领域引入刚性监督力量，提升安全生产工作的群众知晓度、关注度和认知度。对于检察与行政部门间的分工，公益诉求的类型与执行，在审理环节的承认，特别是隐患达到重大程度的认可与标准及法律适用，建议在高层形成便于基层操作的办案指引。

二是推动公益诉讼与企业合规协同增效，切实防范安全风险。安全隐患具有自身特征，安全生产领域公益诉讼案件要重点关注整改效果，特别是涉及委托矿等整改时限长的企业，在开展企业合规的同时，融入公益诉讼检查监督，重视合规整改落实情况中的安全生产影响因素，防止生产经营单位假整改，行政机关整改恢复后隐患问题反弹。

三是加强沟通协作，从源头消除安全生产隐患，加强与刑检部门、相关行政机关的沟通衔接，通过信息共享，对近年来安全生产刑事犯罪被告人行政机关进行行政处罚的违法行为人进行一一梳理，建立重点关注对象的名单。对于应当从业禁止的被告人，多次因安全生产违法行为被行政处罚的违法行为人建立黑名单，从而从源头消除安全生产隐患。我的发言完毕，谢谢大家。不当之处，请批评指正。

【主持人刘拥】

余主任分析了安全生产的范围以及介入时机、举证难等方面存在的一些问题，并提出解决方案。

下面我们请江苏省扬州市人民检察院第六检察部主任李志强发言，大家欢迎。

【发言人李志强】安全生产领域民事公益诉讼案件遇到的问题及应对

各位专家，各位领导，各位同仁、同学，非常荣幸有机会来参加今天的论坛。我今天交流的题目是《安全生产领域民事公益诉讼案件遇到的问题及应对》。作为基层办案单位，我就安全生产领域民事公益诉讼遇到的问题及相应的思考求教于大家，恳请大家进行赐教。

首先，谈三个主要问题，一是行政法规、刑事司法、民事公益诉讼对重大隐患的标准不一，把握也不一样，《刑法修正案（十一）》增设的"危险作业罪"，构成要件之一是针对"重大安全隐患拒不整改"的行为。虽然与安全生产有关的行政法规规定了一般事故隐患、重大事故隐患的标准，但刑事司法的标准更严苛，并不以行政法规规定的标准为认定标准，而是要求非千钧一发的隐患，都不是重大事故隐患。民事公益诉讼对重大事故隐患的把握，更是百花齐放。有的是直接以行政机关根据行政法规出具情况说明，有的是委托第三方机构鉴定，还有检察机关与行政机关内心确认为标准。

二是安全生产领域行政公益诉讼与民事公益诉讼的关系。不少意见认为检察机关提起安全生产民事公益诉讼，应在行政机关穷尽一切行政手段和措施，不能督促生产经营单位消除隐患时才能提起。否则，压缩了行政执法空间，也与检察公益诉讼的制度设计相违背。

三是对最高检相关精神的把握不一致。2021 年最高人民检察院八厅《关于贯彻执行〈中华人民共和国安全生产法〉推进安全生产领域公益诉讼检察工作的通知》强调安全生产领域公益诉讼"突出预防性司法理念"，可以探索向涉案企业发出民事公益诉讼诉前检察建议。有的意见认为这与最高检《人民检察院检察建议工作规定》第十一条的规定客观上存在一定的冲突，因为该规定是针对"社会治理"发出的建议，而我们针对个案，尤其是民事公益诉讼不能发出来具体的整改建议。

其次，我谈一点针对这些问题的思考。记得 2019 年江苏省人民检察院公益诉讼条线会议上的时候，大家就逐步提起安全生产领域公益诉讼提出了一些思考。2020 年扬州水产品加工厂拒不整改重大安全事故隐患，提起了全省首例民事公益诉讼，督促企业投入 200 多万元资金更换制冷系统，消除了安全隐患。根据安全生产工作的规律及《安全生产法》的相关规定，结合本案的办理有以下几点肤浅的认识：我们认为检察机关办理安全生产领域民事公益诉讼案件，应当坚持以预防性公益诉讼为方向，严格把握立案条件，准确把握监督对象和监督的标准，确保法律的正确使用。

根据《安全生产法》第七十四条第二款的规定，只有安全生产违法行为造成重大事故隐患或者导致重大事故发生，致使国家利益或者社会公共利益受到损害的，才可以提起公益诉讼。所以我们应当搞清楚一般事故隐患和重大事故隐患，一般安全事故和重大安全事故的区别，严格把握立案条件。对于一般事故隐患，可以通过行政公益诉讼督促行政机关监督整改。对于重大安全事故不能直接提起安全生产公益诉讼，可以根据情况予以补充处理。

因重大安全事故造成生态环境资源损害的，我们可以通过生态环境资源损害公益诉讼的途径来救济对安全事故造成的人身财产实然损害，可以通过私益诉讼来解决，不应当通过提起安全生产领域的民事公益诉讼来解决。安全生产工作以预防为主，安全生产领域的民事检察公益诉讼也应当坚持。

安全生产工作以预防为主，安全生产领域民事检察公益诉讼也应当坚持防未病、治未然的预防作用。经估算，一个行政违法行为从行政立案到行政非诉执行，顺利的情况下需要 270 天才能完成。事故隐患如不及时整改会随时可能发生事故，不能坐等行政机关穷尽行政手段和措施无法及时消除隐患才提起，而应针对生产经营单位拒不整改重大安全隐患的行为，通过提起民事公益诉讼的监督方式，督促企业及时将重大事故隐患消灭在萌芽状态。是否存在重大事故隐患，检察机关应当委托或商请行政机关委托具有资质的安全评价机构出具评估报告科学认定，符合监督情形的，可以立案后公告并向涉案企业提出诉前检察建议。上述程序后仍然未实质性整改的，检察机关可以提起民事公益诉讼，请求人民法院判令其立即消除危险及赔礼道歉。被告是否履行调解协议或判决裁定，应通过专业机构评估、专家评审验收等专业辅助，确保规范整改以及重大事故隐患得到实质性消除。

最后，发出一个邀请。为了更好地探索预防性公益诉讼在安全生产领域的作用，我们正在依托大数据中心企业信用公示平台、应急管理机关的行政安全监管平台等，建设“安全生产法律监督平台”，恳请各位领导、专家、同仁莅临扬州指导。谢谢。

【主持人刘拥】

刚才李主任发言以后给我一个启示，因为我们研究室是管社会治理检察建议的，这种预防性质的检察建议和社会治理的建议确实面临怎么区分的问题。因为社会治理检查建议它也是完善制度，提升了完善管理，预防更大的错误或者重要犯罪预防事故发生的，所以确实是有很大价值。

下面进入与谈环节，首先请南京信息工程大学法政学院梁鸿飞教授进行与谈发言，大家欢迎。

【与谈人梁鸿飞】关于安全生产领域行政公益诉讼价值与监督的思考

首先感谢湘潭大学法学院的盛情邀请，我就简单谈一下我对安全生产领域行政公益诉讼的看法。第一点，就是安全生产领域的行政公益诉讼，不能画地为牢，就在概念上认定某些方面属于安全生产领域再启动相应的程序，这些安全生产领域的内容和其他领域是相关的，比如说沿海地区一个化工厂发生安全生产事故，它爆炸之后会污染大气，污染大气之后，沿海的生物都会受到影响，海水的 pH 值会上升，鱼虾被沿海的渔民捕捞之后再卖到市场上，对人形成身体的损害，所以说乌尔里希·贝克所说的风险兑现之后，它的损害是系统性的，所以说安全生产领域的公益诉讼案件，我不认为应该是画地为牢进行处理。

第二点，所谓重大隐患、一般隐患、重大风险、一般风险以及与行政违法之间行政不作为之间的关系，并不是应该从理念或者从概念上入手，而是应该通过不断的司法审查和案例的演进来确定相应的标准。

第三点，行政公益诉讼一般认为它并不像西方的利益代表制救济，它的起点是救济弱势群体边缘群体的权利，它是检察机关基于法律监督权能进行的，法律监督本质上是维护国家的法治统一。行政公益诉讼它并不是解决主体的问题，比如联合几个行政机关采取某些活动把问题解决了，并不是这样，它首先是从秩序层面的法律效益入手，再到法律的实效，它的逻辑始终是在法律作用的层面上，并不是说行政机关和检察机关共同组成一个团，去解决某个实质性的问题，从治理层面它也不具有合法化常规化治理成效。

第四点，被监督的主体的问题。检察机关现在大部分案件主要是在县域层面，它主要监督对象是各个县的行政机关，实际上县级政府它是最低一级具有整合资源和权威的政府，很多像公共安全、环境保护这些事项，需要政府出面来整合资源，调动资源，组织动员，所以说仅仅纠结于这一两个行政机关可能是事倍功半。

第五，监督方式的问题，我们以前的监督定在秩序行政层面，比如说不应该给予行政处罚，给予行政处罚不到位，或者说不应该给予行政许可等，但是监督方式问题是不是也考虑可以将监管前移。比如说像响水爆炸案，调查事故有一个重要的方面，响水市政府把规划权违法委托给它下面的化工园区，这种行为事实上也是一个行政违法，检察机关是不是应该把视角往前移一移?

还有检察建议的问题，检察建议现在还以督促解决问题为主旨，是不是也应该学习一下俄罗斯的检察制度，他们的检察建议是根据不同的问题进行不同的分类，这是我对以上的五点看法，谢谢。

【主持人刘拥】

梁教授从行政公益诉讼的价值以及监督对象、监督方式等方面提出了独特的观点。

下面请中国安全生产科学研究院技术开发部周建新主任发言，大家欢迎。

【与谈人周建新】安全生产工作角度下公益诉讼的难点与建议

谢谢主持人，感谢大会给这个机会，安全生产工作的重要性不用说。二十大提出来，我们要建立预防性的公共安全治理体系，今年又是落实二十大的首年。下面我从安全生产工作的角度来谈几点看法。我们应该树立大安全、大应急观念来看待安全生产工作。我们现在已经进入风险社会的阶段了，我们必须站在大的环境下来认识这个事情。

《安全生产法》已经对安全生产的机制有所规定，即生产经营单位负责、职工参与、政府监管、行业自律、社会监督，这都已经有了。另外，除了机制之外，还有中介的技术服务，我个人认为公益诉讼应该是在体制外，加强外部激发的机制，要发挥作用，保护公共利益肯定是首位的，以此为核心、出发点，它应该是一个外部的激发机制，使其产生内生的动力，不仅是企业的主体责任，还是各部门之间的监管责任，包括协同责任。

受刚才各位专家发言的启发，我们也认真学了学最高检、应急管理部发布的公益诉讼的案例，包括检察建议，由于时间关系我就简单说一下心得体会。

第一是出发难。包括线索发现、取证、固证、介入时间、介入方式，包括潜在的公益诉讼的评估，刚才马工说了，潜在的评估很难。我记得黄书记在“3·21”事故发生之后，于3月27号开了一个电视电话会议，他提出来三个问题，为什么事故中总能突破我们的防线？为什么事故发生之后，我们才发现哪个地方监管不到位，有空白？事故驱动型转向风险导向型的机制，抓手在哪里？我觉得回答这个问题很难，没有一个固定答案，因为各行各业可能都不太一样。所以说涉及公益诉讼、基层的、专业性的内容，需要我们做一些大量的支撑工作。

第二是信息共享难。虽然我们院在最高检的指导之下，我们和监察信息中心建立了信息共享机制，但是目前信息共享数据还比较少，还没有建成一个常态化的机制。上次国办组织我们开会，想把危化品车辆的注册数据开放到地方，目前可能做不到。比如一些化工大省，他们说我们自己省的规范车辆我们可以监管，但是外省进来的，我们没法去识别它，风险我们不可控，为此我们开了个视频会。另外再加上咱们安全文化的影响，很难把不好的东西给展示出来。

第三是推进整改配置比较难。刚才有的专家也发言了，有些部门之间在监管的时候不想往前走一步，比如说燃气事故，好多小餐馆发生爆炸，住建部和商务部都有难处，燃气比如说是商务部负责，但是我们下面没有队伍怎么监管商务部门？如果按三管三必须试点我们能监管，但是市场监管总局机构改革的时候，把我们下面的队伍全撤走了，我们没法去监管。

提几点建议：

第一就是联合开展技术研究。包括安全生产公益诉讼的法规有了，接下来从规章，包括标准这一块怎么规范化操作？再就是自身的科技研究，我们怎么来界定刚才说的重大危险源？包括评估怎么来量化，怎么来统一思想认识，统一认可。

第二是信息共享。不管叫平台也好，叫机制也好，我觉得应该共享。现在数字技术发展这么快，我们应该怎么跟业务融合，除了行政执法数据之外，还有投诉举报，诚信数据，好多数据我觉得都可以共享。

第三我建议多关注一下事故调查。刚才说安全生产公益诉讼目的是治未病，我们现在从安全管理的角度来说不放弃每一个事故，每个事故都要进行调查，而且把事故调查的最后结果经验共享，从目前我们掌握的数据、大数据平台统计规律来看，我们国家事故调查报告的公开率低。报告的质量参差不齐，而且事故调查报告公开之后，还引起过诉讼，在科学性公正性方面还有些差距。所以说我觉得我们可以从法规模式、实然侵害，回溯到重大风险。

最后一句话，我们安科院愿意继续在公益诉讼领域，不管是科学研究也好，信息服务也好，继续发挥作用，祝我们这次大会的研讨会推动安全生产公益诉讼事业上一个更大的台阶，谢谢。

【主持人刘拥】

周主任从专业支撑、信息共享，以及部门权力划分角度提出了一些存在的问题和解决方法。下面我们请广东财经大学法治与经济发展研究所颜运秋教授进行与谈发言，大家欢迎。

【与谈人颜运秋】安全生产领域公益诉讼

各位好，已经到了吃饭的时间了，所以我只讲三分钟，兴许不要。2022年我在《中国政法大学学报》发了一篇文章，里面有一句话：中国特色公益诉讼的理论、立法与实践是中国对世界诉讼法的新贡献。我是从湘潭大学出去的，1993 年大学毕业分配到湘潭大学，在湘潭大学讲了30 年公益诉讼，写了20 多年公益诉讼的书和文章，再干 10 年，60 多岁了，退休不干活了，保身体。

感慨还是很深，刚才听了余检察官和李主任两位的发言，你们搞实务的时候要打破，要走得进去，要走得出来，不能说搞安全生产，不是安全生产我就不管，不是安全生产它可能也是别的公益诉讼，公益诉讼本质上没有边界，不要把自己套住了，否则自己工作打不开，这是第一点。

第二点技术。非法律的技术问题，我们比别人还厉害是不可能的，法律的专业的东西肯定是检察院、律师还有其他的法律从业人员办，其他的一些案件线索，要依靠广大群众，广大群众反映最强烈的问题，就是需要突出解决的公益问题。不要在家里想，像李主任说的还是要下去听听老百姓的呼声，我觉得这个问题是最需要解决的，我不多讲，已经超过会议时间了，谢谢大家。

【主持人刘拥】

颜教授简短的发言对我们很有启示，整个会议我们在各位专家、各位领导的支持配合下，第四组、第五组的发言顺利进行完毕。

三、总结及闭幕

【主持人吴勇】

那我们现在进入最后的环节——总结，即闭幕，因为会议已经延迟了20分钟左右，所以我们直接进入发言阶段，请最高检八厅第二办案组主办检察官刘东斌同志发言，大家欢迎。

【发言人刘东斌】

这个会议时间超出了一些，本来是一天的会议，考虑到领导、专家、学者千里迢迢赶来不容易，改成一个上午。确实今天内容非常丰富，安排很紧凑，感觉各位专家学者同志们意犹未尽，还有的可能还没说透，今天是我们韶峰论坛举办以来的第一个学术研讨会议，今天对我的启发很大，我刚刚概括了几点，不一定周全，今天方方面面的观点，一时还概括不全，之后慢慢梳理。

今天的会议是群贤毕至的盛会，也是我们落实中央大兴调研之风要求的实际行动。相信这次研讨会对于今后促进安全生产公益诉讼工作会起到重要推动作用。

今天研讨的主题是安全生产领域公益诉讼，可以说是检察公益诉讼的一个梳理，里面遇到一些重点难点问题，也是公益诉讼工作发展中的一些问题。

一是增强了安全生产领域工业保护的责任感、使命感和荣誉感。我们讲文明至上，生命至上，生命重于泰山，人命关天，安全生产形势不容乐观，邬司长最有发言权了，不少数据他很清楚。我们讲生态破坏还可以修复，国家财产被套取流失，还可以去督促追缴，伪劣产品，还可以销毁，但实际上发生事故造成人员伤亡，那是无法挽回的损失。

我的微信头像是故宫西北角的一个牌匾，上面四个字：大德曰生，跟我们工作密切相关，就是讲天地之间最美好的道德，就是让万物生生不息，各得其所，安身立命。

所以在座的各位领导同志们，我们的工作与人民的财产安全，特别是生命安全密切相关，责任感、荣誉感油然而生，你们也听到大家有这样的感受。

二是深化了对安全生产领域公益诉讼检察以后的实务问题的认识。特别是前面提到的几个概念，安全生产的基本概念，风险、事故，在会议中我对这些概念有了一些深化认识，有的我搞清楚了，有的我更加明确了，有的还没有考虑太清楚，需要进一步研究探索。

刚才黄体伟处长提到，我们这个有些特殊性——实践走在理论前面，确实看得很准。安全生产领域法律实施的时候，我们实际上公益诉讼已经开始，我当时在铁路检察厅，我们开展了铁路线下安全隐患排查，这实际上也是公益诉讼的一个方面，所以最高人民法院和最高人民检察院、应急管理部还有国家铁路集团一起调研，理论是实践的方向，实践是理论的源泉，这两者是互相依存、互相影响、互相促进的。我不说“理论是灰色的，实践之树长青”，理论和实践是密切相关的，把理论问题搞清搞透，奠定我们事业发展的一个坚实的基础。

三是启发了我们安全生产领域公益诉讼检察工作的方向和措施。各位领导大家刚才都提到了二十大报告里的要求，完善公共安全体系，推动公共安全治理模式向事前预防转型。推进安全生产风险专项整治，加强重点行业领域安全监管。

在重大事故隐患项目的分享中，你们提出的一些工作措施、建议非常好，我很受启发。特别是昨天晚上，我们院领导批准了我们组之前报批的通知，加强矿山安全领域公益诉讼部署工作，昨天晚上 10 点多，通过微信经领导批准，马上就开展，跟国家矿山安监局也相呼应。另外我们现在安全生产要落实的有很多，之前我们重点关注的燃气安全，还有消防规划，矿山作为其中一个重点。

另外，各位专家领导提供的一些意见建议，包括我们检察系统的实务同志的一些建议，也挺好。虽然各位专家、学者的有些建议、观点并不吻合，有思想的火花碰撞，这些都挺好。我们现在正在做的就是尽快拿出一个安全生产领域公益诉讼工作的工作指引，构建这个领域的公益诉讼的业务框架体系，指引各地的检察机关：他们如果要做这方面的案件，怎么办？分寸把握到什么程度？怎么样才算是好案件？

四是汇聚了安全生产领域公益保护合力。从大家发言中，我感受到大家对公益事业的热爱，我们这个会议原计划是去年召开，受到疫情影响，当时考虑线上召开会议，但后来我反复考虑，线上的效果肯定不如线下。线下大家在一起，哪怕时间短，当面沟通、当面探讨、加深了解，这样有助于聚焦对问题的探讨。特别是我们跟中央部委的同事在一起，接下来进一步的配合更加顺畅，所以宁可晚一点开，还是线下召开比较好。

最后，今天是 4 月 11 日，最美人间四月天，不负春光，不负使命，会后我们将尽快把这次研讨会情况进行梳理汇总，尽量把研讨成果转化为推动安全生产领域公益诉讼工作的实际成效。同时坚持守正创新，促进安全生产领域更高的诉源治理，高层次诉源治理促进更高水平社会治理，这是今年全国两会期间《检察日报》的一个提法。我们要以时时放心不下的责任感，在各自岗位上发挥聪明才智，做好本职工作，为保障安全生产、为推动更高水平的平安中国建设作出自己应有的贡献。

我宣布研讨会顺利结束，祝各位返程顺利，万事如意！

【主持人吴勇】

感谢各位，作为承办方，我再稍微说两句，这个论坛紧凑而热烈，在场的四个小时，我们的发言嘉宾情绪饱满，发言有力。无论是实务部门还是理论部门，无论是检察部门还是行政执法部门，大家从不同的角度发表自己的观点，相信此论坛能够有力地推动安全生产领域公益诉讼的发展，那么最后表示一下感谢，感谢最高检八厅和湖南省检察院的精准指导，感谢湘潭市检察院的大力支持，感谢中心老师和同学们的全力付出，感谢各位嘉宾百忙之中，来莅临此次论坛，也欢迎大家有机会多到我们湘潭大学法学院进行指导和交流，最后祝愿大家工作顺利，身体健康，生活如意，谢谢大家，本次论坛结束。

第四部分　典型案例篇

铁路安全生产领域公益诉讼十大典型案例*

1. 广西壮族自治区永福县公路上跨铁路立交桥危害铁路运行安全行政公益诉讼案

【关键词】行政公益诉讼诉前程序；公路上跨铁路立交桥；现实侵害危险；跟进监督

【要旨】检察机关针对公路上跨铁路立交桥存在的安全隐患，通过诉前检察建议督促行政机关积极履职尽责，并持续跟进监督，切实保障“车轮上的安全”。

【基本案情】2018 年 2 月，位于广西壮族自治区永福县广福乡潮水村的 G322 国道和湘桂铁路附近两座新的公路上跨铁路立交桥建成通车，但位于 G322 国道附近两座旧的公路上跨铁路立交桥未按要求同步拆除。因长期缺乏管理维护，两座旧桥的桥梁混凝土栏杆多处断裂、栏杆断裂面倾向铁路，存在桥梁垮塌引发铁路交通安全事故的重大风险。铁路部门多次向当地政府和职能部门发函沟通协调，因涉及不同监管部门，各方责任交织，两座旧桥一直未拆除，严重危及铁路运行安全。

【调查和督促履职】广西壮族自治区人民检察院南宁铁路运输分院（以下简称南宁铁检分院）在开展“推动解决铁路线下安全隐患专项活动”中，原南宁铁路局（现更名为中国铁路南宁局集团有限公司，以下简称南宁局集团

---

* 2020 年 12 月 24 日，最高人民检察院召开主题为“联防联治，以公益之名守护‘车轮上的安全’”的发布会。会上发布了铁路安全生产领域公益诉讼十大典型案例。参见 https：//www.spp.gov.cn/spp/xwfbh/wsfbt/202012/t20201224_ 492720.shtml#3，最后访问日期：2023 年 6 月 8 日。

公司）将该线索移送检察机关寻求帮助。2019 年 7 月，经南宁铁检分院督促推动，广州铁路监督管理局会同南宁局集团公司，与广西壮族自治区交通运输厅、自治区铁路护路联防工作领导小组办公室（以下简称护路办）、永福县人民政府等单位派员到现场进行实地勘验，召开现场协调会，与会各方一致同意拆除两座旧桥以彻底消除安全隐患。但截至 2019 年 10 月，旧桥拆除工作仍未进行，铁路运行安全隐患仍然存在。

2019 年 11 月 25 日，南宁铁检分院以行政公益诉讼正式立案。办案人员再次到现场进行实地勘察、对比核实，并进行无人机拍摄，向永福县人民政府及其职能部门、广州铁路监督管理局等铁路部门调取相关证据材料，就旧桥存在的安全隐患专门咨询铁路部门专业技术人员意见。在调查中发现，该处线路日均有 25 对客货列车驶过，极易引发严重的铁路交通安全事故。2017 年 11 月曾经发生一大型载重货车违规驶过其中一座危桥时，不慎滑落至铁路侧沟内侵线，与驶过桥下的旅客列车发生刮碰，导致铁路线路中断近 7 个小时的严重事故。2019 年 12 月 23 日，南宁铁检分院向永福县人民政府发出诉前检察建议，督促其依法全面履行铁路护路联防、安全管理等职责。

收到检察建议书后，永福县人民政府高度重视，县政府分管领导当即表态“照单全收、大力支持、全力配合、深入整改”，协调做好停电、交通管制等工作，配合施工单位作业，成功拆除两处旧桥，并清理现场和封闭原有旧桥通道。南宁铁检分院通过公益诉讼“回头看”跟进监督，发现两座旧桥均已被成功拆除，旧桥两端砌筑了 1.8 米高的挡土墙进行封闭，设立了“严禁通行”警示标志，彻底消除了两处铁路安全隐患。

南宁铁检分院以办理该案为契机，与南宁局集团公司建立依法治企、检企协作联席机制，会签《路外安全环境突出隐患定期通报和联合检查治理推进公益诉讼制度》。推动南宁局集团公司将辖区内 106 座公路上跨铁路桥移交地方政府相关部门属地管理，督促地方行政机关投入资金 1311 余万元整治公路上跨铁路桥，推动解决湘桂线、南防线、玉铁线等 5 座公路上跨铁路桥的安全隐患。广西壮族自治区护路办连续三年将支持配合检察机关依法开展“推动解决铁路线下安全隐患专项行动”以及相关公益诉讼办案活动纳入其工作要点。

【典型意义】上跨铁路立交桥因权属划分、移交手续等历史和现实因素，具有跨地方行政区域、跨铁路监督管理机构监管区、跨铁路局辖区的监管难点问题。本案中，检察机关针对两座危桥存在现实侵害危险、各方责任交织、行政机关未全面履职的实际情况，依法发出诉前检察建议，强化路地沟通协调，推动解决了存在三年多的危桥影响铁路运行安全的难题，得到了铁路部门的充分肯定，认为“起到了其他职能部门和铁路企业不可替代的作用”，实现了双赢多赢共赢的办案效果。

2. 湖北省孝感市违规建设工程规划许可危害高铁运行安全行政公益诉讼案

【关键词】行政公益诉讼诉前程序；建筑物退让铁路距离标准；建设工程规划许可；预防性公益诉讼

【要旨】检察机关针对建筑物退让铁路安全距离不达标、小区围墙侵入铁路线路安全保护区等问题，督促行政机关撤销违规的建设工程规划许可，并提出社会治理类检察建议，促使行政机关清理规范性文件，严格规范涉铁建筑规划许可审批。

【基本案情】2019 年，武汉钰灏置业有限公司（以下简称武汉钰灏公司）获得了孝感市孝南区自然资源和规划局（以下简称孝南区规划局）作出的建设工程规划许可证，在孝南经济开发区的武孝城际铁路孝感东特大桥东侧开发建设建房项目，施工现场已开挖的基坑深度约 7 米。按照规划建成后的主建筑物共 26 层，高 78. 3 米，楼栋距离铁路桥梁外侧仅 14. 89 米，远低于《湖北省控制性详细规划编制技术规定》建筑物后退铁路干线不小于 20 米的标准。同时，该小区围墙距离铁路桥梁外侧仅 8. 76 米，未达到《铁路安全管理条例》规定的 12 米的距离标准，侵入了铁路线路安全保护区。根据该项目规划，建成后的住宅楼距离武孝城际铁路线路过近会导致高铁运行和群众生活的双重安全隐患，一方面，工程建设时的基坑开挖和打桩等施工可能会影响铁路桥梁的稳定，严重危及高铁运行安全。另一方面，高铁运行时产生的噪声、震动也会干扰居民的安宁生活。

【调查和督促履职】2020 年 5 月，武汉铁路运输检察院（以下简称武汉铁检院）通过与中国铁路武汉局集团有限公司（以下简称武汉局集团公司）武汉高铁工务段建立的线索移交信息共享平台发现该线索，并于5月27日正式立案。经调查核实，孝南区规划局作出前述建设工程规划许可时，运用从铁路中心线起算距离的方式，而非法定的从铁路桥梁外侧起算的方式，致使该规划方案的实际退让距离仅14.89米，远低于20米的规定标准。另查明，孝南区规划局在作出建设规划许可证前，曾向湖北省城际铁路有限责任公司进行函询，该公司书面回复称由于铁路已开通运营，沿线相关建设项目的设计和施工方案应当经武汉局集团公司同意并签订安全协议，并由企业对施工现场实行安全监督后方可施工。但该局并未将规划建设方案报送武汉局集团公司审查。

2020年6月17日，武汉铁检院依法向孝南区规划局发出诉前检察建议，指出其在建设工程规划许可证中的问题，建议其严格依照相关法律法规文件的规定，撤销该建设工程规划许可证，确保高铁运输安全，维护国家和社会公共利益。

发出检察建议后，武汉铁检院于2020年7月23日与孝南区规划局当面座谈，进一步交换意见、达成共识。同年7月28日，孝南区规划局向武汉铁检院作出书面回复，称已成立工作专班，多次召开专题研究会，制定整改措施，撤销了前述建设工程规划许可，并指导武汉钰灏公司重新申请建设工程规划许可。新的规划许可将严格遵守相关法律法规的要求，并报请武汉局集团公司审查批准后再予核发。

办案中，武汉铁检院还发现《孝感市城市规划管理技术规定（2018试行稿）》规定的建筑物退让铁路距离为12米，不仅远低于法定的20米标准，更达不到现行高铁的安全标准，可能会误导辖区内各规划部门的实际工作。因此，武汉铁检院向编制上述规定的孝感市自然资源和规划局发出社会治理检察建议，建议其与孝感市相关主管部门和铁路主管部门联合论证，参照湖北省有关规定，制定合法合理的技术标准并下发实施。目前，孝感市自然资源和规划局已明确告知辖区各规划部门，在具体工作中不再适用该试行稿，严格按照相关法律法规的标准执行。

【典型意义】本案中，检察机关在公益诉讼办案中注重风险预防理念，既治末端，也重前端，防未病、治未然。针对已经规划、尚未施工的房地产项目可能侵入铁路线路安全保护区等问题，从预防性公益诉讼的角度发出诉前检察建议，督促行政机关撤销违法的规划许可，既从源头上消除了高铁运行安全隐患，也避免了建筑完工、“米已成炊”后再整治所需的巨大经济成本。另一方面，结合办案中发现的问题，向作出规划许可的上级规划部门发出社会治理类检察建议，督促其清理、完善相关技术规定，从根本上杜绝同类问题再次发生，达到办理一案、治理一面、教育一片的效果。

3. 宁夏回族自治区中宁县禁牧区违规放养马匹危害沙漠铁路运行安全行政公益诉讼案

【关键词】行政公益诉讼诉前程序；异物侵限；铁路线路安全保护区；沙漠铁路生态保护；公开宣告

【要旨】检察机关针对在禁牧区放养马群侵入铁路线路安全保护区甚至逼停列车等情形，督促、协调政府机关、铁路部门、养马村民多元主体参与治理，消除铁路沿线安全隐患，推动沙漠铁路沿线生态环境治理。

【基本案情】包兰铁路是中国第一条沙漠铁路。近两年来，包兰铁路中宁县石空镇至余丁乡区段多次发生村民放养马匹跨越铁道、逼停列车事故，特别是2019年4月至2020年5月，据不完全统计，至少发生14次马群在铁路边食草、穿越等危险情形，并发生3次逼停列车事件，严重违反《铁路安全管理条例》有关规定，不仅破坏沙漠铁路沿线生态环境，也严重影响铁路行车安全。

【调查和督促履职】2020年4月，甘肃省人民检察院兰州铁路运输分院（以下简称兰州铁检分院）在开展“服务保障普速铁路安全生产专项整治三年活动”中，中国铁路兰州局集团有限公司（以下简称兰州局集团公司）银川工务段向兰州铁检分院下辖的银川铁路运输检察院（以下简称银川铁检院）反映该线索。银川铁检院经调查查明，涉案地段的马匹主要为中宁县余丁乡金沙村村民饲养，余丁乡人民政府、中宁县自然资源局对在禁牧区内放牧的行为有行政监管职责。2020年5月22日，银川铁检院对中宁县自然资源局和中宁县余丁乡政府以行政公益诉讼正式立案。同年5月29日，该院联合中宁县政法委护路办共同主持召开安全隐患整治推进会，宁夏回族自治区护路办、兰州局集团公司银川工务段、中宁县自然资源局、余丁乡政府以及金沙村4个村委会干部和20余名养马村民代表参加会议。银川铁检院在会上向中宁县自然资源局和余丁乡政府公开宣读并送达诉前检察建议，建议其依法履行禁牧封育管护职责，对违反禁牧者进行处罚，做好村民教育监管。加强与铁路部门日常沟通，及时发现并消除影响铁路安全隐患。中宁县自然资源局和余丁乡政府承诺将加大监管和处罚力度，消除铁路安全隐患。同时，检察机关还结合铁路安全事故案例和图片，对村民们进行现场法治宣传。村民们当场签订承诺书，并承诺尽快将马匹送到相邻的内蒙古牧区寄养或出售，对不能及时处理的进行圈养，保证不在铁路线路安全保护区范围内放牧散养。

随后，中宁县自然资源局和余丁乡政府联合开展了为期两个月的整治偷牧专项清理活动，共出动150余次，对包兰铁路沿线采取拉网式巡查，清除游牧马匹及散养羊只，抓获偷牧羊群20余群2600余只、马匹13批，罚款2.4万元。同时，加强对沿线务农人员教育，对偷牧、抢牧、放牧的牧主依法采取措施，督促其下山进行舍饲圈养或者上市销售。余丁乡政府组织人员逐一排查全乡养马户，签订封山禁牧及安全责任管理书18份，发放相关法律法规宣传彩页200余份，宣传违法违规放牧、危害铁路安全的法律后果。中宁县自然资源局与各乡镇建立联合巡查长效机制，成立联合稽查队，组织网格员加大巡查力度，及时向铁路部门反馈有关情况，确保禁牧封育、生态保护、铁路安全目标全面实现。截至目前，该路段再未出现马匹逼停列车等危及铁路运行安全的情况。

【典型意义】动物侵入国家规定的铁路建筑限界，是“异物侵限”类铁路外部环境安全隐患的一种表现形式。本案中，部分牧民在禁牧区放养马匹，并侵入铁路线路安全保护区，既违反了禁牧封育的地方性法律法规，又严重危及铁路行车安全。检察机关邀请省、县两级政法委护路办参加隐患整治推进会，督促行政机关履行禁牧封育、保护生态、保护铁路运输安全的监管责任，推动多部门联合开展专项清理。同时，结合办案开展法治宣传，注重保护牧民合法增收，促使地方政府就牧民的合法利益作出妥善安排，在日常监管、宣传教育等方面达成共识，切实保障基本民生，推动社会综合治理。

4. 江苏省南京市小区树木侵入架空电力线路安全保护区危害铁路运行安全行政公益诉讼案

【关键词】 行政公益诉讼诉前程序；异物侵限；架空电力线路安全保护区；类案监督

【要旨】 检察机关针对居民小区树木侵入铁路线路安全保护区的安全隐患，兼顾铁路安全公益保护与小区居民私益保护，既督促行政机关依法全面履行职责，推动解决铁路安全隐患，又注重通过类案监督推动社会综合治理。

【基本案情】 江苏省南京市玄武区某小区建于十多年前，有三幢居民楼靠近京沪铁路，小区建成时，物业为防尘降噪，在靠近铁路的围墙处种了40多棵小杨树。十多年后，小杨树已长成20多米高的大树，有的枝叶越过围墙伸向铁路。树木到铁路的距离小于10米，树木与线路中心最近距离约8.5米，树枝距带电体最小距离仅1.2米，违反了铁路线路安全保护区、架空电力线路安全保护区安全距离的有关规定，危及电力设施安全，不仅给京沪铁路运行造成安全隐患，也影响到周边居民生命财产安全。

【调查和督促履职】 2020年7月，中铁电气化铁路运营管理有限公司（以下简称中铁电气化运管公司）上海维管处南京维管段将该线索移送南京铁路运输检察院（以下简称南京铁检院），该院对线索进行现场核实后，决定立案调查。经查，南京维管段于2015年初就开始整治此处危树隐患，但因业主不理解不支持，部分业主认为在小区范围内种植树木防尘降噪是其合法权益，该问题历经5年之久仍未得到有效解决。根据《铁路安全管理条例》和《电力设施保护条例》的有关规定，城市市区高速铁路安全保护区的范围为10米。1~10千伏电压导线的边线延伸距离为5米。经现场测量，小区内杨树距离铁路线路路堤坡脚距离仅有6.3米，树枝距铁路高压供电设备最小距离仅1.2米，树木一旦倾斜、倒伏或受风力影响，可能影响铁路线路或电力安全。2020年8月5日，南京铁检院向南京市绿化园林局及玄武区锁金村街道办事处发出诉前检察建议，建议其依法履行行政管理职责，对危及铁路安全的杨树进行依法处理，采取必要措施，消除安全隐患。

收到检察建议后，南京市绿化园林局和玄武区锁金村街道办事处高度重视，在南京铁检院的沟通协调下，由检察机关、社区居委会和铁路部门三方商定治理方案，并积极督促小区所在的社区居委会联合小区业委会和物业公司，向靠近铁路的三幢居民楼居民逐户登门宣讲，播放事故视频等视听资料，解释法律规定以及安全隐患的严重性。通过耐心细致的释法说理，取得了绝大多数业主的理解支持，并逐一在治理方案上签字认可。根据治理方案规定，危树处置工作以各栋居民楼间便道为界，将施工区域划分为三个部分，对靠近铁路的 34 棵杨树修剪至 6 米左右，确保树木不再影响铁路行车安全，对靠近居民楼的 12 株杨树修剪至 8 米左右，可以适当防尘减噪。

2020 年 8 月 24 日至 28 日，铁路管理单位按照治理方案，委托有资质的园林公司对小区树木进行修剪。9 月 2 日，南京铁检院到现场跟进监督，确认持续 5 年之久的铁路安全隐患得到解决。铁路部门表示，会加强日常巡视监控，一旦发现树木高度危及铁路行车安全，将及时进行清理，消除安全隐患。社区及小区业委会均表示，会积极配合铁路部门安全隐患整治工作，一旦树木高度越过保护红线，将协助做好树木修剪工作。

在办案过程中，南京铁检院坚持以个案办理推动类案监督，对江苏省内威胁铁路安全的树木情况进行全面摸排，发现存在威胁铁路安全的树木问题 800 余处。目前已经根据隐患级别对隐患问题进行分类处理，并建立长效工作机制，定期召开铁路安全隐患整治工作部署会，了解、跟进隐患整治情况，将公益守护的端口前移，切实服务保障铁路运行安全。

【典型意义】 铁路两侧的树木枝杈侵入铁路限界引起的危树问题，已经成为影响铁路运行安全的重大隐患。本案中，检察机关在依法向行政机关发出诉前检察建议的同时，加强与行政机关、铁路部门、小区居民的沟通协调，注重释法说理，让小区居民从隐患整治的阻碍者变成铁路安全的参与者、守护者，既消除了多年来的铁路运行安全隐患，又最大程度保障了附近居民降噪防尘的需求，取得了公益和私益的和谐双赢，实现治理价值最大化。

5. 浙江省杭州市砂石料场违章作业侵入架空电力线路安全保护区危害铁路运行安全行政公益诉讼案

【关键词】 行政公益诉讼诉前程序；违章作业；异物侵限；架空电力线路

安全保护区；民营经济保护

【要旨】检察机关针对铁路沿线违章作业侵入铁路电力线路安全保护区、危害铁路运行安全的违法行为，督促相关职能部门依法全面履行监管职责，同时协调解决涉事企业实际困难，服务保障民营经济发展。

【基本案情】杭州国润市政工程有限公司（以下简称杭州国润公司）的一处砂石料场位于杭州市拱墅区康桥街道境内，处于宣杭铁路供电塔之间的高压电线下方，电力接触网的绝缘安全范围为最外两侧电力线水平向外 7 米并垂直于地面的闭环空间。该砂石料场在作业过程中，常年存在侵入铁路架空电力线路绝缘安全范围的情形，并在 2019 年 1 月造成铁路接触网跳闸事故，导致列车停运。事故发生后，中国铁路上海局集团有限公司（以下简称上海局集团公司）杭州供电段曾与该公司及相关部门进行反复沟通，问题均未得到解决。

【调查和督促履职】2019 年 11 月，上海局集团公司杭州供电段向浙江省人民检察院举报中心移送该线索，浙江省人民检察院将该线索交由杭州铁路运输检察院（以下简称杭州铁检院）办理。杭州铁检院收到该线索后，商请杭州市拱墅区人民检察院（以下简称拱墅区检察院）协助调查，两院派员组成办案组以实地勘验、询问走访等方式开展调查。经查，现场堆积的砂石料达数万方，并有挖掘机以及渣土车等大型设备在电力线下作业，砂石堆、设备与电力线的距离均不满足电气化铁路绝缘安全范围要求。同时，该砂石料厂在铁轨边搭建了长度约 200 米的彩钢瓦房，彩钢瓦属于漂浮物，大风时容易悬挂、触碰铁路架空电力线造成电力短路，或入侵铁轨威胁铁路运行安全。杭州市拱墅区康桥街道办事处（以下简称康桥街道办）未依法全面履行辖区内保障铁路安全、电力设施保护区内电力设施安全的法定职责。

2019 年 12 月 24 日，杭州铁检院以行政公益诉讼正式立案，在拱墅区检察院协助下，先后与杭州市规划与自然资源局拱墅分局、拱墅区住建局、康桥街道办等单位进行诉前磋商，就砂石料场存在的安全隐患沟通交流。2020 年 1 月 3 日，杭州铁检院向康桥街道办制发诉前检察建议，督促其责令杭州国润公司采取有效措施拆除安全范围内的制砂设备、彩钢瓦并清除现场砂石。其间，检察机关持续跟进监督，发现该砂石料场所在地块系杭州国润公司向当地经济合作社承租，其在铁路线路安全保护区内的部分区域系违法承租，该场地整改将连带影响涉案企业其他合法场地的正常经营，该民营企业将面临惨重经济损失。为同时保障铁路安全和民营企业有序健康发展，检察机关组织康桥街道办、当地经济合作社、杭州铁路部门、杭州国润公司负责人召开联席会议，进行多轮协商，一方面做好释法说理，促使杭州国润公司充分认识到其违法承租和经营行为的安全隐患，另一方面积极协调解决企业面临的困难，由当地经济合作社择址另行安排场地交由杭州国润公司继续经营。2020 年 5 月 18 日，涉案企业已有序清理现场砂石，拆除彩钢瓦房，停止该处沙石料场的运营，安全隐患被彻底消除。在本案办理基础上，杭州铁检院联合拱墅区检察院建立协调联动机制，发挥各自优势，对拱墅区铁路沿线隐患进行集中摸排，共办理铁路安全生产领域公益诉讼案件 7 件，起到了办理一案、治理一片的良好效果。

【典型意义】砂石、彩钢瓦等漂浮物侵入铁路架空电力线路安全保护区，是“异物侵限”类铁路外部环境安全隐患的常见类型。本案中，杭州铁检院和拱墅区检察院坚持“一盘棋”思维，由杭州铁检院主导，拱墅区检察院密切配合，路地双方发挥各自优势，督促行政机关依法全面履职，形成公益保护合力，推动解决危及铁路安全的重大隐患。在依法监督的同时，主动服务“六稳”“六保”工作大局，积极帮助解决企业经营困难、降低风险损失，实现保障高铁运行安全与服务民营企业发展的有机统一。

6. 重庆市垫江县天然气管道违规下穿铁路危害高铁运行安全行政公益诉讼案

【关键词】行政公益诉讼诉前程序；易燃易爆物品；违规下穿铁路；系统治理

【要旨】检察机关针对高铁沿线天然气管道违规下穿铁路问题，分别向铁路行政监管部门、地方行政机关发出诉前检察建议，向铁路沿线行政机关发出工作函，促成路地双方协同履职，推进涉铁安全隐患排查治理，形成解决系统性问题的示范效应。

【基本案情】渝万高铁（垫江段）于 2012 年开工建设，当地燃气企业违反《城镇燃气设计规范》中关于地下燃气管道穿越铁路应加套管等安全建设标准要求，未对埋设在铁路线下的天然气管道采取有效安全保障措施，并违规在铁路线下新安设天然气管道12处。渝万高铁于2016年11月开通运行，上述安全隐患存续至2019年仍未被查处治理，严重危及铁路运行安全。

【调查和督促履职】2019年4月，重庆铁路运输检察院（以下简称重庆铁检院）接到中国铁路成都局集团有限公司（以下简称成都局集团公司）重庆工电段关于上述线索的反映，成立办案组进行立案调查，牵头组织垫江县人民政府、成都铁路监督管理局及7家涉事燃气企业，沿43公里渝万客运专线（垫江段）进行了为期近2个月的现场调查，逐一查明高铁沿线天然气管道违规下穿铁路安全隐患35处，并主导明确各涉事企业的整改责任。经调查发现，重庆市垫江县经济和信息化委员会（以下简称垫江县经信委）、成都铁路监督管理局对此类铁路线下安全隐患负有监督管理职责。2019年8月和9月，重庆铁检院分别向垫江县经信委、成都铁路监督管理局发出诉前检察建议，建议其对渝万铁路已查明的涉铁天然气安全隐患全面履行监管职责，督促各责任单位整改，并对辖区涉铁燃气安全状况进一步监督检查，与成都局集团公司沟通建立重大隐患报告、初查确责长效机制。

收到检察建议后，两单位在检察机关督促下多次组织涉事企业对话磋商，监督涉事企业根据35处隐患的成因和现状，分类设计方案，分批施工整改，经成都局集团公司重庆工电段验收合格，彻底消除了这35处安全隐患。同时，重庆铁检院坚持以个案办理推动类案监督，以工作函的形式与渝万客运专线沿线各区政府进行磋商，打消了行政机关顾虑，正面引导、督促行政机关积极履职、自查自纠。沿线行政机关依托检察机关搭建的联合调查组平台，对247公里渝万客运专线全线开展了涉天然气管道安全隐患的专项排查，陆续查明并解决了113处安全隐患。

【典型意义】天然气管道违规下穿铁路的成因复杂、涉及面广、整改难度大，是广泛存在于渝万客运专线的线下安全隐患系统性问题。本案中，检察机关创新办案方式，邀请铁路监管单位、天然气行业监管单位、铁路运营维护单位以及各燃气企业派员与检察机关组成联合调查组开展调查取证工作，有效化解铁路建设、管道规划等专业性强、取证难度大的办案困难。综合采取诉前检察建议和诉前磋商等手段，听取各方意见，形成合作共识，以点带面推动铁路线下重大安全隐患系统性问题得到有效解决。

7. 山西省大西高铁沿线地下水禁采区违法取水危害高铁运行安全行政公益诉讼系列案

【关键词】 行政公益诉讼诉前程序；违法取水；区域性沉降风险；水资源保护；保障民生

【要旨】 检察机关针对高铁沿线违法抽取地下水，可能导致地面区域性沉降、危及高铁运行安全的问题，依法向铁路沿线行政机关发出诉前检察建议，因地制宜解决系统性安全隐患。在保护地下水资源的同时，充分考虑替代水源问题，向地方行政机关提出合理整改建议，协同保障人民群众生活用水、灌溉用水需要。

【基本案情】 位于山西省境内的大西高铁沿线两侧地下水禁采区范围内共有52口抽水井，跨涉晋中、临汾、运城3市的平遥、祁县、洪洞、霍州、闻喜、襄汾、尧都、永济8县（市），主要用于周边群众日常生活饮水或农业灌溉。在高铁沿线地下水禁采区抽水，一方面会使地下水位大幅下降，水量减少，形成降落漏斗，导致岩溶塌陷，地表污水及劣质潜水通过塌陷段渗入，造成局部地区水资源衰减并伴随地下水污染，影响水质。另一方面，可能导致地下水与沉积物的压力均衡失调，松散堆积物被压缩，从而引起地面沉降、建筑物开裂，严重破坏地质，使高速铁路桥墩出现区域性沉降，严重危及高铁运行安全。

【调查和督促履职】 2020年5月，大秦铁路股份有限公司太原高铁工务段向临汾铁路运输检察院（以下简称临汾铁检院）移送上述线索。临汾铁检院进行线索研判后，决定成立专案组开展违法抽水井整治专项行动。同年6月17日和18日，临汾铁检院对涉案的8县（市）水利部门以行政公益诉讼立案。经现场核查，大西高铁修建以前，涉案抽水井均已存在，现为当地居民生活用水和灌溉用水主要来源。在无替代性水源的情况下，如果立即封闭现有水井，会给当地居民生活生产带来极大不便，不利于保障民生和社会稳定。检察机关结合实际情况，摒弃就案办案的思维，研究确定了以服务“六稳”“六保”为总体目标、兼顾高铁运行安全隐患治理和人民群众农业生产生活用水保障的办案思路。2020年9月17日，临汾铁检院向涉案8个县（市）水利局分别发出诉前检察建议，建议其依法对辖区内大西高铁沿线地下水禁采区违法抽取地下水的行为履行监督管理职责，杜绝地下水禁采区采水行为，维护大西高铁运行安全。同时，临汾铁检院与沿线8个县（市）政府、护路办、水利部门、发改委，17个乡（镇）党委政府及铁路单位加强沟通协调，立足统筹隐患治理和保障民生，听取各方意见，促进协同治理。

收到检察建议后，相关水利部门、乡镇政府高度重视，铁路单位积极配合，安排专人迅速核实涉案52口水井的方位、口径、井深、配套附属设施等情况。随后，各相关县（市）召开专题会议部署整改，结合当地实际，采用集中供水管网铺设、重新选定替代水源方位或者直接补偿等方式解决群众用水问题，制定整改计划，积极推进整治。目前，涉及3县（市）的4眼违法抽水井已完成封填，涉及5县（市）的48眼违法抽水井已制定替代水源处置方案，申请资金、凿井、填井等替代水源置换工作正有序推进。检察机关综合考虑新冠肺炎疫情、季节性等因素影响，依托专项行动持续跟进监督，个案办理和专项行动成效逐步显现。

【典型意义】 在铁路沿线地下水禁采区打井取水，因历史问题和现实困难交织，整改难度较大。本案中，临汾铁检院充分发挥跨区划管辖的办案优势，坚持“以人民为中心”“双赢多赢共赢”的办案理念，以专项行动为抓手，通过诉前检察建议督促行政机关综合运用封填、替代水源等整治手段，统筹保障涉及高铁运行安全的国家利益和涉及人民群众生产生活的民生利益。

8. 湖北省阳新县违规养殖畜禽危害铁路运行安全行政公益诉讼案

【关键词】 行政公益诉讼；铁路线路安全保护区；畜禽规模养殖；铁路运行安全；变更诉讼请求

【要旨】 检察机关针对在铁路线路安全保护区内违法从事畜禽规模养殖，危害铁路运行安全、污染铁路沿线环境的行为，向行政机关发出诉前检察建议后，行政机关只履行部分监管职责，违法养殖行为一直存在，检察机关依法提起行政公益诉讼，督促行政机关全面履职，有效保护了铁路运行安全和沿线生态环境。

【基本案情】2017 年 1 月，位于湖北省阳新县浮屠镇的阳新县华实种养殖专业合作社（以下简称华实合作社）办理了营业执照。在未依法办理设施农用地、动物防疫等相关手续的情况下，华实合作社擅自在武九客专铁路两侧搭建建筑物、构筑物，从事畜禽规模养殖，其中占用铁路线路安全保护区面积为 293 平方米。养殖的羊等畜禽频繁侵入铁路线路内，多次发生逼停列车事故，严重危及铁路行车安全。同时，在铁路箱涵内堆放杂物，畜禽粪便、污水未经无害化处理直接排放，也污染了铁路沿线生态环境。

【调查和督促履职】2019 年 12 月 10 日，铁路部门向湖北省阳新县人民检察院（以下简称阳新县院）移送该线索。经初步核实，根据《畜牧法》《动物防疫法》《铁路安全管理条例》的有关规定，禁止在法律、法规规定的禁止养殖区域建设畜禽养殖场、养殖小区。兴办动物饲养场、养殖小区应当取得动物防疫条件合格证。禁止在铁路线路安全保护区内放养牲畜。华实合作社违反了上述规定，严重威胁铁路运行安全，侵害了国家利益和社会公共利益。阳新县检察院于 2020 年 1 月 2 日依法立案。同年 1 月 16 日向阳新县农业农村局送达检察建议书，建议该局依法履行监督管理职责，对华实合作社的违法行为进行处理。

因阳新县农业农村局未在法定期限内书面回复检察建议，且 2020 年 4 月再次发生了华实合作社养殖的羊进入铁路线路内与列车相撞并逼停列车的安全事故。同年 6 月 22 日，阳新县院联合铁路工作人员再次对华实合作社进行现场勘察，发现华实合作社的违法行为并未得到制止。阳新县院再次主动与县农业农村局沟通磋商，督促其依法及时履职并书面回复履职情况。同年 8 月 18 日，阳新县农业农村局向检察机关书面回复称，已要求华实合作社迅速停止猪牛羊鸡混养、放养行为；已发函建议浮屠镇人民政府迅速将华实合作社现有养殖栏舍进行关闭搬迁；对华实合作社的粪污处理进行了改造；加强了对华实合作社的监管，落实了监管责任人。2020 年 9 月 30 日，阳新县院和阳新县铁路护路联防工作领导小组办公室（以下简称县护路办）、铁路部门、行政机关等共同对华实合作社整改情况进行现场检查，发现华实合作社仍在生产经营，公共利益受到侵害的状态依然持续。

【诉讼过程】2020 年 10 月 9 日，阳新县院向阳新县人民法院提起行政公益诉讼，认为阳新县农业农村局虽然对华实合作社养殖场前述违法情形履行了部分监管职责，但是对该养殖场选址违反相关法律规定等行为未依法进行处理，导致铁路行车安全和生态环境持续受到侵害，请求判令阳新县农业农村局继续履行监督管理职责。

案件审理过程中，在当地党委统一领导下，阳新县农业农村局依法对华实合作社的违法行为作出处理，并联合黄石市生态环境局阳新县分局、浮屠镇人民政府等依法对华实合作社养殖场实施了拆除。

2020 年 10 月 22 日，阳新县院审查认为，虽然阳新县农业农村局已在诉讼期间依法履职，但其在收到检察建议后怠于履职，既未按时回复也未积极整改，其间再次发生逼停列车的安全事故，导致公益损害进一步扩大，决定变更诉讼请求为确认阳新县农业农村局未依法全面履职的行为违法。同年 11 月 10 日，阳新县人民法院依法判决支持检察机关诉讼请求。县护路办高度重视，组织县自然资源与规划局、县住房与城乡建设局、县交通运输局、县生态环境局、县应急管理局及铁路沿线乡镇人民政府等行政机关 80 余人旁听了庭审。

【典型意义】本案中，违法行为人养殖的畜禽侵入了铁路线路安全保护区，严重违反《铁路安全管理条例》相关规定，对铁路行车安全构成重大的现实侵害危险。检察机关及时介入，通过诉前检察建议督促行政机关依法履职，针对行政机关仍未有效整改情形，依法提起行政公益诉讼，推动行政机关继续履职，彻底消除了铁路重大安全隐患。邀请行政机关派员旁听庭审，推动形成多方发力、齐抓共管、通力协作的高铁安全防护综合治理格局。

9. 内蒙古自治区乌海市违法建设堵塞河道危害铁路泄洪桥运输安全行政公益诉讼案

【关键词】行政公益诉讼；违法建设；堵塞河道；铁路交通安全；撤回起诉

【要旨】检察机关针对在泄洪桥上下游河道违法围垦造田、种植树木、修建房屋等行为导致河道堵塞、危及铁路交通安全的问题，通过诉前检察建议督促行政机关依法履职，在行政机关未依法全面履职的情况下，依法提起行政公益诉讼，全面督促履职尽责，进行专项整治，切实保障铁路交通安全。

【基本案情】内蒙古自治区乌海市境内的铁路包兰线下行 K368 +231 等六座泄洪桥，承担着汛期重要的泄洪任务。当地村民鲁某某在 K368 +231 泄洪桥上下游河道内围垦造田、种植树木、修建房屋，造成该处河道严重堵塞。2018 年 9 月当地暴雨，乌海市千里山水库泄洪时，因河道堵塞导致该桥泄洪不畅，洪水漫过泄洪桥底，部分导流堤、桥头道床、路肩墙、护锥坍塌，泄洪桥梁险些被冲毁，区间铁路线路行车被迫中断长达 12 小时。

【调查和督促履职】中国铁路呼和浩特局集团有限公司乌海工务段主动向包头铁路运输检察院（以下简称包头铁检院）移送该线索。包头铁检院于 2019 年 7 月 15 日立案，并多次前往现场调查取证，核实相关情况。2019 年 8 月 8 日，包头铁检院向乌海市海勃湾区人民政府（以下简称海勃湾区政府）发出诉前检察建议，建议其依法履行监管职责，疏通 K368 +231 等六座泄洪桥上下游河道，对阻碍行洪的农作物及树木进行清理，对妨碍行洪的建筑物、构筑物进行拆除，恢复其行洪能力。

2019 年 10 月 8 日，海勃湾区政府向检察机关回函称已完成对河道的治理工作，对于当地村民在河道内违规种植农作物的行为，已下达整改通知书，限期清除了河道内种植的高秆农作物，恢复河道原状，平整上游河道。检察机关跟进监督发现，涉案的其他五座泄洪桥上下游河道整改恢复情况良好，但 K368 +231 泄洪桥处鲁某某违建占据河道的情形仍然存在。

【诉讼过程】2019 年 10 月 29 日，鉴于海勃湾区政府未依法全面履行职责，公共利益仍处于受侵害状态，根据级别管辖原则，包头铁检院将案件移送内蒙古自治区人民检察院呼和浩特铁路运输分院（以下简称呼和浩特铁检分院）准备起诉。同年 12 月 30 日，呼和浩特铁检分院向呼和浩特铁路运输中级人民法院提起行政公益诉讼，请求确认被告海勃湾区政府未依法履行安全监管职责的行为违法，同时责令被告依法全面履行职责，消除铁路交通安全隐患。

2020 年 2 月 6 日，呼和浩特铁路运输中级人民法院以疫情为由作出中止审理的裁定。为尽快解决铁路安全隐患，检察机关多次与海勃湾区政府座谈协调，督促其成立由海勃湾区政府办、水务局、征拆局等部门联合组成的工作组，开展相关工作。同年 5 月 29 日，海勃湾区征拆局与当地村民鲁某某签订征拆协议，拆除了其建设的房屋、大棚、圈舍共计 5793 平方米，自建住房 271 平方米，清除了河道内种植的高秆作物，恢复了河道原状。检察机关持续跟进监督，确认危害铁路交通安全的隐患已全部消除。因海勃湾区政府已全面依法履职，行政公益诉讼目的已实现，呼和浩特铁检分院作出撤回起诉决定。

【典型意义】铁路泄洪桥具有双重功能，不仅是铁路运输线路的重要交通枢纽，同时也是沿线地方的重要防洪工程。本案中，当地村民在河道内种植树木、修建建筑物，影响泄洪桥功能，严重威胁当地铁路交通安全。检察机关发出诉前检察建议后，在行政机关未全面充分履职的情况下，依法提起行政公益诉讼，最终督促行政机关全面履行职责，恢复河道畅通，有效保障了铁路交通安全。行政机关在诉前已部分履职的，案件起诉后，行政机关在判决前全面整改落实的，综合考虑其整改效果，也可以依法主动撤诉，争取以最小司法投入获得最佳社会效果。

10. 河北省邢台市非法采砂危害高铁大桥运输安全公益诉讼系列案

【关键词】行政公益诉讼诉前程序；刑事附带民事公益诉讼；非法采砂；高铁大桥运输安全

【要旨】检察机关针对高速铁路大桥、高速公路大桥附近禁采区的河道内非法采砂，破坏国家矿产资源，危害大桥运输安全的突出问题，充分运用行政公益诉讼和刑事附带民事公益诉讼的法律手段，多措并举推动解决安全隐患，切实维护高铁大桥运输安全。

【基本案情】河北省邢台市开发区的大沙河是重要的行洪河道之一，受利益驱使，盗采河砂违法犯罪行为屡禁不止。特别是位于邢台市开发区范围内的京广高速铁路、京港澳高速公路大桥河道附近禁采区，发生多起非法采砂案件，多处砂石被盗采，临近的高铁大桥下及两侧砂土被挖后形成众多沙坑，严重影响泄洪和堤防安全。部分大桥桥墩基础裸露，可能导致桥梁变形、塌陷，严重危及高铁大桥运输安全和高铁运行安全。

【调查和督促履职】2019 年 5 月，河北省邢台市经济开发区人民检察院（以下简称开发区检察院）收到石家庄铁路运输检察院移送的相关线索。该院经实地勘查发现，高速铁路大桥、高速公路大桥附近多处砂石被非法盗采，河道内千疮百孔，部分桥墩基础裸露，在雨季即将来临之际，存在桥墩偏斜的风险，高铁大桥防洪安全存在重大隐患。2019 年 6 月初，开发区检察院正式立案调查，对高速铁路大桥、高速公路大桥下非法采砂现场进行拍照取证，询问沿线村民、铁路部门等相关人员，调取行政机关职权清单及执法相关证据材料。同年 6 月 12 日，开发区检察院向邢台市水务局发出诉前检察建议，建议邢台市水务局作为该市河道采砂活动的监督管理机关，针对开发区高铁大桥附近禁采区存在违法采砂问题，加强对河道采砂活动的监督检查，及时查处违法采砂行为，对已经存在的安全隐患尽快处理。

收到检察建议后，邢台市水务局多次召开会议研究部署工作，联合开发区农业办进行现场调查核实，从四个方面进行整改。一是针对高铁大桥、高速公路大桥桥墩基础裸露问题，京港澳高速公路管理单位已于 6 月底完成了加固处理；二是针对高速与高铁之间的一处盗采遗留沙坑，经调查此盗采河砂行为公安机关已立案侦查，盗采人已被开发区公安机关刑事拘留，将积极配合后续的调查工作；三是责成开发区经济发展局将现有沙坑限期进行平整，加大河道巡查和监管力度，确保河道行洪能力和桥梁安全；四是针对河道非法采砂行为，联合市自然资源和规划局、市林业局、市公安局开展了全市集中治理非法采砂专项活动，有效遏制河道私挖滥采现象，维护河道采砂秩序。

2019 年 6 月 24 日，邢台市公安局开发区分局以犯罪嫌疑人武某某、曹某某涉嫌非法采矿罪，移送开发区检察院审查起诉。经审查查明：2018 年 8 月至 2019 年 3 月，翟某某（在逃）租用武某某、曹某某在开发区留村镇南阳村南侧 500 米处，京广高速铁路与京港澳高速公路间的河道内开荒占有的土地非法采砂。经邢台市国土资源测绘中心测定，非法采砂地块面积共计 9528.58 平方米，违法开采三类建设用砂共计 57171.48 立方米；经邢台市价格认证中心认定，砂石价格共计 2858574 元，回填费用共计 1435825 元。翟某某、武某某、曹某某三人的非法采砂行为，导致高速铁路大桥、高速公路大桥桥梁基础埋置深度已经无法达到设计要求，基础承载力受到极大影响，严重危及高速铁路和高速公路的行车安全。

【诉讼过程】2019 年 11 月 30 日，开发区检察院以非法采矿罪对武某某、曹某某提起公诉。2020 年 3 月 4 日，开发区检察院对武某某、曹某某提起刑事附带民事公益诉讼，诉请判令：1. 被告武某某对被盗采沙坑恢复原状，如无法恢复则承担沙坑修复费用 1286843.11 元；2. 被告曹某某对被盗采沙坑恢复原状，如无法恢复则承担沙坑修复费用 148981.89 元。

2020 年 7 月 30 日，开发区人民法院判令武某某犯非法采矿罪，判处有期徒刑一年六个月，没收违法所得 20000 元并处罚金人民币 20000 元；武某某在判决生效后一个月内将盗采沙坑恢复原状，如无法恢复则承担沙坑修复费用 1286843.11 元；曹某某犯非法采矿罪，判处有期徒刑一年四个月，没收违法所得 8000 元并处罚金人民币 10000 元；曹某某在判决生效后一个月内将盗采沙坑恢复原状，如无法恢复则承担沙坑修复费用 148981.89 元。一审判决生效后，各被告均未上诉。

【典型意义】在高速铁路大桥附近河道禁采区内非法采砂，不仅使国家矿产资源遭到破坏，也给高铁运输安全、河道行洪安全造成重大隐患。本案中，检察机关立足法律监督职能，一方面，督促行政机关积极履职，实现了保护国家矿产资源和铁路基础设施的双重目的；另一方面，充分发挥刑事附带民事公益诉讼职能，使犯罪嫌疑人得到应有刑事惩罚，并依法承担生态环境修复责任，切实维护国家利益和社会公共利益。

安全生产领域公益诉讼九大典型案例*

1. 陕西省略阳县人民检察院督促整治尾矿库安全隐患行政公益诉讼案

【关键词】 行政公益诉讼；尾矿库安全隐患；跟进监督；专项治理

【要旨】 检察机关针对高风险尾矿库未依法及时闭库，存在尾矿泄露、溃坝等重大安全隐患的问题，向行政机关发出诉前检察建议后，行政机关整改不到位，导致国家利益和社会公共利益仍处于受侵害状态的，检察机关可以依法提起行政公益诉讼，以刚性手段督促行政机关履职尽责、整改落实。

【基本案情】 陕西省汉中市略阳县何家岩好益选矿厂汪家沟尾矿库（以下简称汪家沟尾矿库）地处长江上游嘉陵江流域，所选矿种为铁矿，属于非重金属尾矿库，2003 年 3 月建成使用，2006 年停止使用。该尾矿库未依照《尾矿库安全监督管理规定》实施闭库，存在坝坡偏陡、排水沟不全、坝顶滩面洪水无法进入排洪涵洞、库尾排洪涵洞进口有破损现象、观测设施不全等重大安全隐患。该尾矿库占地 1.26 亩，坝体坡脚紧邻农村公路，50 米内有群众居住，距何家岩中心社区约 600 米，2018 年被原汉中市安监局评定为 D 级尾矿库（最高危险等级），系“头顶库”，严重危及周边居民生命健康和财产安全。

【调查和督促履职】 该案系最高人民检察院挂牌督办案件。2018 年 6 月，陕西省人民检察院（以下简称陕西省院）将该案线索交办汉中市人民检察院

---

* 2021 年 3 月 23 日，最高人民检察院、应急管理部召开主题为“破解安全生产公共利益保护困境”的发布会。会上发布了安全生产领域公益诉讼九大典型案例。参见 https：//www. spp. gov. cn/spp/xwfbh/wsfbt/202103/t20210323_ 513617. shtml#1，最后访问日期：2023 年 6 月 8 日。

（以下简称汉中市院）。略阳县人民检察院（以下简称略阳县院）收到汉中市院交办线索后，于2018年8月20日立案调查，通过现场勘查、调取行政机关执法卷宗、询问证人，发现汪家沟尾矿库由略阳县何家岩好益选矿厂（以下简称好益选矿厂）投资建设，好益选矿厂成立于2004年4月，2010年6月被注销，其债权债务转让给略阳县天宁矿业有限公司（以下简称天宁矿业公司）承担。2011年天宁矿业公司停产，2013年该公司法定代表人去世，2014年企业留守人员撤走后，汪家沟尾矿库就由略阳县安监局和何家岩镇政府安排人员值班值守。2018年，原略阳县安监局的安全生产监管等职责由新组建的略阳县应急管理局行使。略阳县院认为，略阳县应急管理局作为当地安全生产主管部门，在该尾矿库长期未依法闭库时未能履行监管职责，导致该尾矿库存在重大安全事故隐患。2018年10月11日，略阳县院向略阳县应急管理局发出诉前检察建议，建议该局认真履行监管职责，对企业不主动实施闭库的违法行为依法作出处理，消除安全隐患，确保国家利益和社会公共利益不受侵害。

2018年12月7日，略阳县应急管理局回函称，已于2018年6月至11月对汪家沟尾矿库实施了应急治理工程，但因该尾矿库企业法定代表人于2013年去世，已将该尾矿库确定为业主失联尾矿库，故未作出行政处罚。检察机关跟进调查发现，略阳县应急管理局虽于2018年汛期实施了应急治理工程，但没有依法提请县级以上人民政府指定管理单位，汪家沟尾矿库从不再排尾作业到被确定为业主失联尾矿库后至今未按要求进行闭库，也未按“头顶库”的治理方式进行彻底治理。2019年汛期连续降雨，汪家沟尾矿库排洪设施损毁严重，仍存在重大安全事故风险，国家利益和社会公共利益仍然处于受侵害状态。

【诉讼过程】2019年12月31日，略阳县院向略阳县人民法院提起行政公益诉讼，请求判令略阳县应急管理局对汪家沟尾矿库继续履行监管职责，切实保护国家利益和社会公共利益。庭审中，双方围绕行政机关是否履行监管职责等焦点问题进行了质证、辩论。2020年5月25日，略阳县人民法院判决支持了检察机关的诉讼请求。

判决生效后，略阳县应急管理局制定相关整改方案，通过政府采购方式委托第三方对尾矿库进行安全检查，安排人员24小时值班值守，略阳县嘉陵江上游无主尾矿库治理项目已由县发改部门立项，待资金到位后对汪家沟尾矿库实施闭库工程或清库处理，彻底消除安全隐患。同时，三级检察机关坚持上下联动，积极争取地方党委政府理解支持。略阳县院与相关职能部门对全县尾矿库逐一排查，有效治理嘉陵江流域尾矿库安全生产隐患问题。汉中市院向汉中市委作专题汇报，汉中市委高度重视并要求全市开展尾矿库专项治理工作。陕西省院在全省开展尾矿库专项调研，并就嘉陵江流域尾矿库综合治理问题向省政协会议递交提案。陕西省应急管理厅对嘉陵江流域尾矿库采取“一库一策”的措施予以治理，并上报应急管理部争取尾矿库隐患治理资金。目前，陕西全省46座尾矿库已被列入治理工程项目，并完成了21座“头顶库”治理工作。

【典型意义】尾矿库是堆存尾矿、保护环境的重要设施，也是一个具有高势能的人造泥石流危险源。本案中所涉尾矿库为危险等级高的“头顶库”，是国家安全生产专项整治三年行动计划中的重点对象，如果不依法及时闭库，可能造成尾矿泄露、溃坝、环境污染等重大安全事故和生态环境问题，会给周边群众生命财产安全及嘉陵江下游城市饮用水源安全、沿江生态环境带来威胁。在检察机关在发出诉前检察建议后、行政机关仍未能全面充分履职的情况下，依法提起行政公益诉讼，切实保护国家利益和社会公共利益。同时，三级检察机关认真贯彻落实习近平总书记关于安全生产的重要指示精神，上下联动，以个案办理推动类案监督，推动党委、政府开展源头治理、系统治理、综合治理，有效整治长江上游嘉陵江流域尾矿库安全隐患，起到了办理一案、治理一片的良好效果。

2. 安徽省蚌埠市禹会区人民检察院诉安徽省裕翔矿业商贸有限责任公司违规采矿民事公益诉讼案

【关键词】民事公益诉讼；违规采矿；协同治理；跟进执行监督

【要旨】检察机关针对违规采矿破坏生态环境资源并具有严重安全隐患等问题，发挥一体化办案优势，推动行政机关加强安全生产监管执法，及时介入事故调查处理，聘请专家勘查评估，并依法提起民事公益诉讼，推动涉案企业接受调解，并自愿开展治理修复工作，消除地质灾害隐患。

【基本案情】2004 年 7 月，安徽省裕翔矿业商贸有限责任公司（以下简称裕翔公司）取得马头城地下铁矿采矿许可证，矿区面积 4.40 平方千米，开采标高 -35 米 ~ -172 米，生产规模 20 万吨/年，设计采矿方法为分段电耙浅孔留矿（嗣后充填）采矿法且地表不允许陷落。2014 年 1 月 22 日，裕翔公司因安全生产管理不善，未依规对采空区采取有效支护与填充措施而导致矿区坍塌，地面坍塌面积约 2000 平方米，深度达 16 米，造成周围农田和种植物毁损。矿区塌陷后，一度引起当地居民恐慌，多家媒体以“蚌埠一林地里现半个足球场大‘天坑’因铁矿开采所致”等标题报道该事件。

【调查和诉讼】安徽省蚌埠市禹会区人民检察院（以下简称禹会区院）发现涉事企业违规采矿引发地面塌陷的媒体报道，遂开展线索初查并同步向蚌埠市人民检察院（以下简称蚌埠市院）请示。2018 年 5 月 18 日，蚌埠市院指定禹会区院以民事公益诉讼立案调查。蚌埠市、禹会区两级检察机关启动一体化办案机制，初步查明马头城铁矿地下违规开采、采空区处置不当导致生态环境和自然资源遭到破坏的基本事实。因本案成因复杂，违规采矿发生在地下且跨度时间长，需要专业技术鉴定评估，蚌埠市院会同禹会区院统筹协调国土资源、应急管理部门、禹会区政府开展调查取证、鉴定评估等工作。经禹会区政府委托安徽省地质环境监测总站勘查评估认定，事故系因未对采空区采取有效支护与填充措施导致塌陷，地下采空区和地面塌陷灾害处于不稳定状态，存在严重地质灾害隐患，危险区 1.14 公顷，影响区 3.07 公顷；可以尾砂胶结浆填充采空区及岩体裂隙进行治理，工程预算 466.58 万元。

2019 年 12 月 31 日，禹会区院向禹会区人民法院（以下简称禹会区法院）提起民事公益诉讼，诉请判令裕翔公司采取治理措施消除马头城铁矿采空区和塌陷区危险，对塌陷区复垦恢复原状。庭审中，裕翔公司对所有证据均无异议，主动申请调解，并提交了具有资质机构出具的治理修复方案、工程预算、进度安排等。2020 年 10 月 10 日，禹会区法院制作调解书，明确裕翔公司应于 2021 年 7 月 30 日前按治理修复方案自行施工消除危险、恢复原状，并通过验收，如在期限内不能按期完工或者验收不合格，则应承担所有治理修复费用。

法院调解后，禹会区院主动向当地党委、人大报告，协同法院、有关行政机关和属地政府现场督导并召开联席会议，明确由应急管理部门和属地政府负责监督治理修复，由自然资源、生态环境部门负责验收。目前，各方已根据修复方案进场施工和监督，取得初步成效。

【典型意义】 违规开采矿山造成的采空区塌陷不仅破坏生态环境资源，而且具有重大安全隐患，矿山企业应当按照国家有关规定负责修复。检察机关主动回应社会关切，依法及时介入调查，坚持一体化办案，推动多部门协同开展案件调查取证及修复治理等工作。在办案中坚持以保护公益为宗旨、以生态修复为导向，通过民事公益诉讼依法追究涉案企业的公益损害责任，在被告有条件且自愿自行修复的前提下，为节约司法资源、及时保护受损公益，同意案件调解结案并尽快开展修复工作。同时，采取现场督导、联席会议等方式加强跟进执行监督，明确监管和验收责任人，实现了双赢多赢共赢的效果。

3. 浙江省衢州市衢江区人民检察院督促整治自备储油加油设施安全隐患行政公益诉讼案

【关键词】 行政公益诉讼诉前程序；自备成品油安全隐患；行业整治

【要旨】 针对工矿企业、物流客运公司擅自建设使用自备储油加油设施，存在安全生产隐患等问题，检察机关通过公益诉讼督促有关行政部门依法履行监管职责，并以点及面开展专项行动，推动区域内同类问题的联动整治与系统治理。

【基本案情】 浙江省衢州市衢江区伟龙矿业等 9 家工矿企业、物流客运公司未经审批，擅自建设自备储油加油设施，且油罐设置管理随意，消防设施配备不齐全，无防雷电防静电设施，用油操作不规范，日常安全管理制度严重缺失，安全生产隐患问题突出。同时，部分企业还存在违法占地、污染环境等违法行为。

【调查和督促履职】 2019 年 3 月，浙江省衢州市衢江区人民检察院（以下简称衢江区院）在走访摸排中发现该线索并立案。通过查勘现场、调查问卷及向属地乡镇、经济和信息化、应急管理等部门核实，查明伟龙矿业等 9

家企业擅自建设的自备储油加油设施不符合安全生产、消防、环保、规划、国土、气象等法律法规的规定，并未经属地经信部门登记备案，存在安全生产等隐患，相关部门未能形成监管合力。同年4月28日，衢江区院向依法负有监管职责的属地乡镇政府、衢江区经信局、应急管理局、消防救援大队、气象局5家单位发出诉前检察建议，督促其依法履行各自监管职责，联合对企业自备储油加油站点的用地规划、环境保护、消防安全、气象灾害防御、油品来源与质量等方面隐患开展综合治理，联动开展调查处置，同时做好全面排查整治。

各相关单位收到检察建议后高度重视，主动加强与检察机关对接协商，共同研究制定整改方案。2019年5月，区经信局牵头组织相关单位对上述9家企业自备储油加油站点进行现场调查，后专门召开联席会议，根据存在的问题和行业监管要求，提出分类处理意见。责令4家未批先建、违法占地的企业关停、限期拆除相关设施，5家储油加油设施设置不规范、存在安全隐患的企业进行整改提升。经检察机关跟进监督，该5家企业已完成用地规划、环评的审批，完善消防设施、防雷设施的设计建设与验收，并就油品来源与正规的批发企业签订供销合同，保障油品质量。2019年9月，区经信局牵头组织开展全区企业自备储油罐排查和整治专项行动，按照分类处置原则，推进行业整改和规范提升。同时，考虑企业用油的刚性需求，出台加强成品油市场管理规定，规范联合审查审定程序，明确申报流程、规划建设标准、落实联合监管措施，形成长效监管机制。

办案过程中，衢州市人民检察院加强跟踪指导，并在全市部署开展企业自备成品油领域专项监督，共排查出存在安全隐患企业130余家，共发出检察建议33件。对专项活动梳理形成调研报告报市政府并引起高度重视，促成市商务局牵头开展全市企业自备储油罐安全生产隐患排查和整治工作专项行动，进一步规范企业自备储油加油设施安全管理，健全安全风险防控机制。

【典型意义】部分企业自备储油加油站点存在安全生产隐患、违法用地、环境污染等问题，严重危及企业健康发展和周边群众生命财产安全。但该类问题往往涉及多个监管部门，存在监管盲区和漏洞，自备成品油也是工矿企业的刚性需求，不宜简单加以取缔。本案中，检察机关监督保障企业安全健康发展，推动相关监管部门分类施策，联动开展调查处置。从源头上规范畅通新增企业储油加油设施建设审查审定程序，支持和引导企业规范有序建设，严格安全准入标准，加强安全管理教育，强化行业自律，切实防范安全风险。同时，以点带面推动全市深入开展企业自备储油加油行业专项整治，为护航民营企业安全健康发展、推进市域综合治理提供有力法治保障。

4. 黑龙江省七台河市检察机关督促整治燃气安全隐患行政公益诉讼系列案

【关键词】 行政公益诉讼诉前程序；燃气安全；专项监督；系统治理

【要旨】 检察机关针对燃气行业生产、运输、储存、使用等环节存在的安全隐患，通过制发诉前检察建议等方式进行监督，督促多个行政机关积极履职尽责，形成合力消除安全隐患，推动燃气行业全链条的系统化、规范化、综合化治理。

【基本案情】 2020 年 5 月，黑龙江省七台河市检察机关在对涉及安全生产领域的公益诉讼案件线索进行研判时发现，全市瓶装液化气换气站、瓶装液化气充装企业、管道燃气企业、汽车加气站在生产、运输、储存、使用燃气过程中存在安全隐患，威胁燃气安全生产和人民群众生命财产安全，损害了国家利益和社会公共利益。

【调查和督促履职】 2020 年 6 月至 7 月，七台河市检察机关在全市范围内开展了燃气安全管理公益保护法律监督专项工作，对全市范围内的燃气行业全链条进行监督，监督范围涉及燃气行业的 4 个领域。一是对瓶装液化气换气站进行调查。6 月初通过非公开性调查，共发现 17 家换气站存在非法经营的情形，且都位于或邻近居民区。有的换气站在不具备消防安全条件的场所内储存液化气，部分车辆在未取得危险物品运输许可证的情况下非法运输瓶装液化气，部分换气站还存在非法倒罐行为。办案人员于 6 月 30 日对上述 17 家换气站进行公开性调查，现场共发现已充装液化气的大小钢瓶 500 余个，待充装的大小钢瓶 400 余个，其中有 40 余个钢瓶已超过检测期限或使用年限；发现用来倒罐的压缩机 6 台，导管 14 根，地秤 11 台；还发现用于运输瓶装液化气的车辆25辆，其中13辆无危险物品运输许可证，属非法运营。运输车辆还存在未配备灭火器、押运员、未在排气管尾部加装灭火罩、未给钢瓶佩戴防震圈等问题。二是对瓶装液化气充装企业进行调查。发现充装企业存在为换气站从事非法倒罐提供液化气，为非自有产权液化气钢瓶进行充装、充装前不按照规定对钢瓶质量进行认真检查及不按规定填写充装记录等问题。三是对管道燃气经营企业进行调查。发现部分居民燃气用户使用管道燃气多年，但使用期间管道燃气企业未曾入户检查；有的虽入户检查，但检查频率没有达到法定最低频率要求。四是对汽车加气站进行调查。发现汽车加气站普遍存在未严格查看加气车辆是否具有“车用气瓶使用登记证”的问题，致使部分无证车辆加气后上道路行驶。同时，部分车辆加气时车内乘客未到安全区域等候，而是在加气区逗留，工作人员并未进行劝导，以上行为都存在安全隐患。

检察机关认为，城市管理综合执法局（在部分地区该职能隶属于住房和城乡建设局）作为燃气行业的监管部门、市场监督管理局作为燃气压力容器的监管部门、市交通运输局作为危险物品运输的监管部门、公安机关作为危险物品的监管部门，对燃气行业四个领域及各环节存在的安全隐患，均未依法全面履行各自的监管职责，威胁到人民群众的生命健康和财产安全，致使社会公共利益持续受到侵害。据此，两级检察机关一方面向市、县（区）两级共计10个行政机关制发诉前检察建议，建议各部门根据各自监管职责，对燃气行业的上述违法违规行为进行查处、整改，及时消除安全隐患；另一方面，深化践行“监管违法追责、犯罪行为打击、公益损害恢复”的“三位一体”办案模式，向公安机关移交涉嫌违法违规问题线索17件。

各行政机关收到检察建议后，第一时间与检察机关对接。检察机关秉承双赢多赢共赢监督理念，组织召开圆桌会议，积极与行政机关沟通，共同研究解决整改中的困难和问题，推动形成监管机制完善、监管责任明确、安全管理责任到人的燃气安全管理工作体系。其中，城市管理部门、交通运输部门、公安机关等开展联合执法行动，共清理、整治换气站28家，依法取缔全部违规经营的换气站。为切实服务“六稳”“六保”，检察机关经多方沟通协调，相关换气站从业人员及所属车辆均被纳入瓶装液化气充装企业统一管理，并由政府协调相关部门解决运输车辆及空钢瓶存放场地，帮助其规范经营，妥善解决就业保障与民生需求问题。城市管理、市场监管部门针对燃气充装企业、管道燃气企业、汽车加气站存在的违法违规问题及时进行查处，提出整改意见，要求涉事企业认真履行法定义务。同时，公安机关根据检察机关移交的问题线索，对10名违法行为人处以行政拘留的处罚。

【典型意义】 近年来，因燃气引起的火灾、爆炸等安全事故时有发生，严重侵害人民群众的生命健康和财产安全。本案中，七台河市检察机关立足保障安全生产，守护美好生活，积极稳妥拓展公益诉讼监督范围，在全市开展燃气安全管理公益保护法律监督专项工作，两级检察院检察长均作为主办检察官带头办案，统一指挥，综合运用蹲守、跟踪、无人机航拍、现场勘验检查等多种调查手段，对燃气行业存在的安全隐患问题进行全链条监督，通过制发检察建议、召开圆桌会议、移送违法线索等方式，督促各行政机关依法履职、齐抓共管，共同推动问题解决。同时，坚持新发展理念，帮助涉事企业规范经营、转型升级，推动燃气行业规范化管理，实现保护公益与保障民生的最优结合，取得良好的法律效果和社会效果。

5. 江苏省泰州市人民检察院督促整治违法建设安全隐患行政公益诉讼案

【关键词】 行政公益诉讼诉前程序；违法建设；消防安全；协同治理

【要旨】 检察机关针对大型商住楼楼顶存在大面积的违法建设带来的安全隐患问题，委托专业机构出具安全隐患检查报告，通过制发诉前检察建议，督促相关行政机关依法积极履职，形成监管合力，并全程监督、协同行政机关拆除全部违法建设，切实维护人民群众生命财产安全。

【基本案情】 泰州中嘉装饰城位于江苏省泰州市海陵区东部市场群核心区，专门经营装饰材料，占地面积约295亩，现驻商户600余家，容纳住户190余户。自2010年3月工程竣工以来，中嘉装饰城有38家商户未经建设工程规划许可，陆续在其中六栋楼的楼顶搭建违法建设用于旅馆经营、货物仓储、办公等，由此产生建筑材料易燃、安全通道闭塞、消防设施不全等一系列安全隐患。2019年7月至2020年1月，泰州市城市管理局先后对其中14

家违法建设商户作出责令当事人限期拆除违法建设的行政处罚。后因执法难度大，该14家商户违法建设一直未依法拆除。对其余24家商户违法建设，该局亦未依法处理，安全隐患仍持续存在。

【调查和督促履职】 2020年3月，江苏省泰州市海陵区京泰路街道办事处（以下简称京泰路街道办）接到群众反复投诉，反映泰州中嘉装饰城存在违章建设的问题。因其无行政处罚权，遂主动与泰州市海陵区人民检察院（以下简称海陵区院）对接，请求检察机关依法介入。海陵区院收到上述线索后进行了初步调查，发现该案涉及多个市级行政机关的履职行为，将该案报送泰州市人民检察院（以下简称泰州市院）办理。2020年5月，泰州市院对该案立案审查，成立由两级检察院检察官组成的公益诉讼办案组，会同京泰路街道办开展逐一入户调查工作，核实违法建设的业主信息、建设时间、面积、建材、用途等资料，并对各违法建设中存在的消防、电气、防雷等安全隐患进行现场勘查，同步收集固定证据。受海陵区院和京泰路街道办委托，泰州市某注册安全工程师事务所对上述违法建设出具安全隐患检查报告，认定上述违法建设存在易燃泡沫夹芯板建材、未设置消防设施、防雷接地网受损、电器设备裸露、过道堆放杂物等52处安全隐患。办案人员结合查明的相关事实，认为相关行政机关有履职不到位导致存在公共安全隐患的情形。2020年7月31日，泰州市院分别向泰州市城市管理局、消防救援支队当面送达诉前检察建议，建议其分别对中嘉装饰城楼顶违法建设行为、违反消防安全的行为依法进行处理。

泰州市城市管理局收到检察建议后，次日即召集海陵区政府办、城管局、防雷办等多部门召开中嘉装饰城违法建设专题整治会，并邀请检察机关派员参加，共商整治对策。因违法建设拆除涉及众多商户的财产损失，检察机关又主动牵头组织海陵区城管局、消防救援大队、街道办召开联席会议，就整治过程中可能遇到的问题统一认识，做细做实相关准备工作，确保拆除工作平稳有序推进。2020年8月，泰州市城市管理局依法对24户尚未处罚的违法建设业主作出行政处罚决定，责令其限期拆除违法建设。泰州市消防救援支队对《检察建议书》中指出的安全隐患逐条进行核查处理，下发责令改正通知书，督促整改火灾隐患12处。京泰路街道办牵头组织多个职能部门共同参与，通过集中采取“逐户宣讲＋友善助拆＋依法查处”的方式，合力推进违法建设拆除工作，同时对拆除部位进行防水施工，解决了商户提出的楼顶渗水问题。经检察机关全程跟进监督，截至2020年10月底，38户违法建设已全部拆除完毕。整改完毕后，泰州市消防救援支队联合相关部门发布《市场消防安全告知书》，对中嘉装饰城全体商户进行消防安全提示，开展消防安全知识培训，并常态化开展巡查，防止上述问题死灰复燃。

【典型意义】本案中，装饰城楼顶的违法建设位于装饰材料集中、人口密集的商户区内，违建面积大，安全隐患多，相邻关系复杂，同时涉及多个行政机关和多方主体利益，整治难度较大，成为困扰周边群众日常生活的老大难问题。泰州市两级检察机关认真贯彻全国安全生产专项整治三年行动计划要求，树牢安全发展理念，深化源头治理、系统治理和综合治理，协同有关部门落实和完善“从根本上消除事故隐患”的责任链条。在复工复产期间，通过开展安全生产领域公益诉讼调查，深入排查存在的问题，委托专业机构出具检查报告，全面收集固定相关证据。在深入调查核实的基础上，泰州市院当面送达检察建议，督促行政机关积极履职尽责，并协同相关部门共商治理对策，采取有效措施。最终促使久拖未决的违法建设得以全部拆除，从根本上消除了长期存在的事故隐患，有效防范和遏制重特大事故的发生，切实维护人民群众的生命财产安全。

6. 浙江省海宁市人民检察院督促整治加油站扫码支付安全隐患行政公益诉讼案

【关键词】行政公益诉讼诉前程序；加油站扫码支付；公开听证；专项整治

【要旨】针对加油站爆炸危险区域扫码支付带来的安全隐患问题，检察机关以专家论证、技术实验为支撑，通过公开听证方式进行审查，向行政机关发出诉前检察建议，督促其依法开展加油站扫码支付业务专项整治，消除安全隐患。

【基本案情】随着移动支付的普及应用，加油站“不下车加油”、手机扫码支付的服务模式盛行。浙江省海宁市有多个加油站均存在工作人员在油枪旁让车内车主手机扫码支付或车主用手机扫描加油机旁印刷的二维码支付等情形。这样的支付方式虽然给车主带来了便捷，但是扫码支付发射的功率可能引发射频火花，存在重大的安全隐患。同时，这些加油站紧挨海宁市客运中心、居民小区、建材市场等人流密集场所，一旦发生爆炸，人民群众的生命财产安全将面临巨大风险。

【调查和督促履职】2020 年 1 月，中国石化销售股份浙江石油分公司微信公众号推送的一篇文章《疫情当前，您不下车即可加油付款，不进店即可开具发票，还可以……》，引起了浙江省海宁市人民检察院（以下简称海宁市院）的关注。海宁市院经走访调查发现，辖区内 62 家加油站均存在工作人员在油枪旁让车内车主手机扫码支付加油费、加油机旁印有可供手机扫描的二维码等情形。2020 年 6 月 15 日，海宁市院层报浙江省人民检察院（以下简称浙江省院）审批后决定立案审查。为解决“在加油站爆炸危险区域扫码支付是否存在安全隐患”的问题，海宁市院召开专题会，邀请浙江省安全协会的专家到会指导，并联系通信部门进行手机电磁辐射实验。通信专家对手机待机、使用 volet 通话、扫码支付和观看视频等四种场景下的等效平面波功率密度（W/m^2）进行了测试。测试结果显示，手机在上述四种情景下都会发射功率，而手机扫码支付发射的功率远远大于手机通话发射的功率。同年 7 月 3 日，为多方听取意见，海宁市院专门召开公开听证会，邀请安全专家、通信专家、法学专家、人大代表及政协委员担任听证员，社会公众代表、海宁市应急管理局作为听证当事人，社会各界人士、新闻媒体等参加旁听。听证会上，安全专家对于手机扫码支付发射的功率可能引发射频火花进行了分析，通信专家对于手机四种不同场景下的 W/m^2 进行了说明，法律专家对于行政机关履职的法律依据进行了阐释。通过公开听证，最终得出“在加油站爆炸危险区域扫码支付存在重大安全隐患”的结论。同年 7 月 7 日，海宁市院根据听证结果向海宁市应急管理局发出诉前检察建议，要求其对辖区内加油站开展专项排查，依法查处违反危化品安全经营的行为，并积极落实整改措施，同时加强日常监管，切实消除支付安全隐患。

海宁市应急管理局收到检察建议后高度重视，召开全市安全管理工作会议，在全市部署推进加油站专项整治工作。2020 年 7 月 17 日，该局联合海宁市商务局下发《关于进一步加强加油站安全管理工作的紧急通知》和《关于进一步规范加油站扫码支付安全的整治方案》，提出进一步规范全市加油站经营行为的八条意见。同年7月23日，海宁市应急管理局向海宁市院回复整改情况，海宁市辖区内62家加油站爆炸危险区域扫码支付已全面叫停，安全隐患已消除。嘉兴市人民检察院同步跟进，以办理该案为契机，在全市检察机关开展消除加油站经营安全隐患公益诉讼专项监督活动。同时，浙江省院部署要求全省各地检察机关全面排查类似违法行为，推动专项整治，消除安全隐患。

【典型意义】在互联网时代，移动扫码支付已成生活常态。许多加油站推出手机扫码支付服务，虽然给人们生活出行带来便利，但是在加油站爆炸危险区域手机扫码支付，确实存在安全隐患。检察机关积极稳妥探索安全生产领域公益诉讼，以专家论证、技术实验为支撑，组织召开多方参与的公开听证会，充分发挥社会公众代表的监督作用，将专业判断、法律适用和社会公众的朴素认知相结合，进一步论证公益受损事实，消除人们认识误区，督促行政机关依法履职。同时，充分发挥办案一体化优势，省、市院通过挂牌督办、跟进指导，以点带面同步开展专项监督，通过新闻媒体宣传报道，有效推动全国多地叫停加油站爆炸危险区域的移动支付业务。

7. 山西省晋中市榆次区人民检察院督促整治违法施工安全隐患行政公益诉讼案

【关键词】行政公益诉讼诉前程序；违法施工；公开送达；类案监督

【要旨】检察机关针对建筑施工单位违法施工、在高风险施工作业过程中未严格采取安全保障措施的问题，向行政机关发出诉前检察建议，并根据违法事实的现实危险性和整改紧迫性，要求行政机关在15日内依法履职，切实保障周边群众的生命财产安全。

【基本案情】位于山西晋中市榆次区的某商住楼项目工程，在施工中塔吊臂经常伸到工地外吊取工程材料，严重威胁过往行人和车辆安全。榆次区城市管理综合行政执法局曾于2019年4月19日对该项目建设单位发送行政处罚决定书，但该项目单位一直未进行整改。晋中市住房和城乡建设局曾于2019年4月26日对该项目进行现场勘察，但未作出任何监管措施。该项目工程的违法施工行为存在重大安全隐患，导致社会公共利益持续受到侵害。

【调查和督促履职】2019年5月，山西省晋中市榆次区人民检察院（以下简称榆次区院）收到群众反映的上述线索。经层报山西省人民检察院同意，榆次区院于2019年6月1日对该线索进行立案调查。经调查发现，该项目尚未取得施工许可证，属于违法施工。该项目工程地处两条交通要道交叉处，紧临马路，过往行人、车辆多且密集；该项目工地上的三台塔吊经常将起重臂伸到工地外的主干道上吊取工程材料，而在起重臂下的范围没有设置任何提醒过往行人、车辆注意的警示标志和保护设施，严重威胁过往行人、车辆的安全，存在严重的公共安全隐患。

2019年6月19日，榆次区院组织住房和城乡建设局（以下简称住建局）、项目建设施工单位等召开公开送达现场会，依法公开向有关行政机关发出诉前检察建议。建议行政机关依法履行监督管理职责，对该商住楼项目无证施工的问题依法作出处理；组织开展专项检查，对全市范围内的建设工程进行清查，特别对临街或闹市区工程项目重点督查，消除各种潜在的安全隐患。考虑到安全隐患的现实危险性和整改紧迫性，榆次区院根据“两高”《关于检察公益诉讼案件适用法律若干问题的解释》的有关规定，要求行政机关在收到检察建议书后十五天内依法履行职责并书面回复。

收到检察建议后，行政机关高度重视，第一时间派员深入项目工地进行现场办公，核查相关违法事实，并对施工、建设、监理单位下达关于责令限期消除项目重大安全隐患的通知。住建局下达了《停工整改通知书》，将三台塔吊封存禁用，并多次派员到施工现场检查并督促整改。对施工单位作出行政处罚建议，并移交榆次区城市管理综合行政执法局。

经过整治，涉案项目工地已按规定申领《建筑工程施工许可证》，在工地内清理出专门场地作为材料吊装区和大型建筑材料存放区、加工区，材料加工后均按要求运送到吊装区进行吊装，在施工所涉路段设置了安全警示标志并派专人轮流值守，杜绝场外吊装，彻底消除安全隐患。推动施工单位建立健全项目安全管理制度，在现场组织开展施工安全教育培训会，做到防患于未然。同时，住建局从建筑市场行为和质量安全隐患两方面，对辖区内在建工程项目进行重点排查，共排查在建项目114个，发现安全隐患12项，其中限期整改10项，停工整改2项，确保建筑市场安全平稳运行，杜绝安全生产事故发生。

【典型意义】建筑法规定，从事建筑活动应当遵守法律、法规，不得损害社会公共利益和他人的合法权益。特别是对于处于交通枢纽、人员密集场所的施工活动，要采取更为严格、规范的安全监管措施。本案中，检察机关在及时调查取得有效证据的基础上，一方面，采取召开现场会的形式公开送达检察建议，既体现了法律监督的严肃性和检察建议的刚性，也增强了行政机关主动履职的责任感和自觉性。另一方面，着眼于违法施工安全隐患的现实危险性和整改紧迫性，要求行政机关在十五天内对检察建议进行回复整改，跟进督促行政机关及时介入，综合运用停工整改、行政处罚、挂牌督办等监管手段，在短期内消除了安全隐患。同时通过个案办理推动行政机关开展建筑工程领域系统治理，全面辨识和防范化解安全风险，全方位治理安全隐患，为推进城市综合治理贡献了公益诉讼检察力量。

8. 江西省贵溪市人民检察院督促整治危险化学品安全隐患行政公益诉讼案

【关键词】行政公益诉讼诉前程序；危险化学品；先行处置；行业整治

【要旨】检察机关针对刑事案件扣押的易爆危险化学品未妥善保管处置、可能引发安全事故的情况，依法发出诉前检察建议，督促安全监管部门在公安机关固定留取证据后，先行对危险化学品进行无害化处理，及时消除事故隐患，推动行业综合整治，完善安全生产预防控制的责任链条。

【基本案情】2020年5月至6月，康某租借他人营业执照，在未办理危险化学品经营许可证、安全生产许可证等证照且未采取任何安全防护措施的情况下，在贵溪市某村庄储存、销售伪劣燃料油600余吨。该燃料油为“轻循环油”，是一种轻质油类，主要用于大型机械、船舶等燃料用油，其闪点集中于27℃～48℃，属于易燃易爆的危险化学品。康某因涉嫌刑事犯罪被公安机关采取强制措施，但现场遗留的燃料油罐未得到妥善处置，存在极大的安全事故隐患，对社会公共利益造成潜在危险。

【调查和督促履职】2020 年 8 月 12 日，江西省贵溪市人民检察院（以下简称贵溪市院）刑事检察部门在履行审查逮捕职责时，发现康某非法储存、销售危险化学品的行为可能损害社会公共利益，将相关线索移送公益诉讼检察部门。2020 年 8 月 25 日，贵溪市院以行政公益诉讼立案，并牵头组织公安、消防、应急管理、供电、辖区镇政府等部门现场查看，聘请石化专业技术人员指导。经调查发现，康某生产“轻循环油”的厂房位于人口密集的村庄旁，距离沪昆高速公路不足 20 米。现场有 8 个大型油罐，罐内装有“轻循环油”40 余吨，厂区大门无人值守，也未设置安全提示警示标志。储油罐罐口未密封、不具备防溅漏等基本安全防护功能，可轻易被打开，现场弥漫着一股刺鼻的柴油味道，一旦遇到火源，极易引发爆炸事故。此外，产生的污染物被直接排入周边农田，破坏生态环境。贵溪市院认为，根据《安全生产法》《危险化学品安全管理条例》《生产安全事故应急条例》《江西省安全生产条例》等规定，应急管理局作为安全生产监督管理部门，应对辖区内安全生产工作实施综合监督管理。鉴于情况的严重性、紧迫性，贵溪市院立即与应急管理等相关部门沟通协商并达成一致意见，决定先采取临时性应急措施，包括在厂区划定警戒线，疏散附近居民，断电并配备消防器材，安排人员 24 小时对厂区轮班值守等。

2020 年 9 月 7 日，贵溪市院分别向贵溪市应急管理局、市场监督管理局、生态环境局、林业局及辖区镇政府上门送达检察建议。建议市应急管理局尽快制定处置方案，将厂区内现存的“轻循环油”依法妥善处置，彻底消除安全隐患，加强与公安、生态环境、林业、镇政府等部门在危险化学品安全管理方面的协助配合，强化案件信息共享，推动建立分工协作机制。建议其他相关行政机关依照各自职责，对康某的违法行为依法查处，以保护生态环境。

发出检察建议后，贵溪市院应市应急管理局申请，协调公安机关在完善固定相关刑事案件证据后将扣押的“轻循环油”交由应急管理部门依法处置。2020 年 9 月 8 日，贵溪市应急管理局邀请检察机关、生态环境、消防、中石化贵溪分公司到现场会商具体处置措施，其后根据会商情况，制定《高速路口非法成品油窝点储油设施隐患治理方案》，并报贵溪市政府同意。同年9月9日至10月11日，贵溪市应急管理局先后组织中石化贵溪分公司对油罐内的“轻循环油”转运、清空、无害化处理；组织消防部门对油罐注水、对罐内残留的危险化学品置换；组织第三方专业公司对罐内污水进行专业处理，对所有油罐、管道管线等储油设施设备进行切割、回收。贵溪市生态环境局对现场遗留的炼油危废物进行了无害化处置。贵溪市市场监督管理局对康某租借的营业执照进行了吊销。贵溪市林业局对违法占用林地搭建厂房的周某依法作出责令补种、罚款等行政处罚措施。镇政府组织人员对违建厂房进行了拆除，以防止“散乱污”企业死灰复燃。

办案过程中，贵溪市院对近年来办理的涉危险化学品刑事、公益诉讼案件进行分析，形成《关于全市危险化学品行业安全生产情况专项调研报告》并呈报当地党委政府参阅。在党委政府的统一部署下，贵溪市院会同市应急管理局等部门开展“危险化学品行业安全生产”专项整治，排查全市28家危险化学品企业，发现161个安全隐患问题。检察机关先后牵头组织召开3次联席会议，提出23条磋商意见，监督相关行政机关发出责令整改指令书50份，推动相关企业建立健全安全生产制度20项。

【典型意义】危险化学品安全事关社会安定、人民安宁。本案中，检察机关注重加强检察公益诉讼与安全生产行政执法、刑事司法的衔接，在严厉打击非法储存销售危险化学品犯罪的同时，注重前端风险防控，充分运用公益诉讼检察职能，推动多个监管部门同向发力，先行处置涉刑事案件扣押的易爆危险化学品，有效化解风险隐患，坚决防范遏制安全事故发生，推动周边生态环境保护。同时，针对办案中发现的区域性问题，通过联合执法、召开联席会议、呈送专项调研报告等方式，深化源头治理、系统治理和综合治理，助力优化安全生产预防控制体系，为促进危险化学品安全生产贡献检察力量，有效保护人民群众生命财产安全。

9. 黑龙江省检察机关督促整治小煤矿安全隐患行政公益诉讼系列案

【关键词】行政公益诉讼诉前程序；小煤矿关闭整治；专项监督；公开宣告；综合治理

【要旨】 检察机关针对辖区内小煤矿监管混乱、安全事故多发等问题，三级院联动开展公益保护专项监督，综合运用公益损害恢复、监管违法追责、犯罪行为打击等多种手段，助力推动当地煤炭行业淘汰落后产能化解过剩产能专项整治，有效防范化解重大安全隐患。

【基本案情】 为推动解决煤炭行业“小、散、乱”和安全事故多发等问题，黑龙江省人民政府于2018年出台《黑龙江省煤炭行业淘汰落后产能化解过剩产能专项整治工作方案》开展专项整治，要求现有单井生产能力年产15万吨以下且不具备扩建到年产30万吨及以上规模的煤矿，2018年底前一律淘汰、关闭退出。鸡西、双鸭山、七台河、鹤岗地区（以下简称四煤城）的小煤矿问题尤为突出，年生产能力在15万吨以下的小煤矿多达数百个。

【调查和督促履职】 2018年6月27日至9月27日，根据最高人民检察院（以下简称最高检）指示和黑龙江省委、省政府要求，黑龙江省人民检察院（以下简称黑龙江省院）以维护安全生产、生态安全为切入点，以公益保护为着力点，在四煤城组织开展小煤矿关闭整治公益保护法律监督工作。召开专题党组会议，研究制定实施方案，成立领导小组及办公室，抽调哈尔滨、大庆、黑河地区及哈尔滨铁路运输检察机关共130人成立4个工作专班，依托一体化办案机制，坚持三级院上下联动，聚焦四煤城年生产能力在15万吨以下的387个小煤矿，进行“全覆盖”调查。

黑龙江省院针对煤炭领域专业性强的特点，组织4个专班干警集中培训，聘请10名煤炭行业专业人员异地交叉调配，提供专业咨询保障；配备无人机、GPS定位器、激光测距仪等装备，夯实技术保障；3次向省委书记、省长汇报阶段性工作，争取党委政府支持；10次下发书面指导意见，并深入专班驻地，指导推进调查取证工作。各专班聚焦“公益损害恢复、监管违法追责、犯罪行为打击”三个层面，构建全方位、立体化、系统性的公益保护法律监督模式，采取实地调查、现场勘查、谈话询问、无人机航拍、卫星林相图比对、GPS定位测量、激光测距等方法，逐矿进行调查取证，审查文书资料25000多份，形成卷宗652册。

通过前期调查和线索研判，黑龙江省检察机关将其中具有典型性的6件案件线索以行政公益诉讼立案，督促有关行政机关依法履职。2018年12月

21 日，黑龙江省院组织鸡西、双鸭山、七台河、鹤岗四个市级检察院和鸡西市恒山区、双鸭山市集贤县两个基层检察院，在同一时间、按照同一程序，以现场直播的形式，在 36 名人大代表、政协委员、人民监督员的现场见证和全省三级检察机关的视频观摩下，分别对鸡西市鸡东县林业局、双鸭山市自然资源局、七台河市生态环境局、鹤岗市环境保护局、鸡西市恒山区环境保护局、双鸭山市集贤县生态环境局公开宣告送达检察建议，要求相关行政机关在各自监管领域内依法履职，推动修复受损公益。

收到检察建议后，行政机关高度重视、积极履职，迅速组织整改落实。鸡东县林业局成立专项工作领导小组推动整改，责令相关煤矿停止违法侵占林地行为，限期完成植树造林、恢复植被，相关煤矿涉嫌犯罪的，已依法移交公安机关。双鸭山市自然资源局确认相关煤矿非法占地 3834 平方米，其中基本农田 2457 平方米，并下达《行政处罚决定书》，堆放木材使用的农用地现已恢复原貌。七台河市生态环境局两次召开专题会议研究落实整改，责令直接关闭煤矿 62 家，限期关闭 7 家，引导退出 5 家，其余通过资源整合、扩建方式达到生产标准的煤矿予以保留。鹤岗市环保局两次组织全市地方煤矿相关责任人召开推进会，并跟踪督办，对停产淘汰整合后保留的 8 家煤矿重新进行环评审批和验收，该 8 家煤矿现均已取得环境影响评价手续并完成了地面广场硬化等工作。鸡西市恒山区环境保护局已责令 6 家煤矿关闭停产，并要求 3 家保留煤矿采取措施确保水质符合排放标准。集贤县生态环境局根据相关煤矿的不同情形，分别进行行政处罚、采取处理措施、完成清理整改。目前相关问题已全部整改到位。

黑龙江省委书记、省长对检察机关开展此项工作多次批示予以肯定，认为“省检察院积极开展公益诉讼、打好‘监管失职问责 + 犯罪行为打击 + 公益损害恢复’三位一体组合拳，彰显法律权威，探索司法实践，取得十分显著成效，尤其是对小煤矿关闭整治工作起到震慑作用。”多家新闻媒体赴黑龙江省进行专访并集中报道，在全国范围内推广宣传。

【典型意义】本案中，黑龙江省检察机关立足公益诉讼检察职能，以开展小煤矿关闭整治公益保护专项监督为抓手，以维护安全生产、生态安全为切入点，依法履职，主动作为，三级检察机关同步公开宣告送达诉前检察建议，有力督促行政机关依法履职，取得了良好的办案效果。探索形成公益损害恢复、监管违法追责、犯罪行为打击“三位一体”的公益检察模式，体现了立体监督、接续监督、刚性监督的力度，以优质的检察产品为服务当地经济社会高质量发展保驾护航。

安全生产领域公益诉讼十一大典型案例*

1. 山东省人民检察院督促监管赤泥堆场闭库工程行政公益诉讼案

【关键词】行政公益诉讼诉前程序；安全生产；赤泥堆场闭库；专项治理

【要旨】针对未办理安全生产许可证的尾矿库未纳入监管范围的行为，检察机关通过制发检察建议，督促相关行政机关依法履行监管职责，并开展专项排查活动，将全省无生产许可证的尾矿库纳入监管范围，对全省应当闭库而未闭库的尾矿库全面履行监管职责。

【基本案情】某铝业有限公司作为一家生产制造铝制品的企业，在从铝土矿中提取氧化铝过程中产生了大量废渣，因多呈红色，故被称为赤泥。自1954年以来，该公司建造了第一赤泥堆场库堆放赤泥，占地约52万平方米，库容2500万立方米，经几十年的不断堆积，坝体实际高度达到75米，于2002年停用。2004年国务院出台《安全生产许可证条例》，对矿山企业等实行安全生产许可制度，第一赤泥堆场因已停用，并未办理或补办安全生产许可证。2018年某铝业有限公司开始着手准备闭库，并委托专业机构出具《第一赤泥堆场闭库工程安全设施设计》。2019年10月，某铝业有限公司向行政机关就闭库工程的安全设施设计申请备案审查，行政机关以该公司之前没有办理过安全生产许可证，建议其自行组织有关专家审查，且未依法对其进行监管。

---

* 2022年12月16日，最高人民检察院召开主题为“强化法律监督 守住安全底线”的发布会。会上发布了安全生产领域公益诉讼十一大典型案例。参见 https：//www. spp. gov. cn/xwfbh/wsfbt/202212/t20221216_ 595705. shtml#1，最后访问日期：2023年6月8日访问。

【调查和督促履职】2021 年 4 月 12 日，最高人民检察院向山东省人民检察院（以下简称山东省院）移交环保督察清单中反映：“某铝业有限公司第一赤泥库未按要求完成闭库工作。”山东省院收到该线索后，经初步调查，认为负有安全生产监督管理职责的行政机关可能存在怠于履行职责、侵害社会公共利益的情形，于 2021 年 7 月 6 日予以立案。通过现场勘验、调取相关行政机关执法卷宗、询问相关人员等方式展开调查。查明：行政机关对包括闭库在内的尾矿库建设项目安全设施设计的审批具有法定监管职责，法律明确规定安全设施设计未经审查批准不得施工。某铝业有限公司自行进行预评价，邀请专家审查，委托设计单位修改报告后并进行施工。涉案企业自行组织闭库，行政机关应予以监管。

2021 年 10 月 29 日，山东省院依法向行政机关提出检察建议，建议依法履行监督职责，将无生产许可证的尾矿库纳入监管范围，并对应当闭库而未闭库的尾矿库进行监管。行政机关对检察建议高度重视，立即加强尾矿库监管工作，依法履行对某铝业有限公司第一赤泥堆场闭库工程监管职责，依法受理某铝业有限公司第一赤泥堆场闭库工程安全设施设计审查申请，立即启动审查程序并组织专家开展安全设施设计审查会，设计单位根据审查意见完成整改，行政机关经过审查，同意通过其安全设施设计，并正式批复。同时，积极督促该企业认真落实建设项目安全生产“三同时”有关规定，严格按照批复的安全设施设计开展施工。其间，山东省检察机关和被监督行政机关现场勘察，并对第一赤泥堆场闭库工程问题组织召开专家论证会，确保闭库工程的科学、规范。

为切实加强全省尾矿库的监督管理，行政机关下发《关于开展全省非煤矿山基础数据调查工作的通知》，对全省行政区域内所有非煤矿山、尾矿库基础数据开展摸底调查，并对摸排出的 148 座尾矿库全部落实包保责任。制定《山东省尾矿库闭库销号管理办法（试行）》，进一步加强全省尾矿库安全监督管理，规范尾矿库闭库、销号工作，实现全流程监管。

针对回复情况，检察机关对涉案闭库工程进行跟进监督，通过审查第一赤泥堆场闭库工程安全设施验收评价报告及相关书面材料，涉案工程已依法规范实施闭库并通过验收，消除了安全隐患，国家利益和社会公共利益得到切实维护。

【典型意义】针对历史原因没有办理安全生产许可资质的矿山企业，行政机关未将其闭库工程纳入监管范围的问题，检察机关通过制发检察建议，督促行政机关依法、规范履行监管职责，实现了闭库工程全过程监管，消除第一赤泥堆场闭库工程的安全隐患。同时，检察机关以个案办理推动类案监督，督促相关行政机关对全省范围内非煤矿山、尾矿库基础数据开展摸底调查，进一步强化了全省尾矿库安全监督管理，推动源头治理、系统治理和综合治理，实现了个案办理、类案监督和溯源治理的良好办案效果。

2. 湖北省人民检察院督促整治互联网小微型客车租赁行业安全隐患行政公益诉讼案

【关键词】行政公益诉讼诉前程序；公共安全；互联网小微型客车租赁；溯源治理

【要旨】网络小微型客车租赁作为社会经济发展新业态，因身份查验不严、协同监管不够等问题给社会经济发展带来严重安全隐患。检察机关坚持类案思维，创新办案模式，推动网络小微型客车租赁有序规范发展，并通过跨区域协作，对行业龙头企业实现源头治理、系统治理。

【基本案情】湖北省通山县人民检察院（以下简称通山县院）在办理余某、石某抢夺案中发现，未成年犯罪嫌疑人余某在未取得机动车驾驶证的情况下，利用联动云 App 安全漏洞，以向他人借用联动云 App 账号登录、通过人脸识别验证的方式，在咸宁市区向深圳前海联动云汽车租赁有限公司（以下简称联动云公司）咸宁分公司租赁机动车，并驾车从咸宁市区至通山县实施抢夺。联动云 App 存在运营管理漏洞，未能严格履行身份查验义务，且该公司部分分支机构还存在未备案、车辆登记不规范等问题，给公共安全带来极大隐患。

【调查和督促履职】通山县院将涉案线索层报至湖北省人民检察院（以下简称湖北省院）。湖北省院收到涉案线索后，经分析研判，确立了由省检察院牵头，各市州分院同步监督的“1 + N”办案思路，2021 年 8 月 19 日，湖北省院依法对涉案线索进行行政公益诉讼立案，并在全省范围内展开调查，发现联动云公司在湖北省成立分公司 17 家，投放运营机动车 5000 余辆，设立取车点、还车点 1000 余个。同时对近年来涉联动云刑事案件进行全面梳理，发现联动云 App 存在以下监管漏洞：一是人脸识别时间长，且此过程中可在不同城市、使用不同手机登录同一账号完成识别；二是可以使用提前拍摄好的人脸照片通过人脸识别；三是信息更新不及时，机动车驾驶证被暂扣甚至吊销后仍可通过 App 验证。

结合调查情况，湖北省院与湖北省交通运输厅（以下简称湖北省交通厅）进行磋商，通报了案件办理情况，督促依法履行监督管理职责，并就案件重点难点问题充分交换意见，形成共识。其后，湖北省交通厅下发《关于开展小微型客车租赁经营备案清理规范工作的通知》，组织全省交通主管部门开展网络小微型客车租赁行业整治专项行动，并派员分赴重点地区进行督办，责成相关交通运输局对联动云公司及分公司进行约谈，督促相关企业严格落实“实名制”租车要求，规范租赁经营行为。

2021 年 12 月 1 日，湖北省院与湖北省交通厅进一步座谈，达成以下意见：一是湖北省交通厅继续组织协调各地交通运输部门依法对网络小微型客车租赁行业强化监管，引导企业合规经营；二是湖北省交通厅尽快与相关部门建立协同监管机制，明确职责分工和协作要求；三是湖北省院争取与广东省检察机关协同办案，共同推动联动云公司解决软件安全漏洞问题。湖北省院组织全省三级检察机关同步对本地类似问题开展监督，办理公益诉讼案件 34 件，形成了一体化监督合力。2021 年 12 月下旬，湖北省交通厅联合省网信办、公安厅、通信管理局、市场监督管理局、税务局、人民银行武汉分行等部门会签《关于进一步加强小微型客车租赁经营服务协同监管工作的通知》，完善监管衔接，堵塞监管漏洞。

鉴于联动云公司是一家在全国具有影响力的汽车互联网创新型企业，已在全国 350 余个城市开展机动车租赁业务，湖北省院在最高人民检察院指导下，与广东省人民检察院、深圳市人民检察院建立协作，于 2021 年 12 月 17 日邀请湖北省交通厅共赴深圳，向联动云公司送达社会治理检察建议，同时听取企业意见建议，帮助解决现实困难，促进企业合规经营。

联动云公司于 2021 年 12 月 24 日、2022 年 3 月 9 日、6 月 9 日三次向湖北省院提交整改方案及进展情况，该公司已经通过技术升级解决了人脸识别中的安全漏洞。新版 App 已于 2022 年 3 月上线，通过蓝牙控制车辆技术（有效距离仅 20 米）彻底解决手机远程遥控租赁、解锁车辆的问题，同时，在有条件地区探索对租赁车辆进行线上线下相结合的集中审核模式，并设立租赁备案专员，依法办理汽车租赁备案手续。

【典型意义】网络小微型客车租赁作为社会经济发展新业态，因身份查验不严、协同监管不够等问题给社会经济发展带来严重安全隐患。为维护社会公共利益，促进新形势下网络小微型客车租赁的健康发展，湖北省院秉持双赢多赢共赢理念，坚持把诉前实现维护公益目的作为最佳司法状态，创新省院牵头，各市州分院同步监督“1 + N”办案模式，督促行政机关依法履职，为全省范围内新业态的健康有序发展提供检察力量。在初步解决湖北省类似问题的基础上，通过跨区域协作，向行业龙头企业提出社会治理检察建议，推动源头治理、系统治理。

3. 海南省人民检察院督促整治液化天然气安全隐患行政公益诉讼案

【关键词】行政公益诉讼诉前程序；安全生产；液化天然气点供；一体化办案

【要旨】近年来全国燃气事故多发频发，燃气行业安全生产隐患的排查整改和防患于未然尤为紧迫和重要。检察机关督促相关职能部门依法履行燃气和危险化学品监督管理职责，及时消除安全隐患，化解重大安全风险，堵塞安全监管漏洞，确保安全生产各项政策和规定落到实处、见到实效。

【基本案情】2017 年 11 月，海南省某市政府（以下简称市政府）引进海南某清洁能源有限公司等 8 家 LNG（液化天然气）点供企业对某加工产业企业实施“煤改气”，使用 LNG 作为锅炉燃料，并建成 48 个 LNG 气化站。市政府及相关职能部门未对 LNG 点供企业及气化站的进驻程序和生产经营进行规范、有序管理，存在履职不充分、监管不到位等问题。在事前审核环节，LNG 气化站没有办理城镇燃气或危险化学品经营许可证、没有履行消防设计审核及验收等手续。在安全风险防控环节，市政府没有组织对 LNG 气化站安全生产设施进行审查和开展安全风险评估论证，没有组织相关职能部门和生产经营单位实施重大风险联防联控、编制安全生产权力和责任清单等。在事后处置环节，市政府及相关职能部门未严格落实安全隐患排除治理制度、重大事故隐患治理督办制度等，发现重大安全隐患未能依法排除、及时处理。2020年8月至2021年7月期间，市政府及相关职能部门对LNG点供企业及气化站开展过三次安全生产检查，但发现的安全隐患甚至高风险隐患并未整改完毕。

【调查和督促履职】2021年8月，海南省人民检察院（以下简称海南省院）在履行公益诉讼职责中发现该线索，依法将线索移交海南省万宁市人民检察院（以下简称万宁市院）办理。调查期间，鉴于案情重大复杂，海南省院于2021年10月20日决定与万宁市院实行一体化办案，将该案作为自办案件提级办理。经过实地查看、询问行政机关工作人员和违法行为人及证人、查阅相关资料、调取相关书证、走访相关职能部门，查清造成液化天然气安全隐患的具体违法情况、责任主体、相关义务及职责等。

经调查发现，LNG气化站存在诸多重大安全隐患，比如气化站没有实体围堰、围墙，围堰设置不符合规范要求，储罐、放散管之间及与站外建构筑物（厂房）之间防火间距不足，站点选址紧邻乡镇道路，罐区离高压线太近等，相关职能部门就LNG气化站“主管部门是谁”“适用危险化学品还是城镇燃气管理”等问题产生分歧。2021年11月19日，海南省院和万宁市院根据《中华人民共和国安全生产法》（以下简称安全生产法）《城镇燃气管理条例》《危险化学品安全管理条例》相关规定，分别向市政府及相关职能部门制发检察建议。建议其依法全面履行安全生产监管职责，及时消除安全隐患。明确LNG气化站的监管主管部门和监管责任，创新监管方式，强化监管实效，引导企业依法合规生产经营，规范行业安全生产。

收到检察建议后，市政府及相关职能部门高度重视，成立领导小组，制定整治方案，并召开专题会议。其间，省编制部门向全省各市县下发通知，明确相关职能部门对LNG点供的监管职责。市政府根据该文件进一步细化和明确辖区LNG点供监管主管部门和监管责任，组织相关职能部门对之前未落实整改的LNG企业及其安全隐患问题进行复查，并依法移送相关执法部门查处。市政府出具了整改承诺函，承诺根据LNG气化站具体情况，采取利用管道燃气代替、协调改用其他能源、原站点整改等措施推进整改工作。截至2022年10月31日，48个LNG气化站中已完成整改33个，占68.8%；正在推进整改15个，占31.2%。

【典型意义】检察机关通过一体化办案方式，解决了LNG点供行业安全生产监管部门及职责、执法依据和标准不明确的问题。根据安全生产法确定的安全生产领域“管行业必须管安全”的原则，紧扣相关职能部门“三定”方案，从一般关系到特殊关系进行辨析，就相关职能部门在LNG点供中的综合监管及直接监管责任作出判断，指出各职能部门应当承担的监管职责，阐明LNG点供是适用危险化学品还是城镇燃气管理的问题，以司法办案推动LNG点供行业专项整治顺利开展，推动安全发展理念落地落实。

4. 陕西省人民检察院西安铁路运输分院督促整治尾矿库安全隐患行政公益诉讼案

【关键词】行政公益诉讼诉前程序；尾矿库安全；秦岭生态环境；综合治理

【要旨】针对秦岭保护区违法采矿导致的尾矿库安全隐患和秦岭生态环境受损等问题，检察机关发挥一体化办案优势，通过检察建议、公开听证等方式，推动相关地方政府统筹多家行政机关联合整治尾矿库安全隐患，助力矿山生态修复。

【基本案情】陕西某矿业有限公司（以下简称某公司）于2009年11月取得石墨矿采矿许可证，采矿区域位于秦岭南麓一般保护区内。2014年某公司停产后，其配套建设的页沟尾矿库停止使用，并处于无人管理的状态。该尾矿库未依法实施闭库，存在尾矿库堆积坝偏陡、未设置排渗管、截洪沟尺寸偏小、防洪高度和澄清距离不足、下游截渗坝被洪水冲刷破坏等重大安全隐患。尾矿库坝体地处秦岭较高海拔，是典型的“头顶库”，库区周边河流均汇入丹江，下游有53户住户，一旦坝体出现崩塌，可能造成丹江水源污染，严重危及下游居民生命健康和财产安全。

某公司在建设矿山过程中还存在边建边采、以建代采，未执行地质环境保护与土地复垦、生态环境修复等既定方案，违规露天开采以及超过审批面积非法占用农用地建设厂房等违法行为，大面积改变了秦岭原生地形地貌，严重破坏秦岭生态，引发矿区内多处出现滑坡、崩塌、泥石流等地质灾害。

【调查和督促履职】2021 年 9 月 21 日，陕西省人民检察院（以下简称陕西省院）收到陕西省秦岭生态环境保护委员会办公室移交的该案线索后，9 月 24 日交由陕西省人民检察院西安铁路运输分院（以下简称西安铁检分院）办理，并将该案列为挂牌督办案件。西安铁检分院于 2021 年 10 月 11 日立案调查。通过现场勘验，调取现场卫星图斑、行政机关执法卷宗、涉案企业各类申请、备案资料等书证，询问证人等方式，查明了案件事实和行政机关的履职情况。针对涉案企业违规堆放矿渣造成扬尘污染，非法占用并毁坏耕地、林地等问题，商洛市生态环境局、丹凤县林业局分别多次作出行政处罚决定。涉案企业虽然缴纳了相应罚款，但并未执行行政处罚中关于对扬尘问题采取有效措施和恢复被破坏土地原状等决定内容。对涉案企业上述逾期未完全执行行政处罚决定的行为，相关行政机关未采取任何措施。11 月 4 日，西安铁检分院向商洛市生态环境局、丹凤县自然资源局、丹凤县林业局、丹凤县应急管理局及蔡川镇人民政府等 5 家行政机关公开宣告送达了检察建议书，建议其依法履行秦岭生态环境保护及矿区安全生产监管职责，确保国家利益和社会公共利益不受侵害。

检察建议发出后，西安铁检分院组织涉案生态环境、自然资源、林业、应急管理等行政机关及丹凤县人民政府召开圆桌会议，就公益受损情况、潜在危害风险、相关行政机关监管权责范围以及整改措施等进行研究论证，最终形成政府牵总、十余家职能部门联合整治的基本思路。会后，丹凤县人民政府立即制定综合治理方案，组织相关部门对某公司露天堆放的矿渣进行防尘处理，设置 4 处水质监测点，每季度对尾矿库内存水及下游回水池排水、河道水质取样检测并及时将监测结果向附近群众进行公示，采取有效措施防止突发环境污染事件，确保群众用水安全。经过 3 次连续采样，检测结果均符合国家标准。对某公司建设选矿厂超占的 12 亩违法用地上的建构筑物依法全部进行拆除，于 2021 年 12 月底完成复耕并交还农民耕种。对矿区多处崩塌、滑坡区进行有效治理并修筑挡墙，设立安全警示牌。根据山体实际情况，因地制宜栽植侧柏、人工覆土后撒播刺槐种子和黑麦草籽，恢复植被139.87亩，切实防止水土流失。压实属地镇政府网格化管理责任，加强基层土地资源保护、日常护林巡查、地质灾害预警、环境污染防治等综合管理工作。

结合中央生态环保督察反馈问题，对秦岭矿山生态恢复治理及尾矿库闭库等问题持续跟进监督。对于整改过程中涉及尾矿库闭库等专业性较强问题，陕西省院与陕西省应急管理厅（以下简称陕西省应急厅）多次沟通论证，丹凤县政府按照陕西省应急厅《尾矿库闭库销号管理办法》实施闭库。目前，丹凤县应急管理局已经完成水泥浇筑、排水涵洞、截洪沟加固和子坝削坡等所有工程，现进入尾矿库销号验收阶段。陕西省应急厅将组织有关部门完成验收后，作销号处理。在通过闭库验收后，将进一步开展补植复绿，彻底消除页沟尾矿库及其库区下游安全隐患。

2022年6月份，西安铁检分院先后收到商洛市生态环境局、丹凤县自然资源局、丹凤县林业局、丹凤县应急管理局、丹凤县蔡川镇人民政府5家行政机关的正式书面回复。同月22日，西安铁检分院就行政机关履行职责进行尾矿库闭库和秦岭生态修复情况在丹凤县组织公开听证。地质灾害防治、林业、尾矿库安全方面的3名专家分别发表了专家意见，认为整改后被毁坏的耕地、林地复耕复绿，采取的地质灾害防治措施、尾矿库加固及闭库措施科学有效，能够消除尾矿库安全隐患，实现修复秦岭生态环境的既定目标。听证员结合专家意见进行了评议，对行政机关的整治效果一致予以认可。

【典型意义】尾矿库是堆存尾矿、保护环境的重要设施，也是一个具有高势能的人造泥石流危险源。本案中所涉尾矿库如果不依法及时闭库，可能造成尾矿泄漏、溃坝、环境污染等重大安全事故，给人民群众生命财产安全及秦岭生态环境带来威胁。检察机关认真贯彻落实习近平总书记关于安全生产的重要指示精神，上下联动，推动地方政府及其多家职能部门协同发力开展综合治理，有效整治秦岭区域内尾矿库安全隐患，努力实现矿山生态修复，助力中央环保督察反馈问题解决，达到了政治效果、社会效果、法律效果的统一。

5. 上海市崇明区人民检察院督促农家乐安装可燃气体报警装置行政公益诉讼案

【关键词】 行政公益诉讼诉前程序；燃气安全；可燃气体报警装置；多元主体协同；事前提示机制

【要旨】 针对经营餐饮的农家乐未安装可燃气体报警装置存在重大安全隐患，检察机关通过发挥检察公益诉讼职能，督促相关行政机关依法履行监督管理职责。在督促燃气行业管理部门解决“存量”问题的基础上，通过推动农家乐行业管理部门构建事前提示机制，燃气行业管理部门将可燃气体报警装置安装事项纳入乡镇考核评价体系，公安、应急、消防等部门协同开展农家乐安全生产专项检查等方式解决新设农家乐燃气安全隐患“增量”问题，及时防范化解安全生产风险。

【基本案情】 上海市崇明区现有农家乐 961 家，选址大多位于居民住宅区，人口密集，现农家乐数量不断增长，燃气使用规模不断扩大，大量农家乐餐饮经营主体因燃气安全风险防控基础薄弱、管理缺失，在《中华人民共和国安全生产法》实施后，仍未依照法律规定安装可燃气体报警装置即开展餐饮经营活动，存在重大安全隐患，威胁人民群众生命财产安全。

【调查和督促履职】 2022 年 2 月 10 日，有群众向上海市崇明区人民检察院（以下简称“崇明区院”）举报，崇明区农家乐经营主体经营餐饮使用燃气，未安装可燃气体报警装置，存在安全隐患。崇明区院接到举报线索后，立即制定《关于农家乐安全生产问题的调查方案》，部署对辖区内农家乐经营主体燃气安全问题开展调查。

2022 年 2 月 15 日，崇明区院通过检索国家企业信用信息公示系统，与区文化和旅游局（农家乐行业管理部门）沟通联络，了解崇明区农家乐经营主体现状，并前往农家乐保有量最大的两个乡镇进行实地走访摸排。在办案人员走访调查的 9 家农家乐中，有 8 家未安装可燃气体报警装置，这些农家乐将燃气瓶放置在厨房间外，燃气瓶通过约 3 米长的软管与室内厨房间的燃气灶相连，一旦发生燃气泄漏，厨房间内的人无法及时发现，且仅依靠人工识别气味，也难以确保及时发现燃气泄漏，具有重大燃气安全隐患。上述农家乐经营者利用自有的农村房屋作为经营场所，周边均系居民住宅，人口密集，如果不能及时发现燃气泄漏等隐患，将严重威胁人民群众的生命财产安全。

根据《安全生产法》第三十六条第四款规定，餐饮等行业的生产经营单位使用燃气的，应当安装可燃气体报警装置，并保障其正常使用。但崇明区内有大量农家乐餐饮经营单位未安装可燃气体报警装置。因农家乐安全生产工作涉及职能部门多，崇明区院结合农家乐行业管理部门、燃气行业管理部门不一致的实际，多次走访区文化和旅游局、区建设和管理委员会、区消防救援支队、区市场监督管理局等了解情况、查阅制度文件，在厘清农家乐可燃气体报警装置监管部门为区建设和管理委员会的基础上，制发检察建议，建议区建设和管理委员会依法履行燃气安全监管职责，对农家乐经营主体未依法安装可燃气体报警装置的行为予以处置，督促辖区内农家乐餐饮经营主体做到应装尽装。

崇明区院调查发现，崇明区辖区内的农家乐均为小型餐饮企业，其大多使用钢瓶液化石油气，因钢瓶液化石油气使用前无需向区建设和管理委员会申请批准，故区建设和管理委员会无法第一时间掌握农家乐用气情况。此外，区文化和旅游局作为农家乐行业管理部门，其需在区市场监督管理局向农家乐颁发食品经营许可后，方能了解其监管的农家乐是否经营餐饮，也无法从源头上督促农家乐安装可燃气体报警装置，行政机关对新设立农家乐带来的可燃气体报警装置安装“增量”问题尚无有效的解决方案。为解决上述问题，崇明区院与区建设和管理委员会、区文化和旅游局多次商讨后，会签《关于引导农家乐规范安装可燃气体报警装置的协作备忘录》，备忘录约定：区文化和旅游局在收到农家乐经营主体申请设立农家乐时，以书面提示方式要求拟经营餐饮服务的农家乐安装可燃气体报警装置，并将情况同步抄送区建设和管理委员会，便于两部门共同对农家乐燃气安全问题进行监管。同时，因农家乐数量多、分布区域广，安装可燃气体报警装置工作主要由区建设和管理委员会督促各乡镇安全办落实，崇明区院推动区建设和管理委员会将可燃气体报警装置安装事项纳入乡镇考核评价体系中，以督促各乡镇做好可燃气体报警装置安全、日常使用工作。

2022年6月17日，崇明区院与区建设和管理委员会、应急管理局、消防救援支队、文化和旅游局等部门邀请安全生产领域专家、“益心为公”云平台志愿者、区人大代表组成公益整改评估团对本案行政机关的整改情况进行跟进监督，评估团分别对农家乐可燃气体报警装置安装情况、燃气安全使用情况进行现场察看，评估认为区建设和管理委员会积极履职落实整改，不但督促检察建议书中存在燃气安全隐患的农家乐经营主体安装可燃气体报警装置，还对辖区内所有小型餐饮企业进行摸排调查，做到了农家乐及小型餐饮企业可燃气体报警装置安装全覆盖。

【典型意义】餐饮行业使用燃气应当安装可燃气体报警装置，这是《安全生产法》的强制性要求。针对大量农家乐使用燃气但未安装可燃气体报警装置的问题，检察机关通过与相关行政机关沟通协调，督促农家乐餐饮经营主体做到应装尽装。同时，推动构建农家乐设立事前提示机制及农家乐申请餐饮经营资质同步报送抄送机制，推动燃气行业管理部门将安装可燃气体报警装置工作纳入乡镇考核评价体系，从源头上防范化解安全生产风险。

6. 浙江省平湖市人民检察院督促整治涉海涉渔安全隐患行政公益诉讼案

【关键词】行政公益诉讼诉前程序；安全生产；涉海涉渔；公开听证；综合治理

【要旨】针对涉海涉渔领域存在的渔民驾驶“三无”船舶出海、私拆船载定位系统、无证作业等问题，检察机关通过制发检察建议，邀请具备专业知识的公益志愿者、特邀检察官助理等参与现场调查、公开听证等监督活动，督促行政机关开展专项行动，推动涉海涉渔安全隐患全方位治理，守住安全生产底线。

【基本案情】2022年5月，公益志愿者通过“益心为公”检察云平台反映称：近年来，平湖市存在渔民出海作业未穿戴救生衣，私拆船载定位系统，甚至夜间驾驶“三无”船舶出海非法捕捞等问题，2021年嘉兴港区发生“9·18”“三无”船舶沉船事故更是造成3人死亡、2人失联等重大损失，涉海涉渔领域存在重大安全隐患，威胁人民群众生命和财产安全。

【调查和督促履职】 2022 年 6 月 2 日，平湖市人民检察院（以下简称“平湖市院”）针对“益心为公”检察云平台反映的涉海涉渔安全生产问题进行立案调查，向相关部门调取渔业执法司法情况，梳理近年来涉海涉渔违法犯罪特点、详细了解嘉兴港区“9·18”“三无”船舶沉船事故发生原因，发现部分渔民安全生产意识薄弱，存在船舶不适航，船员不适任，未穿戴救生衣，拆卸、关闭船载定位终端设备，甚至驾驶“三无”船舶违法作业等问题，严重威胁人民群众生命财产安全和海洋航行安全。

2022 年 6 月 17 日，平湖市院向负有渔港、渔业船舶监督管理职责的行政主管部门制发检察建议，建议加强海上执法检查，清理取缔涉渔“三无”船舶，依法处置违法作业的相关人员；开展船舶不适航、船员不适任等渔船安全隐患排查，严厉打击私拆、关闭船载定位系统等违法行为。涉海涉渔行政主管部门收到检察建议后，制定《平湖市涉海涉渔领域安全生产行动方案》，从加强渔船管控、加大执法力度、提升智控水平、强化宣传教育等七方面推进涉海涉渔安全整治工作。

2022 年 7 月 29 日，为评估整改成效，凝聚多方共识，提升办案公信力，平湖市院召开公开听证会，邀请人大代表、政协委员、公益志愿者、人民监督员担任听证员。会前，检察机关邀请全体听证员及具备专业知识的特邀检察官助理前往渔船停泊港口进行现场调查，了解渔船安全设备配置、使用和检验情况。会上，听证员围绕违法行为危害性、船舶检验管理、行政职能划分、整改落实情况等方面充分发表意见，评估现阶段行政机关履职成效，并就加强行刑衔接、部门联动、人员配备、普法宣传等方面建言献策。

2022 年 8 月 5 日，涉海涉渔行政主管部门回复检察机关，自部署涉海涉渔领域安全生产行动以来，会同公安、海警、海事等部门查获非法捕捞、无证作业等涉海涉渔违法案件 45 起，清缴海上涉渔“三无”船舶 6 艘，采购配置渔船救生设备 2900 余套，为 135 艘渔船更新迭代船载北斗定位终端设备，64 名船员通过培训考试获得船员资质，登船船员持证率达到 100%，同时建立完善“乡镇 + 村社区（基层渔船管理组织）”综合管理模式，加强渔船进出报备和动态跟踪，进一步提升涉海涉渔智控水平，有效遏制安全事故发生。

【典型意义】 检察机关借助“益心为公”检察云平台破解涉海涉渔安全

生产线索发现难问题，并邀请具备专业知识的“益心为公”志愿者、特邀检察官助理参与办案环节，提供专业意见；通过诉前检察建议、公开听证，督促行政机关切实履行涉海涉渔安全生产监管职责，开展专项行动，推动公益保护落到实处。

7. 湖北省天门市人民检察院督促整治非法加油站行政公益诉讼案

【关键词】 行政公益诉讼；安全生产；非法加油站；社会治理

【要旨】 检察机关针对区域内非法加油站点安全隐患，在提出检察建议仍未解决问题的情况下，通过提起诉讼的方式督促行政机关依法全面履职，并形成专题调研报告，由点及面提出社会治理检察建议，推动区域内同类问题的系统治理、根源治理。

【基本案情】 天门市拖市镇、卢市镇、净潭乡等乡镇道路沿线多处居民点，存在设置简易加油站为过往车辆提供汽油、柴油等现象，因加油站靠近人群聚集区，且油罐设置管理随意，消防设施配备简陋，安全生产隐患问题突出。

【调查和督促履职】 2021 年 3 月，天门市人民检察院（以下简称天门市院）在调查走访中发现，拖市镇闵某、贾某、彭某、张某，卢市镇黄某、罗某，净潭乡蒋某在未取得危化品经营许可证的情况下，擅自设立加油站点，为过往车辆提供汽油、柴油。非法加油站位于居民密集区，未按要求配备消防安全设施设备，未经安全规范评估与验收，存在较大安全隐患。

2021 年 4 月 14 日，天门市院依法立案调查，并向天门市应急管理局制发检察建议，督促其依法履行监管职责，消除安全隐患。4 月 23 日，天门市应急管理局对卢市镇、拖市镇、净潭乡政府下发督办函，要求各乡镇政府落实“属地管理”责任。此后，卢市镇、净潭乡政府与天门市商务局、应急管理局、市场监管局、公安局组成联合执法小组，对蒋某、黄某、罗某加油站加油设备予以拆除。6 月 22 日，拖市镇政府向闵某、贾某、彭某、张某 4 家加油站分别下达拆除通知书，责令其立即停止经营，限期自行拆除设施设备，逾期则强制拆除。6 月 23 日，天门市应急管理局回复天门市院，称将迅速督办加油站点所属乡镇落实“属地管理”责任，并会同相关职能部门，开展非法加油站点专项整治，预计2021年7月份完成非法加油站点拆除。2021年7月1日，天门市应急管理局向拖市镇闵某、贾某、彭某、张某4家加油站下达现场处理措施决定书，责令上述加油站从危险区域内撤出作业人员，停止营业，停止使用相关设施、设备。闵某、彭某2家加油站和张某加油站分别于7月2日、3日自行关停，拆除加油机。2021年7月5日，拖市镇政府强制关停贾某加油站并拆除加油机。

2021年8月，天门市院开展“回头看”专项工作，发现天门市应急管理局未全面依法履职，涉案七家加油站点危化品由经营户自行处置，相关设施设备（储油罐等）未予查封扣押，安全隐患尚未彻底消除，相关罚款亦未收缴到位。

【诉讼过程】 2021年8月30日，天门市院向天门市人民法院提起行政公益诉讼，请求判令天门市应急管理局依法对非法加油站违法经营危险化学品履行监管职责。案件起诉后，应急管理局表示非法加油站的监管涉及多个行政部门，希望各部门配合、形成工作合力。庭审中，双方围绕行政机关是不是适格的行政主体、是否履行了监督管理职责进行了质证、辩论。2021年12月13日，天门市人民法院支持检察机关诉讼请求，判决天门市应急管理局在60天内对非法加油站违法经营危险化学品的行为继续依法履行监督管理职责。判决生效后，天门市应急管理局积极履行职责，于2022年1月没收非法经营危险化学品（汽油）3吨，查扣涉案加油设施设备7套，彻底关停涉案非法加油站，杜绝反弹回潮。

天门市院以办理该案为切口，通过深入调研形成专题报告，于2022年3月向天门市人大常委会汇报。同时，天门市院向天门市安全生产委员会办公室发出社会治理检察建议，推动系统治理，形成各部门密切配合、协调联动、专项整治与日常监管相结合的长效机制。2022年3月至7月，天门市应急管理局联合商务局、市场监管局、公安局、生态环境局等相关职能部门开展非法加油站专项整治活动，共组织执法检查8次，出动执法人员132人次，彻底关停全市25家非法加油站点，保障人民群众的生命和财产安全。

【典型意义】 检察机关聚焦违法加油站点重大安全隐患，在助力行政机关厘清属地管理与全面监管职能划分的基础上，综合运用检察建议、提起诉讼、专题报告等方式，持续跟进督促行政机关全面依法履职，为彻底消除同类安全生产隐患贡献检察力量。同时，坚持依法能动履职，通过深入调研提出社会治理建议，助力推动开展行业专项整治，促进域内同类问题系统治理、根源治理，为区域安全生产发展和市域综合治理提供有力法治保障。

8. 河南省人民检察院郑州铁路运输分院督促整治高铁运营安全重大隐患行政公益诉讼案

【关键词】行政公益诉讼诉前程序；安全生产；高铁运营安全

【要旨】针对严重危及京广高铁运营安全的重大隐患问题，检察机关立案后及时磋商，督促行政机关迅速整改，从根本上消除持续多年的重大安全隐患，切实维护社会公共利益。

【基本案情】京广高铁上行 K595 + 288m（卫共特大桥 1145#墩）处，有一违建四层楼房，严重危及高铁运营安全。2019 年 1 月，中国铁路郑州局集团有限公司（以下称郑州铁路公司）将该问题作为直接影响京广高铁如期提速至 350km/h 的一级外部环境安全隐患（铁路外部环境安全隐患分为重大环境安全隐患和一般环境安全隐患。一般环境安全隐患分为三级，其中一级环境安全隐患是指对铁路运输安全影响较大或可能对高铁和旅客列车运输安全构成一定威胁，是一般环境安全隐患中最为严重的隐患），先后向相关部门进行通报，一直未得到解决。

【调查和督促履职】2022 年 2 月 18 日，接到郑州铁路公司移交的线索后，河南省人民检察院郑州铁路运输分院（以下简称郑州铁检分院）立即开展调查工作。经现场核查，询问村民及相关证人，向铁路企业和政府职能部门调阅执法资料，查明：2001 年，卫辉市汲水镇辛庄村村民张某某在集体土地上自建二层住宅，办有《集体土地建设用地使用证》。京广高铁建成后，张某某违法将住宅加盖至四层，使得该楼房距京广高铁桥梁外檐仅 1.5 米，房顶高过高铁桥面约 20 厘米，部分侵入铁路地界，站在四楼房顶伸手可触及高铁桥梁护栏。2019 年 1 月，郑州铁路公司新乡桥工段排查发现，该问题为一级外部环境安全隐患问题，遂向新乡市住房和城乡建设局、新乡市城市管理局及新乡市人民政府、卫辉市人民政府进行通报，请求解决。2019 年 3 月 4 日，卫辉市住房和城乡建设局向张某某发出责令停止违法行为通知书；同年3月8日，卫辉市规划监察大队对张某某违法建设行为进行立案调查，并于11月14日向张某某送达《行政处罚事先告知书》和《行政处罚听证告知书》，拟对张某某作出限10日内拆除的行政处罚，张某某拒绝签收。直至2022年，该违法建筑仍未拆除，危及京广高铁运营的安全隐患持续存在。

2022年3月8日，郑州铁检分院立案，10日向卫辉市人民政府现场送达立案决定书，并与卫辉市人民政府及相关职能部门召开磋商会。政府部门表示愿意尽最大努力进行整改，确保京广大动脉安全和高铁提速工作不受影响。磋商会后，卫辉市人民政府成立了由自然资源与规划局、住房和城乡建设局、交通运输局、汲水镇人民政府等组成的工作专班，立即开展调查及与违建房屋屋主的协商处置等工作。当日，在汲水镇人民政府见证下，辛庄村村民委员会与屋主签订了房屋拆迁补偿协议，7日内张某某按照协议将房屋全部腾空。

3月18日，汲水镇人民政府对该处房屋进行拆除，郑州高铁基础设施段组织人员对拆除工作进行全程防护及配合，防止拆除过程中发生安全事故，郑州铁检分院主办检察官现场予以监督。至当日下午，包括违建在内的四层房屋全部拆除完毕。3月29日，卫辉市人民政府向检察机关书面反馈高铁安全隐患整改情况。经郑州铁检分院、郑州高铁基础设施段现场核查，确认该处重大安全隐患已彻底消除，社会公共利益得到及时有效保护。

【典型意义】京广大动脉安全是影响人民群众生命财产安全的大事。检察机关牢记习近平总书记关于安全生产工作重要指示批示精神，切实履行公益诉讼监督职责，推动行政机关依法履职，迅速解决持续多年的危及高铁运营安全的重大隐患问题，切实维护人民群众生命财产安全，是预防性公益诉讼的具体实践。

9. 四川省成都市龙泉驿区人民检察院督促整治电动自行车锂电池智能换电柜消防安全隐患行政公益诉讼案

【关键词】行政公益诉讼诉前程序；安全生产；智能换电柜消防安全；政协提案衔接转化；地方立法

【要旨】针对电动自行车锂电池智能换电柜存在的消防安全隐患和国家标准缺失等问题，检察机关通过发挥公益诉讼检察职能，推动应急管理、消防救援等部门形成监管合力，全面开展行业治理，实现全市换电柜安全监管全覆盖，并为出台地方立法提供实践样本，推动从行业监管到地方立法一体解决电动自行车锂电池智能换电柜消防安全问题，切实保护人民群众生命财产安全。

【基本案情】随着外卖和快递行业不断拓展，电动自行车锂电池“以换代充”业务悄然兴起。电动自行车使用者可在智能换电柜经营点通过扫码支付更换电瓶，及时解决电动自行车补能问题。2021 年以来，成都某科技公司与主营锂电池租赁业务的广西某科技公司合作开展电动自行车锂电池智能换电柜经营业务，在成都市龙泉驿区布设 4 个电动自行车锂电池智能换电柜，由于缺乏行业规范，智能换电柜设置地点存在选址随意、安装不规范、经营场地有消防安全隐患等问题，严重威胁人民群众生命财产安全。

【调查和督促履职】四川省成都市龙泉驿区人民检察院（以下简称“龙泉驿区院”）在开展电动自行车安全隐患专项监督中发现锂电池智能换电柜存在安全隐患问题，并于2022 年 1 月 21 日立案。通过现场调查、询问公司负责人、委托专家论证、组织公开听证等调查取证工作，查明成都市龙泉驿区应急管理局（以下简称“区应急管理局”）未全面落实相关法律规定，导致成都某科技公司未落实安全生产主体责任，智能换电柜经营场地存在消防安全隐患，严重威胁人民群众生命财产安全。2022 年 1 月 29 日，龙泉驿区院向区应急管理局制发检察建议，建议其依法履行消防安全监管职责，督促电动自行车锂电池智能换电柜经营企业对“换电柜未进行防火分隔、换电场所未配备消防器材、消防器材失效”等消防安全隐患进行整改，同时将检察建议抄送区消防救援大队。

收到检察建议后，区应急管理局、区消防救援大队及时督促整改生产经营场所的消防安全隐患，成都某科技公司将全区智能换电柜设置点的柜体与柜体、柜体与墙体之间均保持 25cm 间距，每个设置点重新配置了 2 套消防灭火器材，并健全完善安全巡检制度。

龙泉驿区院就该案向龙泉驿区安全生产委员会（以下简称区安全生产委

员会）进行了通报，在检察机关的推动下，区安全生产委员会于2022年6月制定《成都经开区（龙泉驿区）电动自行车换点场所安全监督管理职责分工》《成都经开区（龙泉驿区）电动自行车锂电池智能换电柜建设规范指引（试行）》，对辖区内电动自行车锂电池智能换电柜安全监督管理职责进行明确，并对换电设施建设提供指导和规范。

结合本案办理，成都市人民检察院（以下简称成都市院）于2022年1月下旬，在全市检察机关开展部署电动自行车锂电池智能换电柜安全生产公益诉讼专项监督行动，截至目前，两级院共立案并提出检察建议20份，成都市院梳理分析案件办理中折射的消防安全共性问题，为成都市政协委员提出《关于推动电动自行车锂电池换电业规范有序发展的建议》的提案提供选题参考和实践依据，该提案已于2022年成都市两会期间受理并转相关职能部门办理。

2022年6月6日，成都市院向成都市应急管理局、市消防救援支队公开宣告送达社会治理检察建议，建议相关部门通过开展专项整治、健全工作衔接协调机制、推动建立符合本地实际的电动自行车锂电池智能充换电项目建设及运营管理地方标准三方面工作，加强电动自行车锂电池智能换电柜安全生产经营的监管力度。收到检察建议后，成都市应急管理局开展了换电企业消防安全、电动车行驶停放充电安全等关键环节隐患整治行动，摸清全市2128个智能换电柜运营情况，共排查整治消防问题2432项，与全市所有的智能换电柜经营企业逐一签订换电柜消防安全承诺书，督促落实换电柜经营场所消防安全责任和安全防范措施，并形成《换电企业消防安全风险问题清单》，制定《成都市换电企业安全生产监管工作指南（试行）》《成都市换电企业安全生产检查清单》，明确场所选址布局、电池换电柜设置、场所防护措施要求等4大类37项监管内容。

成都市院、成都市应急管理局积极向成都市人大常委会相关部门汇报智能换电柜消防安全隐患整治情况，积极推动将电动自行车锂电池换电企业安全生产监管写入《成都市非机动车管理条例》，为加强电动自行车智能换电柜安全监管提供了法律依据。

【典型意义】安全生产责任重于泰山。成都市作为人口两千多万的超大城市，电动自行车保有量巨大，“以换代充”续航方式能够解决电动自行车入户充电、飞线充电等安全隐患，但其自身存在的安全问题也不容忽视。检察机关聚焦与人民群众生命财产安全息息相关的电动自行车锂电池智能换电柜安全隐患，通过个案办理、专项监督、公益诉讼检察建议与政协提案衔接转化、社会治理检察建议等工作，推动应急管理、消防救援等部门强化联合监管，开展专项整治，出台行业规范。同时检察机关深入调研梳理分析共性问题，为政协委员提案提供实践样本，与职能部门共同推动将智能换电柜安全生产经营监管写入地方立法，通过解决个案实现行业治理并形成技术规范。

10. 浙江省宁波市鄞州区人民检察院督促整治天童禅寺消防安全行政公益诉讼案

【关键词】行政公益诉讼诉前程序；消防安全；全国重点文物保护

【要旨】被列为全国重点文物保护单位的古建筑群存在重大安全隐患，而行政机关未依法履职的，检察机关可以开展行政公益诉讼。涉及行政机关和属地乡镇共同履职的，检察机关可以分别制发检察建议，推动各方厘清责任，形成监管合力，确保全国重点文物保护单位消防安全。

【基本案情】位于宁波市鄞州区东吴镇太白山麓的天童禅寺始建于西晋永康元年，迄今已有1700多年历史，系全国重点文物保护单位，由于游客香客众多、香烛法物焚烧、电路设置不合理、消防设施缺失等原因存在重大消防安全隐患。

【调查和督促履职】2021年3月，宁波市鄞州区人民检察院（以下简称鄞州区院）接到浙江省政协委员天童禅寺住持方丈反映，天童禅寺存在消防安全隐患问题长期未能解决。鄞州区院对此高度重视，以行政公益诉讼立案后进行调查。通过走访相关行政机关，实地勘查天童禅寺及周边环境等方式，查明作为全国重点文物保护单位的天童禅寺主要以木结构建筑为主，各建筑依山而建，彼此间紧密相连，形成庞大的建筑群，一旦发生火灾影响整个寺庙建筑安全。但天童禅寺所在区域呈盆地状，东西出口与外界公路是通过两车道的隧道相连，周边消防队最快车程至少需要30分钟才能到达，且要经过隧道，一旦发生火情，后果不堪设想。

鄞州区院审查认为，根据《消防法》第三十九条规定，距离国家综合性消防救援队较远、被列为全国重点文物保护单位的古建筑群的管理单位应当建立单位专职消防队，宁波市鄞州区消防救援大队以及属地东吴镇人民政府作为主管职能部门，应及时督促落实消防法有关要求，消除天童禅寺消防安全隐患。2021 年 5 月，鄞州区院向鄞州区消防救援大队、东吴镇人民政府制发检察建议，督促其对天童禅寺存在的重大消防安全隐患进行整改。

检察建议发出后，相关行政机关积极履职，争取了区文物保护专项资金 29.5 万元，全面实施天童禅寺智慧消防系统改造提升工程，增设了消防设施，并新建了消控室，实现远程监控。但相关部门也向检察机关反映天童禅寺设立专职消防队存在的困难，如建设经费问题，专职消防队的启动资金需要 200 万元左右，每年的运维费用也在 100 万元左右，此外，还涉及消防队选址、办公用房和人员保障等问题。

为推动问题有效解决，2021 年 6 月，鄞州区院召集相关部门召开圆桌会议，共同研究解决问题，初步达成由属地政府牵头建设消防队的建设方案。2021 年 7 月，最高人民检察院、浙江省人民检察院公益诉讼检察部门赴现场指导，有力推动了案件进展。经鄞州区院多次牵头组织协商，东吴镇人民政府和鄞州区消防救援大队最终确定了消防队建设方案，明确了由消防总队与天童禅寺分队共同建设的模式，即在隧道出口靠近天童禅寺方向不到 5 公里处设立综合消防站总队，天童禅寺设立消防分队，人员由消防总队派驻轮流在天童禅寺值岗。鄞州区院积极与相关部门沟通协商，推动相关部门筹集 1000 万元资金用于消防队营房选址、建设等工作。目前营房建设已完成，消防队伍已入驻，困扰天童禅寺多年的消防安全隐患问题终于得到解决。

【典型意义】 消防安全，重在预防。全国重点文物保护单位的消防安全更需引起高度重视，一旦发生火灾事故，不仅对人员财产造成重大损失，更对文物和文化遗产造成不可估量的损害。针对困扰天童禅寺多年的消防安全隐患问题，检察机关充分发挥公益诉讼职能，通过召开圆桌会议，厘清主管部门和属地乡镇职责，凝聚各方监督合力，协调解决推进过程中遇到的资金、场地和人员等实际困难，实现对全国重点文物保护单位专业化、规范化、长远化保护。

11. 江苏省扬州市人民检察院诉高邮市某水产品加工厂拒不整改重大事故隐患民事公益诉讼案

【关键词】民事公益诉讼；安全生产；民事调解

【要旨】针对生产经营单位长期存在安全生产重大事故隐患，但拒不执行要求立即整改的行政决定，在行政决定非诉强制执行难以及时有效消除和防范事故隐患的情况下，检察机关可以提起民事公益诉讼。诉讼过程中，涉案企业申请调解，且履行诉讼请求全部民事责任的，检察机关经过综合评估，确认整改完毕的，可以同意调解结案。

【基本案情】液氨属于重点监管危险化学品，具有毒性、易燃、腐蚀性；与空气混合能形成爆炸性混合物，遇明火、高热能引起燃烧爆炸。2003 年，高邮市某水产品加工厂（以下简称某水产厂）购得高邮市某肉联厂（始建于 1970 年左右）厂房及附属设施后，对高邮市某肉联厂原有的氨制冷设备设施进行简单的维修、改造，便投入生产经营。上述老旧制冷设备设施内含危险化学品液氨，与周围居民聚居区安全距离不足，存在氨泄露引发事故的安全隐患。高邮市应急管理局（以下简称高邮应急局）于 2019 年 5 月现场检查发现上述问题后，至 2021 年期间，多次向某水产厂作出立即排除事故隐患、责令限期整改等行政决定、行政处罚（罚款）。某水产厂均未按照要求整改，且持续进行生产经营活动。

【调查和督促履职】2021 年 9 月，高邮市人民检察院（以下简称高邮市院）通过江苏省安全生产检察监督与行政执法协作配合机制，梳理排查高邮应急局近年来行政执法信息时发现线索，遂开展初步调查，并同步向扬州市人民检察院（以下简称扬州市院）报告。

2021 年 10 月 11 日，扬州市院经评估研究，决定由高邮市院以民事公益诉讼立案，两级院一体化履职，通过现场勘验、无人机取证、查阅复制执法卷宗、函询行政机关提供情况、询问相关人员、走访了解、查询涉案企业及负责人不动产信息及金融账户等财产信息、查询近三年企业年度报告和纳税情况等，查明：某水产厂东侧和南侧是居民区，方圆 30 米范围内，约有 40

到50户居民；方圆500米范围内，约有700户居民。该厂用于生产经营的氨制冷设备设施老旧，缺乏液氨安全防范措施，主要表现为该厂周边防护距离不符合《氨制冷企业安全规范》（AQ7015－2018）规定，其中，氨机房距离周边民居住宅区约6米，储氨桶距离居民住宅不足5米。某水产厂在具有整改经济能力的情况下，自2019年5月至2021年6月间，拒不执行高邮应急局要求立即整改的数次行政决定、行政处罚。2021年10月22日，高邮应急局委托专业机构评估认定：某水产厂氨制冷设备设施构成四级危险化学品重大危险源，存在可能发生氨泄漏导致中毒、火灾、爆炸等人员伤亡或重大社会影响事故的重大事故隐患。

2021年11月1日，扬州市院认为，某水产厂拒不整改重大事故隐患的行为既违反了安全生产法律法规，又放任重大事故隐患持续危害人民群众生命和财产安全，损害社会公共利益；本案行政机关通过数次行政执法难以及时有效防范和消除上述侵害危险；鉴于案情重大，决定由扬州市院提办。11月23日，扬州市院向某水产厂现场送达检察建议，建议其立即系统规范治理隐患；并告知拒不整改的涉诉风险。其间，检察机关先后6次通过走访、询问、磋商、圆桌会议等方式，推动某水产厂负责人转变拒不整改的思想认识。至2021年底，该厂仍未开展实质性整改。

【诉讼过程】2022年1月4日，扬州市院向扬州市中级人民法院（以下简称扬州中院）提起民事公益诉讼，诉请判令该厂立即依法治理隐患，彻底消除安全危险；并向社会公众公开赔礼道歉。

该案审理期间，某水产厂对扬州市院提交的所有证据均无异议，表示愿意立即整改，主动申请调解；并提交了载冷剂制冷工程改造合同、压力管道设计项目图纸、新制冷设备产品供销合同、技改工程进度安排等整改材料。2022年3月17日，扬州市院会同扬州中院实地查看，确认某水产厂已经着手整改的事实，与该厂初步形成调解共识。2022年4月24日，经扬州中院主持调解，扬州市院与某水产厂达成由该厂在2022年5月底前整改消除重大事故隐患安全危险并向社会公众赔礼道歉的调解协议。市中院将调解协议书面征求扬州市应急管理局意见，并依法公告，未收到任何异议；该院经审查认为，调解协议不违反法律规定，未损害社会公共利益，于2022年6月16日出具民事调解书予以确认。

调解协议达成后，检察机关持续督促高邮应急局、高邮市高邮镇人民政府跟进协议履行情况，至2022年5月，某水产厂投入200多万元资金，将原液氨制冷系统技改为安全稳定的卤代烃及其混合物（氟利昂R507A）制冷系统。5月23日，经委托专业机构再次评估，认定某水产厂重大生产安全隐患已消除。5月30日，经3名安全生产专家书面及现场核查，一致认为之前的液氨重大危险源物质已安全处置，重大生产安全事故隐患已消除。2022年6月2日，某水产厂在正义网公告致歉声明，公开赔礼道歉。

【典型意义】针对长期存在安全隐患又拒不整改的企业，检察机关应当准确把握民事公益诉讼立案、起诉及结案的条件和标准。本案中，涉案企业经安全评价机构出具的《评估报告》，认定存在重大事故隐患，但在具备整改经济能力的情况下，拒不履行行政机关立即整改的行政决定、行政处罚等法定义务，持续超过2年时间，具有导致重大伤亡事故或者其他严重后果的现实危险，危害人民群众生命财产安全，且依靠行政决定非诉强制执行难以及时有效消除安全隐患的现实危险性。据此，检察机关可以对涉案企业提起安全生产民事公益诉讼，诉请判令消除危险及赔礼道歉；在被告自愿整改的前提下，同意案件调解结案，并监督被告采用技术改造消除重大事故隐患。

最高人民检察院检察公益诉讼研究基地

湘潭大学公益诉讼检察理论研究中心

湖南省教育厅重点项目

“检察机关提起安全生产公益诉讼研究”课题组